光明社科文库
·历史与文化书系·

五代著述考证初编

杨 超 著

光明日报出版社

图书在版编目（CIP）数据

五代著述考证初编 / 杨超著 . -- 北京：光明日报出版社，2022.9
ISBN 978-7-5194-6667-1

Ⅰ.①五… Ⅱ.①杨… Ⅲ.①古籍—研究—中国—五代（907-960） Ⅳ.①G256.1

中国版本图书馆 CIP 数据核字（2022）第 107627 号

五代著述考证初编
WUDAI ZHUSHU KAOZHENG CHUBIAN

著　　者：杨　超	
责任编辑：李壬杰	责任校对：赵海霞
封面设计：中联华文	责任印制：曹　净

出版发行：光明日报出版社
地　　址：北京市西城区永安路 106 号，100050
电　　话：010-63169890（咨询），010-63131930（邮购）
传　　真：010-63131930
网　　址：http://book.gmw.cn
E － mail：gmrbcbs@gmw.cn
法律顾问：北京市兰台律师事务所龚柳方律师
印　　刷：三河市华东印刷有限公司
装　　订：三河市华东印刷有限公司
本书如有破损、缺页、装订错误，请与本社联系调换，电话：010-63131930
开　　本：170mm×240mm
字　　数：244 千字　　　　　　　　印　张：17
版　　次：2022 年 9 月第 1 版　　　　印　次：2022 年 9 月第 1 次印刷
书　　号：ISBN 978-7-5194-6667-1
定　　价：95.00 元

版权所有　　翻印必究

目 录
CONTENTS

绪　论 ··· 1

一　五代经部著述考 ··· 49
　（一）易类 ··· 49
　（二）书类 ··· 57
　（三）诗类 ··· 58
　（四）礼类 ··· 59
　（五）乐类 ··· 61
　（六）春秋类 ·· 64
　（七）论语类 ·· 66
　（八）小学类 ·· 68

二　五代史部著述考 ··· 82
　（一）正史类 ·· 82
　（二）编年类 ·· 83
　（三）伪史类 ·· 88
　（四）杂史类 ·· 90

1

- （五）实录类 ·· 95
- （六）故事类 ·· 96
- （七）职官类 ·· 98
- （八）杂传记类 ······································ 99
- （九）仪注类 ······································· 104
- （十）刑法类 ······································· 110
- （十一）目录类 ····································· 112
- （十二）谱牒类 ····································· 115
- （十三）地理类 ····································· 115

三 五代子部著述考 ·································· 120
- （一）儒家类 ······································· 120
- （二）道家类 ······································· 123
- （三）杂家类 ······································· 127
- （四）农家类 ······································· 130
- （五）小说类 ······································· 138
- （六）天文类 ······································· 141
- （七）历算类 ······································· 142
- （八）兵书类 ······································· 144
- （九）五行类 ······································· 145
- （十）杂艺术类 ····································· 148
- （十一）类书类 ····································· 150
- （十二）医书类 ····································· 155

四 五代集部著述考 ·································· 164
- （一）别集类 ······································· 164
- （二）总集类 ······································· 181
- （三）文史类 ······································· 184

附录一　五代著述总目 …………………………… **186**
附录二　新增五代著述简目 ……………………… **221**
附录三　八补志误收五代著述简目 ……………… **225**
参考文献 …………………………………………… **234**
后　记 ……………………………………………… **259**
补　记 ……………………………………………… **260**

绪　论

历史的长河生生不息，它不会因为高山峻谷、礁石险滩的阻碍而停滞，却会因此更加汹涌澎湃、蜿蜒曲折地向前奔腾。五代十国是中国历史上又一个大分裂时代，与统一时期相比，分裂时期对于历史发展的助力亦不可忽视。

王仙芝、黄巢起义使得早已风光不再的唐王朝最终扮演完自己的角色而退出了历史舞台。自僖宗光启元年（885）起，各地节度使开始借镇压起义后的混乱，拥兵自重，独霸一方。他们互相争夺土地，连年混战，最终在北方主要形成了太原李克用、汴下朱温两股强大的势力，他们与淮南杨行密时而妥协，时而战争；而在南方，西蜀王建、荆楚马殷、吴越钱镠、南平高季兴、闽王审知和南汉的刘隐也并不满足于已有的势力范围，而不断寻衅滋事，借机增强自己的实力。这时的唐王朝，中央政权的实际权威已荡然无存，封官拜将的权力掌握在节度使手中，皇帝只能礼仪性地发布诏令。曾做过黄巢东南面行营先锋使的朱温，最后篡夺了唐朝的政权，称帝建国。自此，正式拉开了五代的序幕。又一场热闹的戏剧上演了。

在北方，梁、唐、晋、汉、周五代更迭，你方唱罢我登场。即使在号称"小康"的后唐明宗时代，战争，依然是司空见惯的事。北方经济遭受到巨大破坏，而在南方，政局相对平衡和稳定。吴与南唐相继称帝，占有淮南和江南的大量土地，人才济济，成为十国中势力最强的国家；钱氏统治吴越几近百年，一直称臣于中原王朝，境内安定，经济繁荣；前后蜀凭借地利，坐享天府之国，以致民不知兵；闽地王氏吸纳中原王公贵族之后，为己所用；

荆楚马氏敬贤礼士，文人学者多有依附；南汉、南平也大量招揽贤才，巩固势力。在这种情况下，大批中原人士南下，投奔到南方政权的幕府中，借以避乱、自存和施展抱负，在一定程度上繁荣了南方文化。由于生活环境的优越和个人的偏好，南唐、王蜀、吴越等国统治者广招文学之士，使得境内文学颇为发达，大量诗文集涌现出来。而中原文化却相对衰落，传统思想遭到巨大冲击，经部著作少之又少，进入我们视野的是大量的诏令、制、敕、表状等公文和记录时事的实录、杂史，个人吟唱的诗集已很少见。但饱学之士并非没有，只是大多忙于戎马倥偬的生活，吟诗作赋讨论学术已经无暇顾及了。和魏晋南北朝时期相似，五代十国宗教、迷信思想也得到广泛传播，道释两类书籍尤其是神仙方术、阴阳五行类书籍很多，反映出人们精神状态的演变。虽然生活不够稳定，但士人们藏书的喜好似乎并未减弱。梁有罗绍威，唐有王都、杨守业、张宪、贾馥，晋有梁文矩、韩恽、郑玄素，周有翟光邺、刘暐，南唐有陈觊，前蜀有王锴，吴越有钱传瑛，荆南有孙光宪，北汉有王景绝，等等。这些人均聚书至数千卷甚至数万卷。但乱世毕竟是乱世，总体看来，属于这一时期的著述还是很有限的。在这有限的著述中，很少有久盛王朝常见的经史巨著、子集名家，更多的是记载短命朝廷的历史制度，抒发乱世君臣的琐碎情思，而这些多为盛世士夫所不耻。在宋人眼中，五代"礼乐崩坏，三纲五常之道绝，而先王之制度文章扫地而尽于是矣"①，"呜呼，五代礼乐文章，吾无取焉"②。宋人两部《五代史》、两种《南唐书》中都没有设立艺文志，这既有五代文化不振的客观因素，也有宋人轻视五代著述的主观原因。

以上文字，是笔者在硕士论文《五代著述研究述评》中的部分论述，今天看来，基本观点还是站得住脚的。但是，五代十国时期的政治环境、文化环境并非如此简单，其学术现实更是纷繁复杂，我们有必要做进一步的探讨。

---

① 欧阳修. 新五代史：第17卷［M］. 北京：中华书局，2002：188.
② 欧阳修. 新五代史：第58卷［M］. 北京：中华书局，2002：669.

（一）五代之学术环境

1. 政权割据下的经济往来与人员流动

五代十国的政治局面，颇似又一场三足鼎立。纵观五代数十年历史，我们可以划分出三个势力相当的政治集团。一个是以梁、唐、晋、汉、周为代表的中原王朝，另一个是跨有江淮、久存混同寰宇之志的吴及其继任南唐，还有一个，就是安于地利的两川。中原王朝拉拢吴越、马楚、南汉，在东、西、南、北四面对江淮形成合围；江淮则尽量争取前后蜀、南平，缓和西部威胁，南唐后来出兵灭南汉，解除南部威胁，又北联契丹，对中原王朝施加压力；前后蜀虽然在军事上似乎作为不大，但实际上政治、经济、文化都取得了相当大的成就，足以独霸一方。而十国各怀心思，故中原王朝旗下的几个亦非铁杆弟兄，各种势力在互相牵制中达到了暂时平衡。

政治的对立并不一定会导致经济的断交。实际上，三大对立集团之间、各集团与海外诸国之间多有经济往来。我们先看看号为世仇，有"斫杨头"与"穿钱眼"之恨的吴与吴越。《资治通鉴》云："（后唐同光三年）吴越王镠遣使者沈瑫致书，以受玉册、封吴越国王告于吴，吴人以其国名与己同，不受书，遣瑫还。仍戒境上无得通吴越使者及商旅。"[①] 可见，虽矛盾极深，不到万不得已，经济往来仍然不断。

《新五代史·楚世家》："行密爱之，问赟谁家子。赟曰：'马殷弟也。'行密大惊曰：'汝兄贵矣，吾今归汝可乎？'赟不对。他日又问之，赟谢曰：'臣，孙儒败卒也，幸公待以不死，非杀身不足报。湖南邻境，朝夕闻殷动静足矣，不愿去也。'行密叹曰：'昔吾爱子之貌，今吾得子之心矣。然勉为吾合二国之欢，通商贾、易有无以相资，亦所以报我也！'乃厚礼遣赟归。"[②] 杨行密放归马赟实际出于经济考虑。《资治通鉴》云："（天祐元年）赟至长沙，殷表赟为节度副使。他日，殷议入贡天子，赟曰：'杨王地广兵强，与吾邻接，不若与之结好，大可以为缓急之援，小可通商旅之利。'殷

[①] 司马光. 资治通鉴：第274卷[M]. 北京：中华书局，1956：8954.
[②] 欧阳修. 新五代史：第66卷[M]. 北京：中华书局，2002：822-823.

作色曰：'杨王不事天子，一旦朝廷致讨，罪将及吾。汝置此论，勿为吾祸！'"① 此时天子虽为唐帝，但马殷实暗指朱温，后梁代唐后，马楚一直依附后梁，故更可见中原王朝在与江淮的对立上是全方位的。

《锦里耆旧传》卷二载有开平四年（910）梁帝与蜀帝互通使节的聘书及互赠礼品清单。《资治通鉴》云："（后汉乾祐元年四月）王景崇遗蜀凤州刺史徐彦书，求通互市。"② 可见，中原王朝与前后蜀的关系比江淮要缓和很多，经济上仍互通有无。

各大对立集团内部的交往自不必说。他们与海外的交往也未因割据的局面而受到很大影响。但被记载较多的主要是中原王朝、南唐及吴越的海外经济往来。《册府元龟》云："（开平元年）十月，广州进献助军钱二十万。又进龙脑、腰带、珍珠枕、玳瑁、香药等。……二年正月，幽州刘守文进海东鹰、鹘、蕃马、毡罽方物。九月，福州贡玳瑁、琉璃、犀象器并珍玩、香药、奇品海味，色类良多，价累千万。……（四年七月）广州贡犀玉，献舶上蔷薇水。……（乾化元年）安南两使留后曲美进筒中蕉五百疋、龙脑郁金各五瓶、他海货等有差。又进南蛮通好金器六物、银器十二，并乾陁绫花緤越等杂织奇巧者各三十件。"③ 据此可知，南汉与闽国和东南亚国家有不少交往，而北方的契丹、高丽与中原王朝亦有往来。至于吴越与契丹、高丽的交往史书亦多有记载。

吴、南唐和契丹的交往自不必言。南唐章僚有《海外使程广记》一书，乃出使高丽见闻。《续资治通鉴长编》云："（开宝四年）占城、阇婆、大食国皆遣使致方物于江南国主，国主不敢受，遣使来上，诏自今勿以为献。"④ 可见，南唐不但与东亚、南亚国家有往来，与中亚国家亦有交往。

波斯人后裔、蜀国李珣有《海药本草》一书，专门记录南方尤其是岭南、西南和中亚、南亚有关国家的药产种类及其功用。而其所征引的数十种

---

① 司马光．资治通鉴：第265卷[M]．北京：中华书局，1956：8638．
② 司马光．资治通鉴：第288卷[M]．北京：中华书局，1956：9393．
③ 王钦若．册府元龟：第197卷[M]．北京：中华书局，1960：2380-2381．
④ 李焘．续资治通鉴长编：第12卷[M]．北京：中华书局，1979：275．

方志和涉及的中西方国家及地区为中外交通史研究提供了珍贵史料。同时，也证明了蜀国与中亚、南亚国家的频繁交流。

经济往来如此，人才流动方面更是频繁。这一时期，贤臣择主而事的情况普遍存在，各割据政权招揽人才，但并不严格控制人员的流动，士人的选择空间还是比较大的。这里有几种情况。一是士人根据自己的喜恶选择国度而任官或归隐；二是所依政权灭亡或对其不满，则另投良主；三是畏罪潜逃至敌方。在后两种情况下，原政权大都并未采取极端措施。陆游《南唐书》卷十："江文蔚……后唐明宗时擢第，为河南府馆驿巡官。坐秦王重荣事，夺官南奔。"① 江文蔚这样的情况很多，但中原王朝似乎并不引以为恨。

有意思的是，在文人南奔形成一股潮流的时候，还有个别北归的现象。陆氏《南唐书》卷二："（保大八年）八月，尚书郎周浚等三人奔汉。"《十国春秋》据《东国通鉴》云："（天宝十六年）六月，我国文士朴岩由新罗投高丽。"②《五代会要》云："后唐同光三年十一月，遣使广评侍郎上柱国韩申一、副使春部少卿朴岩来贡方物。至四年正月，授韩申一朝散大夫、试殿中监，朴岩朝散郎、试秘书郎。"③ 看来无论南北，只要能施展抱负，这一时期的士人是不畏艰辛的。

《明一统志》云："黄损。连州人，梁龙德初举进士，仕南汉，官至尚书左仆射，有《桂香集》行于世。与宋齐丘、桑维翰善，每论天下事，二人自以为不及。"④ 黄损、宋齐丘、桑维翰虽所事并非一主，但并未影响他们之间的私人关系。这种情况在五代时期亦很多。

基于以上史实，我们认为五代十国时期各国为发展壮大自身实力均积极寻求经济往来、文化沟通。而士人供职何方的选择权基本掌握在自己手中，战乱、敌对对于不同割据集团间士人的交流并未产生太大影响。经济文化的

---

① 陆游．南唐书［M］．四部丛刊续编本．上海：商务印书馆，1934. 为免繁复，此处卷数乃合并纪传共数。以下所引该书均以此本，处理方法相同，不再出注。
② 吴任臣．十国春秋：第78卷［M］．北京：中华书局，1983：1096.
③ 王溥．五代会要：第30卷［M］．上海：上海古籍出版社，1978：470.
④ 李贤．明一统志：第79卷［M］//影印文渊阁四库全书：第473册．台北：台湾商务印书馆，1986：674.

互通有无无疑有利于开阔人们的视野,干戈扰攘之际,学术讨论的自由空间亦并未被压缩得令人无法呼吸。而这种交流对学术的直接影响就是充实了相关著述的内容。

2. 战争间隙的文献保护与经典传播

这里的文献保护指的是文献的收藏与整理。谈及五代十国时期的藏书,大家对个人多所在意,正如上文所言,此一时期,各国确实有不少大大小小的藏书家,其保存、传播文献之功不容抹杀。① 然而,各政权实际也非常重视藏书事业。

《旧五代史》云:"(开平元年十月)山南东道节度杨师厚进纳赵匡凝东第书籍。先是,收复襄、汉,帝阅其图书,至是命师厚进焉。"② 《新五代史·赵匡凝传》:"匡凝为人气貌甚伟,性方严,喜自修饰,颇好学问,聚书数千卷,为政有威惠。"③ 唐末乱离,书籍散佚,赵匡凝数千卷书,对此时的后梁来说可谓弥足珍贵。

《五代会要》云:"后唐同光二年四月,史馆奏:'四库书自广明年后散失,伏乞许人进纳,仍中书门下降敕条件。'敕:'进书官纳到四百卷已下,皆成部帙,不是重叠,及纸墨书写精细,已在选门未合格人,每一百卷与减一选;无选减者,注官日优与处分。无官者,纳书及三百卷,特授试衔。'"④ 据此,知后梁藏书实在少得可怜⑤,以致后唐庄宗刚刚入主中原就下令求书。当然这也反映了当权者对图书的重视。《册府元龟》云:"(同光三年)十月,两淮钱镠、留后钱元瓘、苏州节度钱元璙各贡进金银、锦绮数

---

① 五代私人藏书及其作用,前人多有论及,如刘汝霖《隋唐五代时期的私家藏书》(《图书馆》1962年第1期),蔡晓初、谷茂兰《五代藏书考略》(《江西图书馆学刊》1994年第4期),范凤书《中国私家藏书史》之《五代十国时期的私家藏书》(大象出版社2001年版,第52-59页)等,兹不赘述。
② 薛居正. 旧五代史:第3卷 [M]. 北京:中华书局,1976:55.
③ 欧阳修. 新五代史:第41卷 [M]. 北京:中华书局,2002:447.
④ 王溥. 五代会要:第18卷 [M]//影印文渊阁四库全书:第607册. 台北:台湾商务印书馆,1986:613.
⑤ 陈德弟. 五代时期后唐官府藏书事业考述 [J]. 中国典籍与文化,2003(3):25-30. 后梁初馆阁藏书二万余卷。

千件，御服犀带，九经书史汉唐书共四百二十三卷。"① 钱氏响应号召贡书，而从所贡之书看，均为经史著作，中原文化之凋敝可想而知。不过后唐实际上是五个中原王朝中最重视藏书事业的一个，在搜集、庋藏、校雠、刊刻方面均取得了一定成就，上引陈德弟文曾予以论述。

后晋修《旧唐书》时，亦曾向天下征求唐代遗书，可是所获寥寥，因此只能就国家现存史料编纂，以致《经籍志》袭用《古今书录》，开元以后著作不为著录。

总体来看，中原诸王朝不能说不重视藏书，但因战乱，北方书籍实在亡失太多，国家书库缺失严重，宋初三馆藏书仅有一万三千余卷。这比起动辄藏有数万卷图书的私人藏书家来说，简直过于寒酸。

与此形成鲜明对比的是南唐与蜀。这两个政权不仅仍设置弘文馆、集贤院、史馆作为国家藏书机构②，而且还有专官负责典藏整理。

陆氏《南唐书》卷九《陈觉传》："烈祖以东海王辅吴，作礼贤院，聚图书万卷，及琴奕游戏之具，以延四方贤士。政事之暇，多与之讲评古今，觉亦预焉。"徐知诰在吴时就注重收集图书。

南宋江少虞《事实类苑》云："乾德元年平荆南，诏有司尽收高氏图籍以实三馆。三年九月，命右拾遗孙逢吉往西川，取伪蜀法物图籍印篆赴阙，得万三千卷，送三馆。开宝九年平江南，命太子洗马吕龟祥就金陵籍其图书，得二万余卷，悉送史馆（伪国皆聚典籍，惟蜀为多，而江左颇为精真，亦多修述）。"③ 南宋周应合《景定建康志》云："皇朝开宝八年平江南，命太子洗马吕龟祥就金陵籍其图书，得六万余卷，分送三馆及学士院。其书雠

---

① 王钦若. 册府元龟：第169卷［M］. 北京：中华书局，1960：2035.
② 宋徐铉《骑省集》卷一六《唐故中书侍郎光政殿学士承旨昌黎韩公墓志铭》（韩熙载）："赐诏集贤院编其遗文，藏之秘阁，凡所开卷可知也。"（影印文渊阁四库全书本）北宋太宗时重建秘阁于崇文院中，用于收藏珍贵图书。韩熙载亡于开宝三年（970），此时南唐秘阁是否设于集贤院，待考。
③ 江少虞. 事实类苑：第31卷［M］//影印文渊阁四库全书：第874册. 台北：台湾商务印书馆，1986：265.

校精审，编秩全具，与诸国书不类。"① 两书所记具体数字虽有出入，但据此，亦可知南唐与后蜀藏书之丰富及南唐藏书之精良。

南宋祝穆《古今事文类聚续集》"损名驿妇"条："陶穀使江南，以假书为名，冀使觇之。……因令宿驿舍，竢誊六朝书，半年乃毕。"② 由此可知南唐不仅有唐代书，唐以前的古书亦有不少。马令《南唐书》卷六："初，元宗、后主皆妙于笔札，博收古书，有献者厚赏之。宫中图籍万卷，尤多钟王墨迹，皆系保仪所掌。都城将陷，后主谓黄氏曰：'此皆吾所宝惜，城若不守，即焚之，无使散逸。'及城陷，图籍俱烬，靡有遗者。"③ 由此可知南唐艺术类书籍众多。后主李煜编有《阁中集》，该书就是其藏书画的专门目录。

图籍众多，自然需要整理。《京口耆旧传》云："刁衎字元宾，丹徒人。……衎在江南，以父任为秘书郎、集贤校理，以文翰入侍李煜。常令直清辉殿，阅中外章奏。"④ 陆氏《南唐书》卷六："游简言字敏中，建安人。父恭，吴驾部员外郎、知制诰。简言少孤力学，起家秘书省正字。"《宋史·魏羽传》："魏羽者，字垂天，歙州婺源人。少能属文，上书李煜，署弘文馆校书郎。"⑤ 现存南唐史料中记载了大量担任校书郎、秘书省正字、集贤校理的人，结合宋初所收南唐书籍雠校精良的记载，可知这些官职是有实际职能的。

前蜀王锴《奏记王建兴用文教》题词："王建永平元年作新宫，集四部

---

① 周应合. 景定建康志：第33卷［M］//影印文渊阁四库全书：第489册. 台北：台湾商务印书馆，1986：385.
② 祝穆. 古今事文类聚续集：第6卷［M］//影印文渊阁四库全书：第927册. 台北：台湾商务印书馆，1986：114.
③ 马令. 南唐书［M］. 四部丛刊续编本. 上海：商务印书馆，1934. 以下所引该书均为此本，不再出注.
④ 无名氏. 京口耆旧传：第1卷［M］//影印文渊阁四库全书：第451册. 台北：台湾商务印书馆，1986：121.
⑤ 脱脱，等. 宋史：第267卷［M］. 北京：中华书局，1985：9204.

书，选名儒专掌其事，错以建起自成伍而据全蜀，未能兴用文教，乃作奏记。"① 永平元年，当后梁开平五年（911）。王氏自建国之初就重视图书的收藏。

《资治通鉴》云："蜀主长子校书郎宗仁幼以疾废，立其次子秘书少监宗懿为遂王。"② 《十国春秋》云："尹鹗，成都人也。……鹗累官至翰林校书。"③ 宋郭若虚《图画见闻志》云："高道兴，成都人，事王蜀为内图画库使。"④ 虽然官职名称与南唐有异，但所司当大致不差。

北宋黄休复《茅亭客话》"兰亭客序"条："伪蜀时，吴王遣内客省使高弼通好，持国书于蜀，因献伪皇太子王羲之石本兰亭一轴，当时识者议此本是羲之撰序，后刻石于兰亭者。伪皇太子攻王书，体法精妙，弼故有是献。伪翰林待诏米道邻，侍书于太子，掌书法百余卷，皆是二王法帖、古来名贤墨迹及石本者。迨圣朝伐蜀，其书帖尽归米道邻私家。"⑤ 蜀主与南唐主之兴趣爱好何其相似！

南唐与前后蜀国家藏书的丰富，为士人借读提供了便利，这当然有利于提升其文化素质，传承优良传统，而在校勘阅读的过程中，自会产生一些专门著述。

提到文献传播，不能不谈及五代刻书事业。众所周知，后唐雕印"九经"、后蜀雕印"九经"和刊刻石经堪称五代十国时期最为重要的文化事业。后唐明宗长兴三年（932）开始据开成石经校正文字、雕版印刷，经晋汉周三朝，至后周广顺三年（953）方才竣工，前后二十余年，这还不计后唐求书和前期对纸质经书整理所花费的时间。朝代更迭无疑对这项工程产生了不利影响。但好在终于完成了。始于后唐雕印的"九经"，因前后均由国子监

---

① 扈仲荣. 成都文类：第19卷［M］//影印文渊阁四库全书：第1354册. 台北：台湾商务印书馆，1986：500.

② 司马光. 资治通鉴：第266卷［M］. 北京：中华书局，1956：8685.

③ 吴任臣. 十国春秋：第44卷［M］. 北京：中华书局，1983：645.

④ 郭若虚. 图画见闻志：第2卷［M］. 上海：上海人民美术出版社，1963：27.

⑤ 黄休复. 茅亭客话：第3卷［M］//影印文渊阁四库全书：第1042册. 台北：台湾商务印书馆，1986：930.

主其事，故史称"五代监本"。监本的流行，对中原地区经学的传播产生了重大影响。

《资治通鉴》云："自唐末以来，所在学校废绝，蜀毋昭裔出私财百万营学馆，且请刻板印九经；蜀主从之。由是蜀中文学复盛。"① 此则记载附于广顺三年监本"九经"雕印完成后。由于史料的缺乏，蜀本"九经"面貌如何，已不可详考。总之，其流传广泛，促进了西蜀文化的发展。蜀本"九经"因刊刻精良，至宋代仍被视为善本，而孟蜀石经尚可考之。石经虽非新的传播媒介，但经校证为定本，供士子抄写、诵读，亦有利于经学的传播。只是孟蜀石经的刊刻经过，前人似乎较少论及，今据宋人记载，附记于此。

南宋曾宏父《石刻铺叙》对孟蜀石经的种类、字数、书写者均有明确记载，其后又云："益郡石经，肇于孟蜀广政，悉选士大夫善书者模丹入石。七年甲辰，《孝经》《论语》《尔雅》先成，时晋出帝改元开运。至十四年辛亥，《周易》继之，实周太祖广顺元年。《诗》、《书》、'三礼'不书岁月。逮《春秋》三传，则皇祐元年九月讫工，时我宋有天下已九十九年矣。通蜀广政元年肇始之日，凡一百一十二祀成之，若是其艰。又七十五年，宣和五年癸卯，益帅席贡始凑镌《孟子》，运判彭慥继其成。乾道六年庚寅，晁公武又镌《古文尚书》暨诸经《考略》。洪文敏公迈谓孟蜀所镌，字体清谨，有正观遗风，续补经传殊不逮前。且引魏征、虞世南相继为秘书监日，请选五品以上子孙工书者为书手，盖欲字画清婉，可以传久。是以自经传以后，非士夫所书，皆不著姓氏。若汉石经，今不易得，好古者所藏仅十数叶，蜀中以之翻刊入石。黄长睿谓开元中藏拓本于御府，以开元二字小印印之，是元宗时已罕得，况今又六百年后邪？"② 可见孟蜀石经刊刻的精良与宋人对它的推崇。

经书刊刻是五代十国时期最为重要的刻书活动，此外其他书籍也有雕印。如后唐曾印过《贞观政要》，南唐印过《玉台新咏》《史通》。而私人自

---

① 司马光.资治通鉴：第291卷［M］.北京：中华书局，1956：9495.
② 曾宏父.石刻铺叙：卷上［M］//石刻史料新编第3辑：第39册.台北：新文丰出版公司，1986：435-436.

刻文集亦已存在。见于史料者，一为和凝自刻文集，二为昙域所刻其师贯休的《禅月集》。这一时期释道二教的书籍更是得到了大量刊印。蔡晓初先生曾指出，五代刻书有六个突出特点：一是坊刻、官刻、私刻三大雕印系统的形成，二是四川、淮南、汴梁、青州等刻书中心的出现，三是以大规模印刷大部头著作为代表的雕印技术力量的增强，四是印书范围扩大到经史子集四部，五是印刷质量的提高，六是以册页装为代表的书籍形式的改变。① 笔者十分赞同这一观点。

由以上可以看到，在战乱频仍的五代十国时期，各国私人藏书家都尽其所能地保存传播文献。与此相应，只要有相对稳定的条件，各政权统治者也都不遗余力地推进藏书与刻书事业，文化在受到战争摧残的过程中，不断延续，而且孕育着新的发展方向。

3. 乱世风云中的公私兴学与科举取士

五代中原王朝基本沿用唐代官学体制，中央设置国子监教授生徒，其传授内容以经书为主，目的是让学生参加科举考试，为国家培养行政人才。"五代中央官学的总体状况是：五个政权都有中央官学的设置，后唐中央官学最具规模。表现为：学校类型比较完善，设有四学，国子学、太学、四门学和书学，其他四个政权都只有一种学校类型，即监学合一，与此相适应，官学设置比较完备，课程设置及教材选用比较慎重，考试比较严格，学礼比较规范，等等。但是，贯穿于整个五代，中央官学教育时兴时废，附监举人在监中挂名候补现象严重，监中生员不多，考试流弊甚多，教学秩序混乱，学校的教学功能得不到完全实现，同样，学校化民成俗的教化功能亦不能实现。学礼的常举不废表明了五代统治者对儒家政治伦理思想的认同和强调，并试图以此来整顿混乱的社会秩序和沦落的道德伦理规范，这在动荡的时期尤其重要和必要。"②

由于中原王朝更迭频繁，学校教育受到很大的冲击和影响，纯粹应付科

---

① 关于五代刻书情况，可参见蔡晓初. 五代十国刻书述考［J］. 江西教育学院学报，1993（1）：54-58.
② 周家凤. 五代中央官学考［D］长春：东北师范大学，2004：54.

举考试成了这一时期的显著特点。目前所知，成于五代时期的《登科记》有三种，唯一卷本《五代登科记》还存有总目，保留在《文献通考》中。总目记载了登科年月、类别、人数，从这些简单的记录来看，五代五十余年唯梁与晋各停科举两年，这是因为举子学业未精。其余虽朝代更易，干戈扰攘，贡举并未停废。但是，所取进士数量最多时也不及唐代一半，这与士人流散各割据政权有很大关系。但三礼、三传、学究明经诸科取士人数较唐大增，这个现象正与官学重点教授内容相吻合。但前人对这些"帖诵之末习"多持批评态度，认为是"斯文废坠"的表现，然而这在客观上却使经学传统得以薪火相传，并影响到宋初人才结构，为宋代新儒学的产生打下了一定基础。而经学取士受到重视，诗赋取士相对衰落，亦直接影响了文风的转变，北宋古文的兴盛与科举的关系自不能忽略。

十国政权自上而下也基本都设置有学校，只是因为国力强弱不同，学校多寡不一，部分地区战乱屡屡，影响了正常的教学秩序。目前所知，兴学方面最为突出的是南唐与前后蜀，它们亦沿袭了唐代官学的传统，而南唐又有新的创举。

顾櫰三在《补五代史艺文志序》中云："南唐跨有江淮，鸠集坟典。后主开宏文馆，置诗易博士，于秦淮设国子监，横经尺胄者千余人。后复置庐山国学，所统州县亦往往立学。方是时，废立如吴越，弑逆如南汉，叛亲如闽楚，而南唐兄弟辑睦，君臣乂安，衣冠文物甲于中原，不可谓非好文之效也。"[①] 庐山国学，即后来的白鹿洞书院，是这一时期官办书院的典范，对宋代书院模式的设定以及兴盛发展具有重要影响。

科举在南唐与前后蜀仍是士人生活中的重要部分。南唐科举之始，学者多从《资治通鉴》后周广顺二年（952）之说。《资治通鉴》云："当时唐之文雅于诸国为盛，然未尝设科举，多因上书言事拜官，至是，始命翰林学士江文蔚知贡举，进士庐陵王克贞等三人及第。"[②] 此处所记时间可能有误。

---

① 顾櫰三. 补五代史艺文志序[M]. 二十五史补编本. 北京：中华书局，1998：7753.
② 司马光. 资治通鉴：第290卷[M]. 北京：中华书局，1956：9475.

其实早在杨吴时期，江淮就已有贡举。《资治通鉴》又云："（开平三年夏四月）淮南初置选举，以骆知祥掌之。"①《十国春秋》云："王潜，庐州人。初居太祖幕府，及事高祖，历官左司郎中，典选事。"② 马氏《南唐书》卷二十二："萧俨，庐陵人也，甫十岁，诣广陵，以童子擢第。……烈祖受禅，迁大理司直，拜刑部郎中。"陆氏《南唐书》卷五："升元中，议者以文人浮薄，多用经义法律取士，错耻之，杜门不求仕进。……错凡四知贡举，号得人。"马氏《南唐书》卷二十一："李征古，宜春人也，升元末第进士。"故《资治通鉴》所记南唐科举始于江文蔚事，当有误。与中原王朝相似，南唐进士取人非常少，每岁仅三至五人。唯开宝八年（975）南唐亡国前，后主"命户部员外郎伍乔于围城中放进士孙确等三十八人及第"。

《蜀梼杌》云："（乾德）四年二月，文明殿试制科。"③《说郛》引宋居白《幸蜀记》："（乾德五年）九月，诏置贤良方正、博通经史、明达吏治、识洞兵机、沈滞邱园五科，令黄衣选人、白衣举人投策就试，吏部考较。"④可见，王蜀实行科举也应该比较早。《新五代史·后蜀世家》："（广政）十二年，置吏部三铨、礼部贡举。"⑤

其实，因为战争，各割据政权对人才的需求是相当大的。科举只是传统的入仕途径。勾延庆《锦里耆旧传》载前蜀王建武成元年（908）敕文云："朕昨才登宝位，更布儒恩，或擢在班行，或委之州县，凡选用略尽搜罗。其间或有谬结前衔，妄称入仕，既未辨其真伪，又可哀其困穷，是用铨衡，冀分玉石，切在精研选士，撼实推公。自执规绳，勿随请托。但曾经赴任委，不败官，不犯刑章，人无赃污，告敕圆备，考课分明，便仰依资注官，铨司不得稽滞。如有失坠告敕，无以自明，但有失坠时公凭及于本任官处取

---

① 司马光.资治通鉴：第267卷［M］.北京：中华书局，1956：8709.
② 吴任臣.十国春秋：第10卷［M］.北京：中华书局，1983：141.
③ 张唐英.蜀梼杌：卷上［M］//朱易安，傅璇琮，等.全宋笔记：第1编第8册.郑州：大象出版社，2003：43.
④ 陶宗仪.说郛：第54卷［M］//影印文渊阁四库全书：第879册.台北：台湾商务印书馆，1986：11.
⑤ 欧阳修.新五代史：第64卷［M］.北京：中华书局，2002：805.

得文解者，并准例参选。然则是唐朝兵革之后，渝滥尤多，附势力者未必有材，抱孤直者或闻无位。自今已后，委有司博求干济，慎择端良，谙熟吏途，详明法律，先能洁己，方可理人。就中令录之尤难，切在铨衡之精选。或有节度刺史上表论荐，皆须审诸行事，显著才能，保无苛虐之心，方允奏陈之命，如闻失举，必罪所知诸州府。或有贤良方正、能直言极谏者，达于教化，明于吏才，政术精详，军谋宏远，韬光待用，藏器俟时，或智辨过人，或词华出格，或隐山林之迹，或闻乡里之称，仰所在州府奏闻，当与量材叙用。"① 已在前朝任官者，在新政权下经过考核仍可任官；无官者可由州府举荐。这可以说是此一时期所有政权用人的普遍情况，也是大多数政府官员的来源。

　　五代十国时期还有一种现象值得关注，那就是私人讲学的兴盛。这主要表现在大大小小书院的建立方面。据邓洪波统计，这一时期见于记载的民间书院有十三所，"其地域分布，北及幽燕之区，南达珠江流域，集中在今江西、福建、广东、河南、北京地区，基本上仍在唐代书院分布的范围之内"② 也就是说，从中原至江南、岭南，私人兴学之风都很盛行。其实，不见于记载的私学更多。雍正《四川通志》云："多岳，天彭人，蜀孟昶遣使征之，不就，潜入普州，寓居铁峰，教授生徒，门多名士，卒葬凤凰山。"③ 《蜀中广记》云："牟衮字君华，安岳人。受学于多岳先生，端拱间登进士第，以文章名，累官翰林学士，有诗文行于世。"④《十国春秋》云："刘玘，故唐御史再思之孙。再思从僖宗入蜀，自蜀还长安，留其子孟温居成都；孟温以儒学教授成都中。"⑤ 可见，蜀中私人讲学风气亦相当浓厚。

---

① 勾延庆．锦里耆旧传：第 1 卷［M］//影印文渊阁四库全书：第 464 册．台北：台湾商务印书馆，1986：180-181．
② 邓洪波．五代十国时期书院述略［J］．湖南大学学报（社会科学版），2002，16（2）：9．
③ 黄廷桂．雍正四川通志：卷三十八之二［M］//影印文渊阁四库全书：第 561 册．台北：台湾商务印书馆，1986：212．
④ 曹学佺．蜀中广记：第 98 卷［M］//影印文渊阁四库全书：第 592 册．台北：台湾商务印书馆，1986：576．
⑤ 吴任臣．十国春秋：第 53 卷［M］．北京：中华书局，1983：785．

《湘山野录》云："李建勋罢相江南，出镇豫章。一日，与宾僚游东山，各事宽履轻衫，携酒肴，引步于渔溪樵坞间，遇佳处则饮。忽平田间一茅舍，有儿童诵书声，相君携策就之，乃一老叟教数村童。叟惊悚离席，改容趋谢，而翔雅有体，气调潇洒。丞相爱之，遂觞于其庐，置之客右，叟亦不敢辄谈。李以晚渴，连食数梨，宾僚有曰：'此不宜多食，号为五脏刀斧。'叟窃笑。丞相曰：'先生之哂，必有异闻。'叟谢曰：'小子愚贱，偶失容于钧重，然实无所闻。'李坚质之，仍胁以巨觥，曰：'无说则沃之。'叟不得已，问说者曰：'敢问刀斧之说有稽乎？'曰：'举世尽云，必有其稽。'叟曰：'见《鹖冠子》所谓五脏刀斧者，非所食之梨，乃离别之离尔。盖言人之别离，戕伐胸怀，甚若刀斧。'遂就架取一小策，振拂以呈丞相，乃《鹖冠子》也。检之，如其说，李特加重。"① 可见，即使是乡村野叟，其学术水平也不容低估，而其涵养风范亦不让当世士夫。

五代十国时期的公私兴学，基本文化得以普及，又为学者进行研究提供了一定场所，汇聚并造就了一批人才。明代王祎《游白鹿洞记》云："按白鹿洞，唐李勃读书处也，南唐升元中始即其地为学，给田以食其徒，所谓庐山国学也。宋初，天下未有学，惟有四书院，睢阳、石鼓、岳麓及白鹿洞也。太平兴国二年，皆赐白鹿洞九经，当时学者数百人。至崇宁末乃尽废。及淳熙七年，考亭朱文公为郡，始斥其旧而大之，又定为学规示学者。来学者益众，而白鹿洞之盛出他书院右。自后守其成规二百年如一日也。而隳废今乃如此，余亦无如之何也。"② 仅此一则材料，即可见五代书院在人才培养方面的巨大作用，它对宋以来的学校教育已产生了相当大的影响。而于五代成长起来的学者与能臣如张昭远、范质、徐锴、徐铉、李昉、吴淑等亦均对当时和宋初社会产生了重要影响。

兴学与取士是五代十国时期最为直接的文化传承工作。各政权并未漠视文化的衰落，而是尽己所能，采取了积极的姿态。而"离乱中的士人并没有

---

① 释文莹. 湘山野录：卷上［M］. 北京：中华书局，1984：12-13.
② 王祎. 王忠文集：第 8 卷［M］//影印文渊阁四库全书：第 1226 册. 台北：台湾商务印书馆，1986：178.

泯没沉沦，他们或读书林下以养性潜修，或结庐山中以藏书聚徒，或出仕经世以维礼义风俗于干戈之中，承担起救斯文于不坠的社会责任"①。

（二）五代四部之学及其特征

1. 经部学问的衰微

五代经学衰微，实时代使然。目前所知，这一时期的经部著述仅六十三种，以小学类、春秋类、易类、乐类居多。除小学外，其他书籍的内容多是就前人注疏做进一步解说和辨析，于理论上并无多少创新。

小学类著作现知有二十种，存四种，可以说是这一时期经学研究的代表，而文字音韵之学尤为兴盛。最为重要的是对《说文解字》的相关研究取得了很大成就。徐锴《说文解字系传》是这一时期该领域的优秀代表。徐铉、徐锴兄弟皆治《说文》，现存《说文解字》最早的两种本子即是徐锴《系传》本和成书于宋雍熙年间的徐铉校订本。

唐代用《说文》和《字林》取士，造成这两种书逐渐混而不分。李阳冰于大历年间对《说文》加以校订，修正笔法，重新面世。因其为篆书名家，故所定《说文》很快就流行于世，晚唐尤甚。但李氏好以私意解《说文》，不甚遵循许慎旧说。至南唐时，徐锴基于对李氏的不满，重新对《说文》进行整理，这才有了《说文解字系传》一书。

徐锴以《说文》为经，采用以传解经的方式注解说文，故名《说文解字系传》。全书共四十篇，前三十篇为《通释》，是整部书的主干。后为《部叙》（三十一至三十二），《通论》（三十三至三十五），《祛妄》（三十六），《类聚》（三十七），《错综》（三十八），《疑义》（三十九），《系述》（四十）。《通释》部分在考订校勘的基础上，对许氏原文分别加以疏证，重点是疏证古义和诠释名物。其方法有二，一引古书证古义，二以今语释古语，后者为以前训诂学家所不甚重视。疏证以外，《通释》还以许慎之说为基础解释古书字义，分析古今字、假借字、引申义等。在考索字义方面，注意从声

---

① 邓洪波. 五代十国时期书院述略 [J]. 湖南大学学报（社会科学版），2002，16 (2): 9.

音角度探索，方法有二，一是形声字声旁有时与其意义相关，二是声韵相同的字意义相近，实开后代因声求义的先河。

《通释》以外的十卷是徐锴对《说文》的专论。《部叙》说解部首排列顺序和归并规则，力求说明《说文》具有严格周密的体例。《通论》集中论述文字内部的结构关系和表义方法，论述了汉字产生、繁衍的基本规律，特别是以谐声字声旁与字义之间的关系说明了汉字音义的紧密联系。《祛妄》驳斥前人特别是李阳冰解字时的谬说，进一步对原字进行了说解，有利于后人了解汉字形义发展的线索。《类聚》将同类的象形字归在一起，集中解释形义之间的关系，以阐发他的古人造字"其称名也小，其取义也大，其著于人也深，精则简，粗则繁"的文字学思想。说解的字多为今天我们所谓的"初文"，即部首或构字的基本部件。《错综》分析古人造字所受文化背景的影响，指出对汉字意义的理解、分析必须以古人的哲学、社会思想为依据，这一部分是徐锴对汉字性质进行哲学概括的专论。《疑义》论述《说文》中的脱漏、字体讹变等现象产生的原因。《系述》将各卷内容和著作旨意提挈出来，进一步阐述其著述旨趣。

《说文解字系传》是汉以来《说文解字》研究的集大成者。它不仅在保持古文字原貌、解释原书方面取得了相当成就，为后世文字研究提供了模板，而且在文字学理论方面也有很多创新，为后来文字音韵之学的兴盛做出了不可磨灭的贡献。而其最大的不足则在于对会意字的过度考索，很多形声字被解释为会意字或会意兼形声字。这是由于徐锴过于相信古人造字有深意的观点。宋代王安石作《字说》，随意训释，穿凿附会，当与徐锴的影响有不小关系。①

除《说文解字系传》外，这一时期还有几种专门的文字学著作，即释昙域《补说文字解》三十卷、吴淑《说文五义》三卷、林罕《字源偏旁小说》

---

① 此处对《说文解字系传》的部分介绍，参考了周祖谟《徐锴的说文学》（《问学集》，中华书局1981年版）、姜聿华《中国传统语言学要籍述论》（书目文献出版社1992年版）、张其昀《说文学源流考略》（贵州人民出版社1998年版）及郭苏华先生的著作。

三卷、释梦英《偏旁字源》一卷、郭忠恕《佩觿》三卷、《汗简》七卷。

昙域的《补说文字解》亦是针对李阳冰《说文》重做的修订。《宋高僧传》云:"昙域戒学精微,篆文雄健,重集许慎《说文》,见行于蜀。"①《白莲集》载《谢西川昙域大师玉箸篆书》:"玉箸真文久不兴,李斯传到李阳冰。正悲千载无来者,果见僧中有个僧。"可见,昙域之书仅是对《说文》中的篆字做进一步校订,并无解说,但其书在蜀中流传甚广,是当时与《说文解字系传》并立的一个重要的《说文解字》版本。

林罕《字源偏旁小说》大旨认为篆隶相通,源流可采,共分三卷二十篇,首释偏旁五百四十一字,先列篆形,再释以隶书,据六书理论究及造字之源,且注音;而后每部下加注,附集该偏旁字,仍依前释偏旁法解释。《郡斋读书志校证》云:"其说颇与许慎不同,而互有得失。邵必缘进《礼记石经》陛对,仁宗顾问:'罕之书如何?'必曰:'虽有所长而微好怪。《说文》'歸'字从堆、从止、从帚,以堆为声,罕云从追,于声为近。此长于许氏矣。《说文》'哭'从叩、从狱省,罕乃云象犬嗥,此怪也。'有石刻在成都,公武尝从数友就观之,其解字殊可骇笑者,不疑好怪之论诚然。"② 梦英《偏旁字源》即旨在纠正林罕的失误,但其自身谬误亦不少。

郭忠恕的《佩觿》为五代末年论六书及辨别形近字之专著,《汗简》保存了大量古文字,为后世"究古文之根本"③。

音韵学专著,有徐锴《通释五音》十卷、毋昭裔《尔雅音略》三卷、后蜀史馆所编《古今韵会》五百卷,但这些书今均不存,其内容已不可详知。

中唐以来,春秋学较为繁盛。五代时天下分崩离析,于学者的神经不免产生刺激,故此时的春秋学余温尚存,其中《左传》似更受关注。五代十国时期,通《春秋》者屡屡见于记载,其地域覆盖大江南北。《宋史·张昭传》:"师范降梁,直脱难北归,以《周易》《春秋》教授,学者自远而至,

---

① 释赞宁. 宋高僧传:第30卷[M]. 北京:中华书局,1987:750.
② 晁公武,孙猛. 郡斋读书志校证:第4卷[M]. 上海:上海古籍出版社,1990:155.
③ 夏竦. 古文四声韵序[M]//影印文渊阁四库全书:第224册. 台北:台湾商务印书馆,1986:416.

时号逍遥先生。"① 这里说的是张昭之父张直。《新五代史·乌震传》:"震为人纯质,少好学,通《左氏春秋》,喜作诗,善书。"②《新五代史·张希崇传》:"张希崇字德峰,幽州蓟人也。少好学,通《左氏春秋》。"③ 陆氏《南唐书》卷十一:"(廖)偃少倜傥,喜奇节,通《左氏春秋》、班固《汉书》。"欧阳修《零陵县令赠尚书都官员外郎吴君墓碣铭并序》(吴仲举):"君学《春秋》,通三《传》,其临大节,知所守。"④《蜀梼杌》云:"(广政)十年八月,诸王宫侍读刘保乂卒。乂,青州人,治《尚书》《左氏》。"⑤ 但是,我们今天可知的此时期春秋类著作仅有十种。王贞范《春秋杜注驳正》、塞遵品《左氏传引帖断义》是针对《左传》的专门著述。刘熙古《春秋极论》和《春秋演论》当为发挥经义的著作,惜已不传。其余几种当为一般性概括著作。由此可知,虽然经学为五代十国科举之重要内容,也受到了学者关注,但继往开来之作似乎并未产生。

2. 史部之学的延续

五代十国战乱频仍,但中国史学传统似乎并未因此而受到严重破坏。宋初,中原王朝与各割据政权的实录基本保存完好,而《旧唐书》《唐会要》《五代会要》等重要史籍得以编修,各类杂史、法令、仪注等亦均有撰述,这些说明政治的分裂并未导致史学的衰亡。

朱仲玉先生曾撰文指出五代十国史学的三个特点。"一是史馆制度仍然存在,五代及十国的史馆所修实录在数量上很可观,后晋史馆还修成前代史《唐书》二百卷,即今日传世的《旧唐书》;二是记当代或前代史事和社会风俗人情的稗官野史为数众多,为后人提供了不少可资利用的史料;三是培育

---

① 脱脱,等. 宋史: 第263卷 [M]. 北京: 中华书局,1985: 9085.
② 欧阳修. 新五代史: 第26卷 [M]. 北京: 中华书局,2002: 279.
③ 欧阳修. 新五代史: 第47卷 [M]. 北京: 中华书局,2002: 528.
④ 欧阳修. 居士集: 第35卷 [M]//李之亮. 欧阳修集编年笺注. 成都: 巴蜀书社,2007: 646.
⑤ 张唐英. 蜀梼杌: 卷下 [M]//朱易安,傅璇琮,等. 全宋笔记: 第1编第8册. 郑州: 大象出版社,2003: 55.

了大量史学人才，为宋代的史学鼎盛开了风气之先。"① 可以说，五代史学的主要成绩确实表现于此。朱先生就以上三个方面做了详细论述，兹不赘言。

目前所知，五代史部著作共计二百零一种，涉及正史、编年、伪史、杂史、实录、故事、职官、杂传记、仪注、刑法、目录、谱牒、地理十三类。虽然涵盖了唐宋时期史学的所有门类，但各类中著作的数量相差较大，如杂史类四十七种，而谱牒类仅一种。不过，若与短暂的时代相比，则二百零一种著述亦不算少。下面再就各门类分别做一简要的讨论。

《旧五代史》成书于宋开宝七年（974），此时南唐、吴越、北汉均未亡国，而编纂者对各朝实录的利用亦乏笔削之能，故此书的"后五代"性质相当明显，如《旧五代史》与《旧唐书》在编纂方式、编纂时长、人员构成、史料运用等方面极其相似，虽可将之视为宋代史学的发端，但更应把其看作五代史学的延续。故而将此书视为五代正史之一置于整个五代史学范围内加以探讨，实属必要。

而现知的此时期三部正史类著作中还有一部需要注意，即马楚时石文德的《后汉书辨驳》。《十国春秋·石文德传》云其："常读范晔《后汉书》，摘其瑕璺数百条辨驳之，识者谓《史通》不能过也。"② 雍正《广东通志》云："石文德……弱冠读范晔《汉书》，摘其瑕璺数百条，为之辨驳，先达见之曰：'《公羊墨守》不能过也。'"③ 所记与《十国春秋》略异。然无论比之《史通》或《公羊墨守》，均可知文德此书要在阐发史学理论，非独以辨证史事为能。陆氏《南唐书》卷十一："（廖）偃少倜傥，喜奇节，通《左氏春秋》、班固《汉书》。"五代时期学者对两《汉书》是较为关注的，这与南北朝时两《汉书》相关研究著作数量众多的情况很相仿，其原因可能是历史境遇相似，有一定总结经验教训的期望。汉末天下三分，历经南北朝长时

---

① 朱仲玉. 五代十国的史学 [J]. 史学史研究，1986（2）：54.
② 吴任臣. 十国春秋：第73卷 [M]. 北京：中华书局，1983：1015.
③ 郝玉麟. 雍正广东通志：第44卷 [M] //影印文渊阁四库全书：第564册. 台北：台湾商务印书馆，1986：35.

间乱世最后才得以以隋统一天下为终结。唐代近三百年后分崩离析，混乱程度有过之而无不及，以史为鉴，探求出路，亦在情理之中。

这一时期的编年、伪史、实录、杂史、故事、职官、杂传记类著作亦复不少，而且以记当代史为显著特点。这些书今已大都不存，但为《资治通鉴》引用的不少，见于《资治通鉴考异》的更多。如贾纬《唐年补录》因武宗以后实录不存起而补撰，见于《通鉴考异》者有三十余则。敬翔《梁太祖编遗录》见于《通鉴考异》者七十余则。再如《前蜀书》《吴录》、张彭《锦里耆旧传》等均可借以窥见概貌。但这一时期的当代史著作亦存在明显的问题。《资治通鉴考异》云："然五代士人撰录国书，多不凭旧文，出于记忆及传闻，虽本国近事，亦有抵捂者。"故司马光等在鉴别择取上是极为审慎的。也可能正因为如此，这些记录割据政权史事的著作仅有极少几部保存了下来。

五代礼崩乐坏，典章失守，这是一般人眼中的乱世乱象之一，但实际情况并没有我们想象的那样糟糕。目前所知仪注类著作有十三种，刑法类著作有十九种，这说明礼仪与法制在这一时期并未完全缺位。

首先，我们看一看仪注类著作的名字：《朱梁南郊仪注》《吴南郊图记》《郊望论》《州县祭祀仪》《寝祀仪》《州郡乡饮酒仪注》《坤仪令》《新定书仪》《书仪》《五礼仪镜》《曲台奏议集》《大周通礼》《文场内举人仪则》。这些著作涵盖了吉、凶、军、宾、嘉五礼多个层面，尤其祭祀仪，更是体现出乱世中"国之大事，在祀与戎"的重要性。而主要涉及日常生活的《书仪》仍旧受到关注，后唐天成中刘岳等奉旨编写《书仪》，后《新定书仪》颁布天下，流行颇广，而敦煌残卷中屡屡出现这一时期的《书仪》文字，虽无法断定究竟出自何书，但其礼仪规范的作用不容忽视。礼仪制度，代有更革，要在于理为当，不应墨守成规。《新定书仪》在晚唐以来民间认同的基础上对相关规范做了变通，这是符合时代要求的。北宋司马光《书仪》卷一："古人谓父为阿郎，谓母为娘子，故刘岳《书仪》上父母书，称阿郎、娘子。"卷六："裴茝、刘岳《书仪》，五服皆用布，衣裳上下异，制度略相同，但以精粗及无负版衰为异耳。然则唐五代之际，士大夫家丧服犹如古礼也。"① 据此，知刘岳该书亦并非不存古礼，且五代时部分重要礼仪亦并未被废弃。因此，兵荒马乱并没有完全摧毁基本的行为规范，而乱世更需要有礼仪来维系社会人心。

五代战火纷飞，虽因地域不同、时间差异，存在一定的稳定时期，但各割据政权基本没有条件大规模编修系统法典，存世的均为一些制敕、令条的汇编。这一时期出现了四部较为系统的律书，即《刑律总要》《同光刑律统类》《显德刑统》和杨吴时期的《江南刑律统类》，这几部书均是根据唐律及当时的格式律令编制而成的，是晚唐《刑法统类》的延续。《显德刑统》成书最晚，具有集成性质。《玉海》"建隆新定刑统编敕"条云："国初，用唐律令格式外，有后唐《同光刑律统类》《清泰编敕》《天福编敕》、周《广顺类敕》《显德刑统》，皆参用焉。"② 可见，即使是《显德刑统》也并不完备，宋初还要参考其他律书，故窦仪在此基础上增编了十卷，形成了今天我们见到的《宋刑统》。但刑统类书籍作为综合性的法规著作，经过五代时期的编纂，基本形式得以固定，对宋代立法的模式产生了一定影响。

五代刑法类著作"编修过程仓促，时间短、人员少、幅度小是其共同特征，就立法体系的完整性、稳定性、严肃性而言不如前朝"，"无论内容还是卷帙比之唐朝均有大量删减，条文尽量简化并注重检用方便。这一特点与动乱环境相适应。另外，由于制敕具有方便灵活的特点，可随时因人因事颁布，既适应战乱时期瞬息万变的形势，也便于统治者根据自己的意志及时将诏敕法律化，法律的御用性日益加强"。③ 即便如此，乱世终有自己的一定之规，不是可以肆意妄为的。

五代目录类著作现知有九种，数量上不算少，但专科目录性质过于明显。先看看它们的名字：《经史目录》《伪蜀王建书目》《群书丽藻目录》

---

① 司马光. 司马氏书仪 [M]. 北京：中华书局，1985：68.
② 王应麟. 玉海：第66卷 [M] //影印文渊阁四库全书：第944册. 台北：台湾商务印书馆，1986：721.
③ 侯雯. 五代时期的法典编订 [J]. 首都师范大学学报（社会科学版），2001（3）：124.

《赋苑目》《朱梁格目录》《天福编敕目》《后唐统类目》《显德刑统目》《显德正乐目》。前人当作前蜀藏书目录的《伪蜀王建书目》一卷，不过是《前蜀书》的目录而已。杨九龄的《经史目录》亦是前代重要经史著作的篇题目录汇编。其余均为专书目录，故这些著作并无多少目录学理论价值可言。

五代地理类著作主要可分为三种，一是图经，二是行记，三是综合性著述。图经是行政管理的重要参考，后梁有《天下郡县目》，后唐有《新定十道图》，可见，唐代的基本行政区划在此时得以延续。但割据战争使这种区划失去了稳定性，其图经的作用亦十分有限，只能在稳固的势力范围内得以发挥。《九朝编年备要》"卢多逊使江南"条云："及还，舣舟宣化口，遣白其国主曰：'朝廷重修天下图经，独阙江东诸州，愿各求一本。于是江南之十九州岛地理之远近，户口多寡，多逊尽得之。"① 与中原地区相比，江南图经的编纂质量明显要高很多。这一点从综合性著作的代表徐锴的《方舆记》中也可看出。据现存佚文分析，《方舆记》记载了各州府县地理沿革、山川名称由来、地方风物、名胜古迹等。所记范围非仅限于南唐，也包括长安、西蜀等地，故其书应为全国性的地理著作。这当然得益于江南藏书的丰富。行记类著作较多，说明此时期士人流动的频繁。包括出使在内，地域上涉及中原、西蜀、岭南、西域的于阗、东北的契丹、海外的高丽等。不同地域的风土人情开阔了士人的眼界，让他们增长了见闻，也为我们留下了那一时期宝贵的历史资料。

3. 子部学问的纷繁

两汉以后，子部著作渐趋繁杂。传统的诸子之学业已式微，一些新著作被纳入旧的门类。五代混乱之世，子部各类缺失不少，传统的墨家、法家、名家、纵横家等均未见著述产生。

人心思治，故儒家、杂家类著作中有不少关于治国安邦的顺应潮流之作。其中大多供统治者资治之用，如仅以"治书"为名的就有三种，其余的像《君臣正论》《兴政论》《皇王大政论》《帝王旨要》《皇极要览》《格言》

---

① 陈均. 九朝编年备要：第2卷［M］//影印文渊阁四库全书：第328册. 台北：台湾商务印书馆，1986：61.

等也均为此类著作。此外，李煜有感于天下大乱，诸侯纷争，周孔之道不存，特撰《杂说》，其宗旨在于明治国兴邦之道，所取法者以儒术为主。时人以为可继《典论》。李后主并非庸碌无能之辈。

理论方面，唯南唐张易曾注《太玄》，惜其未成。吴越僧赞宁著有《通论》，该书是"新杂家"思想的代表作。宋吴处厚《青箱杂记》云："近世释子多务吟咏，唯国初赞宁独以著书立言尊崇儒术为佛事，故所著《驳董仲舒繁露》二篇、《难王充论衡》三篇、《证蔡邕独断》四篇、《斥颜师古正俗》七篇、《非史通》六篇、《答杂斥诸史》五篇、《折海潮论兼明录》二篇、《抑春秋无贤臣论》一篇，极为王禹偁所激赏，故王公与赞宁书曰：'累日前蒙惠顾谡才，辱借《通论》，日殆三复，未详指归，徒观其涤《繁露》之瑕，劂《论衡》之玷，眼瞭《独断》之瞽，针砭《正俗》之疹，折子玄之邪说，泯米颖之巧言，逐光庭若摧枯，排孙郃似图蔓，使圣人之道无伤于明夷，儒家者流不至于迷复。然则师胡为而来哉？得非天祚素王，而假手于我师者欤？'"① 赞宁以释氏理论研究儒术，所获颇丰，且得到宋初学者的高度肯定，这似乎可以视为宋代儒释合流的先声。

与乱世相关，道释两家著作层出不穷。当然，传统的道家著作仍然很少，更多的是涉及道教的教理教义、戒律清规、科范礼仪、符箓道法、数术图象、修炼摄养、神仙传记等方面的著作，杜光庭的撰述最多也最具代表性。而释氏的经、律、论三藏撰述亦繁。此时期，文偃开创云门宗，文益开创法眼宗，极大地推动了禅宗的发展，对宋代佛学产生了重大影响。《祖堂集》与《宗镜录》是目前所见五代最为重要的禅宗历史与理论著作。而出于传教的基本需要，诸如可洪《藏经音义随函》、义楚《释氏六帖》等类似工具性著作亦产生不少。五代道释两家著作，目前所知即有百余种，因道藏、佛藏尚未仔细阅读，故其撰述数量当不止于此。因所知有限，今暂不细论。

此一时期农家类大部头著作首推徐锴《岁时广记》一百二十卷。南宋章如愚《群书考索》云："隋杜台卿有《玉烛宝典》，以《礼记·月令》分冠

---

① 吴处厚. 青箱杂记：第6卷［M］. 北京：中华书局，1985：61-62. 标点略有不同。

诸篇，引经传百家之说以释之。唐韩鄂有《岁华纪丽》，探经史岁时杂事，述以骈俪之语。韦行规有《月录》，凡饮膳、服饵、种艺、盖藏之法，皆附本月书之。李绰有《秦中岁时记》，纪唐室朔望荐献及岁时宴赏之事。李邕撰《金谷园记》，采传记小说、岁时杂事。五代南唐徐锴撰《岁时广记》，掇古今传记并前贤诗文，随日以甲子编类，凡时政、风俗、耕农、养生之事悉载。"[1] 章如愚不仅指出了徐锴书的内容，而且就岁时类书籍的演变情况为我们做出了说明，使徐氏之书的特色一目了然。

由于生活环境的相对安定，文人雅致之情不免显现。毛文锡的《茶谱》、钱昱的《竹谱》、赞宁的《笋谱》、汤悦的《森伯传》均是此等情况下的产物。只不过毛文锡的著作广记各类茗茶之产地、状貌、优劣、特点、采摘、制作等事，对烹茶之泉水、方法及饮茶、咏茶之逸事等亦多有记载，已超越了文娱的性质而俨然成为学术著作。而孙光宪的《蚕书》、朱遵度的《漆经》应为地地道道的农学著作，可惜今日已不知其面貌。

五代小说类书籍数量仅次于道释二教，其内容大致可分为两种。一是对唐及五代逸闻琐事的记载，多可补史传之不足，如王定保的《唐摭言》、何晦的《广摭言》、何光远的《鉴诫录》、孙光宪的《北梦琐言》、皮光业的《皮氏见闻录》等。二是神仙志怪性质的传奇，它们作为唐传奇的遗响，风致已乏而怪诞尤甚，如徐铉的《稽神录》、冯贽的《云仙散录》、冯鉴的《广前定录》、皮光业的《妖怪录》、杜光庭的《录异记》等。小说类著作前人多有论及，今不赘述。

战争连绵、名将辈出的五代，虽然人们忙于攻守的斟酌、战局的帷幄，但在兵戈铁马的间隙，还是有人著书立说，虽然数量不多。五代兵书类著作现知有七种，它们是张道古的《兵论》一卷，符彦卿的《人事军律》三卷、《五行阵图》一卷、《兵书论语》三卷，张昭的《制旨兵法》十卷，刘可久的《契神经》一卷，胡万顷的《六壬军鉴式》二卷。除符彦卿外，其余四人均为文臣。张道古之书应为普通意义上的理论著作，刘可久、胡万顷所作为

---

[1] 章如愚. 群书考索：第55卷［M］//影印文渊阁四库全书：第936册. 台北：台湾商务印书馆，1986：730.

兵占性质，具有一定的实用性。张昭之书是奉周世宗敕而编纂的，直接目的是为征讨南唐作军事参考。《册府元龟》载其奏表云："今只据臣家所有之书，摭其兵要，自军旅制置、选练教习、安营结阵、命将出师、诡谲机权、形势利害、赏罚告誓、攻守巧拙、星气风角、阴阳课式等部四十二门，离为十卷。"① 这是前代军事论著的分类汇编，实用性更强。

符彦卿为五代名将，常年镇守北边，威震契丹。其三种著作均有实战经验作为参考，故价值更高。惜《五行阵图》与《兵书论语》已不知其面貌。而《人事军律》尚可窥见一斑。《郡斋读书志校证》引其序云："言兵者多杂以阴阳，殊不知往亡宋捷，甲子胡兴，鹅入枭集，翻成吉兆，故此但述人事云。"② 可见其对实战的重视。明唐顺之《武编前集》保留了《人事军律》的一段佚文，其云："军中才艺，片善莫遗，临事有阙，如何卒救。或施小计，以获大功，设一计而获万全。或致死擒生，或知情识变。若多艺而无行，则择艺而弃行；能谋而怯斗，则舍怯而用谋。各有所长，难为求备。亦有鸡鸣狗盗，孟尝得以脱身；夷门屠夫，信陵纳之。全国选士之时，宜多采究。"③ 符彦卿不愧名将，战争年代军事人才的选拔尤为重要，其着眼点即在于保证优势，争取胜利。

对于统一时代的人而言，很难想象战乱频仍的岁月还会有人泼墨山水、醉心毫端。但事实确是如此。此一时期山水、花鸟、人物等名家名作层出不穷。中原地区有《梁朝画目》《广梁朝画目》等类似书籍出现。山水画大师荆浩隐居太行，其《笔法记》《画山水赋》流传至今，其学生关仝、再传弟子范宽等均成为后世山水画大家，影响不可谓不巨。

由于环境的相对安定，与前一分裂时期的南朝相似，南唐与西蜀在书法绘画方面亦取得了相当大的成就。李煜的《阁中集》专门著录前代著名书画作品，《江南画录》《江南画录拾遗》记载了这一时期江南的名家。《广画

---

① 王钦若. 册府元龟：第607卷 [M]. 北京：中华书局，1960：7289.
② 晁公武，孙猛. 郡斋读书志校证：第14卷 [M]. 上海：上海古籍出版社，1990：641.
③ 唐顺之. 武编前集：第1卷 [M] //影印文渊阁四库全书：第727册. 台北：台湾商务印书馆，1986：212-213.

录》《益州画录》是对前后蜀此类学问的记载。姜道隐的《笔诀》则是鸟兽尤其是龙的画法的心得。南宋董更《书录》"江南后主李煜字重光"条,"浮休跋其书云:'江南后主书《杂说》数千言,及德庆堂题榜,大字如截竹木,小字如聚针钉,似非笔迹所为。欧阳永叔谓颜鲁公书正直方重,似其为人,若以书观后主,可不谓之倔强丈夫哉。'"① 可见,李煜本人在当时也可被称为书法名家。

这一时期,杂艺术类中还有一门学术值得关注,那就是碑帖学。现知梁有《贞明帖》,南唐有《升元帖》,均为辑刻历代名帖之合集。尤其是《升元帖》,作为《淳化阁帖》的重要来源,宋人已谓为"祖刻",影响巨大。②此一时期人们喜好碑刻文字,从文献记载上亦可了解一二。马氏《南唐书》卷十九《钟谟传》:"谟尤好古碑,奉使中原,每道旁碑碣,必驻马历览。尝见龟趺大碣半没水中,谟欣然解衣,以手扪揣,默记其文。他日水涸,以所录本就证之,无差。其爽迈如此。"宋代金石学大兴,而欧阳修等人多出生于江南故地,此等学术影响自不可忽视。

现知五代十国时期的类书有十一种。朱遵度《鸿渐学记》一千卷、郭微《属文宝海》一百卷是两种大部头之作,惜其体例均已不明。这一时期编纂类书的目的可能有两个,一是供统治者资治之用,如范赞时的《资谈》、王昭远的《禁垣备对》;二是供士子学习之用,此类为多,如朱遵度和郭微的著作,再如陈鄂的《十经韵对》《四库韵对》、文谷的《备忘小抄》等。从地域上来看,蜀中尤多,十一种书有七种出自蜀人之手。这一方面说明西蜀的社会环境较他处更为安定;另一方面也说明西蜀的统治者推行科举考试,重视文化事业,促进了当地教育的发展。

战争是残酷的。经过几百年的和平之后,"白骨露于野,千里无鸡鸣"的惨痛悲剧再一次上演。疗治国家创伤需要良才,疗治身体创伤需要良医。故此一时期医书著作亦不少,主要集中在医方类和本草类两个方面。医方类

---

① 董更. 书录:卷中 [M] //影印文渊阁四库全书:第814册. 台北:台湾商务印书馆,1986:289.

② 有关《升元帖》的论述,详见后文考证部分。

著作大都根据古验方和自身行医经验所得，故实用性极强。如陈玄的《要术》、王颜的《续传信方》、刘翰的《经用方书》、罗普宣的《广政集灵宝方》等。《旧五代史·陈玄传》："陈玄，京兆人也。家世为医……长兴中，集平生所验方七十五首，并修合药法百件，号曰《要术》，刊石置于太原府衙门之左，以示于众，病者赖焉。"①

有关《本草》的研究在这一时期也非常兴盛。目前所知此类著作有七种，《日华子诸家本草》《海药本草》《食性本草》等均被宋人视为重要著作而屡屡征引。而《蜀本草》不仅保留了前代《本草》的许多资料，而且在药物药性、畏恶、炮制、鉴别等方面均有较大发展，并增加了许多新药，发现了许多旧药的新功用，可以说是《唐本草》之后，我国本草学方面最重要的著作之一，是对唐五代药物学成就的突出总结。另外，蒲虔贯的《保生要录》、周颋的《产宝》《保童方》是所知这一时期涉及妇科与儿科的三种著作。周颋的《产宝》是在唐人咎殷《经效产宝》基础上的拾遗之作，志在愈疾。此书今尚存，其价值可见。

虽然有不少实用性医书问世，但因传播媒介及文化水平的限制，当时医家也并未见到多少。而且战争年代，医生数量无论多少，均是缺乏的。上引陈玄刻石府衙借以传播之事正说明了这一点。而五代政府遇有疾疫，张贴药方于大街小巷，俾民据方采药自治的事情更是屡见不鲜。

4. 集部之学的新变

现知五代集部著作有四百种，其中别集三百四十一种，总集四十三种，文史十六种，无论创作还是批评，均不可谓不富。但存世的（含残存）仅三十二种，这在一定程度上说明了这一时期文学的价值。从文体角度而言，就创作数量而论，诗文仍占主流。而现知词集仅有六种②，只不过因为词在宋代尤为兴盛，而这一时期的创作又出现了一个小高潮，为宋词开启了序幕，故受到文学研究者的重视。

词本来自民间，至迟于唐代中期即已产生，多随乐演唱，时人称为

---

① 薛居正．旧五代史：第96卷［M］．北京：中华书局，1976：1282.
② 词在五代并未作为概念而独立，故一些作者的词作往往杂于诗文集中。

"曲"或"曲子词",文人罕有其作。时至五代,方才有风靡四方之势,而文人的创作无疑对这种文体的流行与传播起到了助推作用。那么,词在五代人生活中究竟处于什么位置呢?马氏《南唐书》卷二十一:"元宗乐府辞云'小楼吹彻玉笙寒',延巳有'风乍起,吹皱一池春水'之句,皆为警册。元宗尝戏延巳曰:'吹皱一池春水,干卿何事?'延巳曰:'未如陛下小楼吹彻玉笙寒。'元宗悦。"皇帝、大臣甚至妃嫔加入词作者队伍是这一时期的新特点,李煜、王建、王衍、孟昶、花蕊夫人等均是一时名作家,其引导作用不可忽视。而李璟与冯延巳以此为戏,可见词已经成为最高统治者生活的一部分,这一点与宋代皇帝形成了鲜明对比。

《江南余载》云:"徐锴以屯田郎中知制诰久,次当迁中书舍人,而宰相游简言每抑之。锴遂诣简言,简言从容曰:'以君之才地,何止舍人?但兄弟并举清要,物忌太盛,请少缓之,使众称淹恤,进固未晚。'锴颇怏怏,简言徐出妓佐酒,叠唱歌辞,皆锴所制,锴乃大喜,起谢。归以告兄铉,铉曰:'汝乃为数阕歌换中书舍人耶?'"①

马氏《南唐书》卷二十二云卢绛"病痁且死,夜梦白衣妇人,颇有姿色,歌《菩萨蛮》劝绛樽酒,其辞云:'玉京人去秋萧索,画檐鹊起梧桐落。欹枕悄无言,月和残梦圆。背灯惟暗泣,甚处砧声急。眉黛小山攒,芭蕉生暮寒。'歌数阕,因谓绛曰:'子之疾,食蔗即愈。'诘朝,求蔗食之,疾果差。迨数夕,又梦前白衣丽人曰:'妾乃玉真也。他日富贵相见于固子坡。'绛寤,襟怀豁然,唯不测固子坡之说"。

徐锴当不会以数阕歌换中书舍人,而穷困潦倒之卢绛梦亦虚幻,但重要的是,士人好词之程度令人赞叹。可以说,这一时期的词已经深入到文人的血脉之中。

五代词作的主要内容是对男女情爱的描写,格调不高,历来被冠以"香艳"之称。其作者主要集中于西蜀与南唐。但二者的风格却有很大不同。西蜀一派,即著名的花间词人群体,温庭筠与韦庄是他们学习的榜样,但结果

---

① 无名氏.江南余载:卷上[M]//影印文渊阁四库全书:第464册.台北:台湾商务印书馆,1986:154.

却不令人满意。我们来看一看花间派的风格。

孟昶《玉楼春》云："冰肌玉骨清无汗，水殿风来暗香满。绣帘一点月窥人，欹枕钗横云鬓乱。起来琼户启无声，时见疏星渡河汉。屈指西风几时来，只恐流年暗中换。"① 可谓香艳至极。这一类作品在《花间集》中实占多数。其可取之处，即在于对景色之描写。又牛希济《生查子》："春山烟欲收，天澹稀星小。残月脸边明，别泪临清晓。语已多，情未了，回首犹重道。记得绿罗裙，处处怜芳草。"这是花间词中的优秀之作，含蓄蕴藉，风致温婉。当然，遇到国亡家破的情况时，词人们也有别样之作。鹿虔扆《临江仙》："金锁重门荒苑静，绮窗愁对秋空，翠华一去寂无踪。玉楼歌吹，声断已随风。烟月不知人事改，夜阑还照深宫。藕花相向野塘中，暗伤亡国，清露泣香红。"亡国之臣的忧郁之情表现无遗，但这首词仅局限于个人的黯然神伤之中，还缺乏意境的开阔。

南唐的词人以李璟、李煜、冯延巳为代表，他们的词作虽然亦写男女之情，但香艳之气较淡，更多的是一种清丽的格调。李璟《摊破浣溪沙》："菡萏香销翠叶残，西风愁起绿波间，还与韶光共憔悴，不堪看。细雨梦回鸡塞远，小楼吹彻玉笙寒。多少泪珠何限恨，倚阑干。"冯延巳《更漏子》："梧桐树，三更雨，不道离情最苦。一叶叶，一声声，空阶滴到明。"此类作品，已达到极高的表现水平。而李煜的词作成就主要表现在后期，即亡国入宋以后，严格来说，已经非五代作品，而是宋初词风的部分体现。但因李煜身份的特殊，终宋一代，未再产生此等大家，亦可谓千古绝响。《相见欢》："林花谢了春红，太匆匆，无奈朝来寒雨晚来风。胭脂泪，相留醉，几时重。自是人生长恨水长东。"《清平乐》："别来春半，触目愁肠断。砌下落梅如雪乱，拂了一身还满。雁来音信无凭，路遥归梦难成，离恨却如春草，更行更远还生。"《浪淘沙》："帘外雨潺潺，春意阑珊，罗衾不耐五更寒。梦里不知身是客，一晌贪欢。独自暮凭阑，无限江山，别时容易见时难。流水落花春去也，天上人间。"王国维谓："李重光之词，神秀也。词至李后主而眼界始

---

① 以下所引五代诗词，除标明来源的外，均出自《全唐诗》（彭定求，等．全唐诗[M]．影印本，上海：上海古籍出版社，1986.）。

大,感慨遂深,遂变伶工之词而为士大夫之词。"① "神秀"之评颇为恰当,但仅将其作视为词风转变的发端,难免过轻。作为代表文学风尚转变的作品,很多时候亦是此类著作的一个高峰。

诗分唐宋。五代在二者之间,无疑是一种过渡。五代诗的渊源主要有两个,一是以元稹、白居易为代表的"元和体",二是以贾岛、姚合为代表的"晚唐体"。赵昌平先生曾总结晚唐诗的特点为"萧瑟悲凉的情韵、新警奇巧的修辞,今体诗超过古体诗成为最主要的诗体形式"②,这亦可视为五代诗所追求的目标。只不过,虽然五代诗歌的主体形式是近体律诗,但此目标并未得到很好的实现。除了走向清浅的一派外,五代诗在内容上多侧重对普通人生的沉潜与体味,追求以刻画锻炼传达含蓄的意趣,已经向宋初的诗坛发出了号召。

兵荒马乱的现实,使得诗人们流散奔亡。地域的分割,在一定程度上限制了思维的拓展。《诗话总龟》引有廖匡图的两首诗,其一《赠泉陵上人》云:"暂把枯藤倚壁根,禅堂初创楚江濆。直疑松小难留鹤,未信山低住得云。草接寺桥牛笛近,日衔村树鸟行分。每来共忆曾游处,万壑泉声绝顶闻。"又《和人赠沈彬诗》云:"冥鸿迹在烟霞上,燕雀休夸大厦巢。名利最为浮世重,古今能有几人抛。逼真但使心无著,混俗何妨手强抄。深喜卜居连岳邑,水边松下得论交。"③ 衡山廖氏,是一个诗人家族,至宋代仍有不少人前来学诗。廖匡图是马氏天策府学士,五代著名诗人。其诗虽有我们上面所讲的特点,但难免使人产生境界局促之感。

五代诗还有一个特点,就是禅意的增加,这在裴说诗中体现得尤为明显。《道林寺》:"独立凭危阑,高低落照间。寺分一派水,僧锁半房山。对面浮世隔,垂帘到老闲。烟云与尘土,寸步不相关。"《题岳州僧舍》:"喜到重湖北,孤州横晚烟。鹭衔鱼入寺,鸦接饭随船。松桧君山迥,菰蒲梦泽

---

① 王国维. 人间词话 [M]. 滕咸惠, 译评. 长春:吉林文史出版社, 1999:24-25.
② 赵昌平. 唐五代诗概述 [M] //马茂元. 唐诗选. 上海:上海古籍出版社, 1999:902.
③ 阮阅. 诗话总龟:第4卷 [M]. 北京:人民文学出版社, 1987:41-42.

连。与师吟论处，秋水浸遥天。"诗人内心的清空与明朗，在这一时期是极少见的。《不出院僧》："四远参寻遍，修行却不行。耳边无俗语，门外是前生。塔见移来影，钟闻过去声。一斋唯默坐，应笑我营营。"裴说此诗置于宋诗中，恐也不易分辨。

五代诗乏名篇而多名句。何仲举《秋日晚望诗》今存一联，曰"树迎高鸟归深野，云傍斜阳过远山"，时人誉为高逸。唐刘长卿《送灵澈上人》云："苍苍竹林寺，杳杳钟声晚。荷笠带斜阳，青山独归远。"何诗较刘诗略逊，但在当时已属难能可贵。再如江为"竹影横斜水清浅，桂香浮动月黄昏"，宋人林逋改动两字而成千古绝唱。

五代辞赋也有不少，现知别集赋二十一种，赋选集四种。薛廷珪、高越、倪曙、徐寅、江文蔚、冯涓等均是一时名家。今仅徐寅赋残存数卷。五代辞赋追模李商隐，仅以"四六"为名者就有五部，可见《樊南四六》之影响。《四库总目》谓徐寅曰："其赋句雕字琢，不出当时程试之格，而刻意锻炼，时多秀句。"① 宋晁迥《法藏碎金录》云："徐寅律赋有句云'易伏猛兽，难降寸心。眼看西晋之荆蓁，犹矜白刃；身属北邙之狐兔，尚惜黄金'，此虽文词粗壮，抑亦快人心胸。故予采而书之。"② 与《四库总目》所评相近。《梦溪笔谈校证》云："晚唐五代间，士人作赋，用事亦有甚工者。如江文蔚《天窗赋》：'一窍初启，如凿开混沌之时；两瓦欹飞，类化作鸳鸯之后。'又《土牛赋》：'饮渚俄临，讶盟津之捧塞；度关倪许，疑函谷之丸封。'"③ 可见，《四库总目》之评，可以推而广之。

五代文章写作的突出特色是应用性极强，现知表章书策一类的别集有四十余种，其他制词杂文亦有十几种，个人别集中当还有不少单篇文章。这充分体现出了现实的需要和幕府文人的特点。这类应用文字，写法上多骈散结

---

① 永瑢，等. 四库全书总目：第 151 卷［M］. 北京：中华书局，1965：1303. 以下所引该书，除特殊标注者，均为此本，不再出注.

② 晁迥. 法藏碎金录：第 9 卷［M］//影印文渊阁四库全书：第 1052 册. 台北：台湾商务印书馆，1986：578.

③ 沈括. 梦溪笔谈校证：第 15 卷［M］. 胡道静，校注. 北京：中华书局，1959：522.

合，易于诵读，但不乏文采。《旧五代史》载卢文进《自契丹还上唐明宗表》云："臣即抛父母之邦，入朔漠之地。几年雁塞，徒向日以倾心；一望家山，每销魂而断目。李子卿之河畔，空有怨辞；石季伦之乐中，莫陈归引。"① 隶事可谓贴切。陆氏《南唐书》卷十载江文蔚《弹冯延巳、魏岑文》："昨天兵败，统内震惊，将雪宗庙之羞，宜醢奸臣之肉。已诛二罪，未塞群情。尽去四凶，方祛众怒。今民多饥馑，政未和平，东有伺隙之邻，北有伯强之国，市里讹言，遐迩危惧。陛下宜轸虑殷忧，诛锄蚍蜮。延巳不忠不孝，在法难原；魏岑同罪异诛，观听疑惑。请行典法，以谢四方。"词切而气壮。这些应用性的文字，不但为我们提供了大量历史信息，而且兼顾实用与文采，尤需注意。

五代时期总集的编纂亦不少，诗、词、文、赋俱全。《泉山秀句集》《又玄集》《烟花集》《才调集》《花间集》等重要诗歌总集均成于此时，为我们研究唐五代诗歌做出了重要贡献。部头最大的文集当属朱遵度的《群书丽藻》一千卷，此书至南宋仅余六十五卷。《直斋书录解题》引《中兴馆阁书目》云其书"以六例总括古今之文，一曰六籍琼华，二曰信史瑶英，三曰玉海九流，四曰集苑金銮，五曰绛阙蕊珠，六曰凤首龙编，为二百六十七门，总一万三千八百首"②。可见此书采择范围涵盖经史子集四部，可谓集五代以前文章之大成。据《宋史·艺文志》推断，此书宋初犹存完帙。雍熙三年（986），李昉等编成《文苑英华》一千卷，虽与《群书丽藻》分类有异，但当有所借助。

文史类著作现知有十六种，而存九种，与别集、总集相比，流传要更广泛深远一些。此时的诗格类著作尤其发达，文格、赋格亦颇有人注意。其主要内容在于对具体作诗、作文技巧的探究，侧重艺术形式，对丰富艺术表现手法做出了一定贡献，但难免流于烦琐细碎，甚至机械死板。其理论方面深度有限，而在物象描写与意境创造方面有所深入，故亦应给予一定关注。文

---

① 薛居正. 旧五代史：第97卷［M］. 北京：中华书局，1976：1296.
② 陈振孙. 直斋书录解题：第15卷［M］. 上海：上海古籍出版社，1987：442. 标点略有不同。

史类著作呈现的特点，可能与科举考试和幕府应用文章的写作需求有一定关系。

罗宗强先生将五代时期的文学思想归结为三点：一是重功利的文学主张流为虚假与庸俗化，二是以花间派为代表的娱乐说再次出现，三是主缘情的文学思想在南唐得到实践。① 笔者对此是基本认同的，今仅做一点补充。儒家传统思想，即罗先生所谓"重功利的文学主张"在个别人身上还是有所实践的。钱俶有《正本集》，收诗三百余篇，当有关教化。王仁裕编有《国风总类》五十卷，王贞范编有《续正声集》五卷，张易编《大唐直臣谏奏》七卷、杜光庭编《历代忠谏书》五卷、赵元拱编《唐谏诤集》十卷，这些总集的编纂反映出当时有一股拨乱反正的潮流，儒家传统的文学主张虽然在创作实践上没有得到很好的实现，但其意愿确是真实存在的。

5. 五代学术之特征

政权割据、战乱频仍的五代十国，学术研究虽未停滞，但成效甚微，与统一时代相比有天渊之别，即使与此前的春秋战国和三国两晋南北朝两个乱世相较，也大不一样。乱世，对于学术思想而言，自由思考的空间似乎更大一些，更容易产生一些新的学术方向，中国历史上的前两个乱世均是如此。但五代十国却有些例外，我们看不出具有鲜明特色的新事物的产生。其原因用一句不近人情的话来讲，可能就是混乱的时间稍短了一些。新的学术刚刚萌芽，统一时代就来临了，所以新思想自然就被带到了下一个时期。

这一时期经史子集四部学问的一大特征就是实用性特别强。如经部的乐类，现知著述多为一些曲辞或曲谱，这是与当时宫廷喜好密切相关的，它们多是就新作而做的记录。而较为发达的小学类著述，其研究的直接目的也不过是较好地理解经义，应付科举。史部著作的资治功用就更不用说了。子部的儒家、杂家关注点就在于霸有天下，天文历算类著作均是对日常生活的指导，兵书五行用于实际作战，医书治病救人。集部的文章大量为制疏笺表等应用文字，政权往来、内政处理，均于此得到充分体现。另外，四部著作的

---

① 罗宗强. 隋唐五代文学思想史［M］. 北京：中华书局，1999：393-406.

总体倾向在于确立规范，这是乱世寻求一定之规的表现。

《宋史·陈文颢传》："文颢，本文显子。初，洪进在泉州，有相者言'一门受禄，当至万石'，时洪进与三子皆领州郡，而文颢始生，乃以文颢为子，欲应其言。"① 五代丧乱，人们颇乏安全感，心灵无所寄托，宗教、迷信思想应时而起，神仙方术、阴阳五行之书大量涌出。陈洪进养孙为子乃时人心态的极端表现。故礼崩乐坏之时，确立临时规范实在非常必要。

这一时期学术的第二个特征就是区域性特别明显。中原地区由于朝代更迭的频繁，各类著述相对较少，主要集中在前代史书的编纂和当代史事的记录及一些法规、章表的撰述上，而相对稳定的杨吴与南唐、西蜀、吴越、楚等在著作数量上较中原更多，所涉及的门类较全，成就也更大。十国之中也有不同，如南唐别集最盛，西蜀类书最多。十国学术的相对繁荣在很大程度上与唐末丧乱大批文人南迁避乱有密切关系。

五代学术的第三个特征就是融合性的显现，僧人著述广涉四部最具标志性。吴越释希觉撰有《周易会释记》二十卷。《宋高僧传》载《汉钱塘千佛寺希觉传》云："觉外学偏多，长于《易》道，著《会释记》二十卷，解《易》，至上下系及末文甚备。常为人敷演此经，付授于都僧正赞宁。"② 释赞宁《论语陈说》一卷是目前所知这一时期唯一一部《论语》类著作。释应之撰有《临书关要》一卷。马氏《南唐书》卷二十六："元宗喜《楞严经》，命左仆射冯延巳为序。……敕应之书镂版。既成，上之，元宗叹曰：'是深得公权之法者也。吾闻公权尝以笔谏，穆宗为之改容，今效其法，尚可想见其风采。'应之书名由是益振。"

史部地理类有释仁显所撰《华阳记》，记载确实，不少为宋人《成都古今集记》所取。子部杂家类中释赞宁的《通论》上文已提及，该书可谓这一时期儒释融合的代表。又如其所著《物类相感志》十卷，《郡斋读书志校证》

---

① 脱脱，等．宋史：第483卷［M］．北京：中华书局，1985：13964-13965．标点略有不同。
② 释赞宁．宋高僧传：第16卷［M］．北京：中华书局，1987：402-403．

云："采经籍传记物类相感者志之，分天、地、人、物四门。"① 五代诗僧群体更是尽人皆知。

故这一时期，大量僧人以广博的学识和深湛的佛学修养为根基，参与到很多学术研究中来，他们在儒家经典的释读和解说上新见迭出，无疑为宋代儒释合流、理学产生打下了一定基础。

（三）五代著述研究概貌

五代纷乱而短暂，传世的著作很少。然而这一时期却是唐宋变革的重要转折点，文化成就不容小觑。新旧《五代史》及马令、陆游两部《南唐书》均不志艺文，除宋人蔑视五代之偏见以外，实因这些小王朝大都没有像样的藏书目录，而北宋书目对于作者时代、国别多不能详，编纂难度较大。清代补史艺文志之风大兴，实肇端于五代艺文志之补撰。其后著作如林，蔚为大观。从清初以至近年，以"五代艺文志"之类名目编撰的著作就有八部之多，它们分别是徐炯的《五代史记补考·艺文考》、陈鳣的《续唐书·经籍志》、顾櫰三的《补五代史艺文志》、宋祖骏的《补五代史艺文志》、汪之昌的《补南唐艺文志》、唐圭璋的《南唐艺文志》、杜文玉的《南唐艺文志》和张兴武的《五代艺文考》。其中，张兴武教授2003年出版的《五代艺文考》，吸取了徐、陈以外诸家之长，著录最为宏富，并逐书做出考证，可谓五代艺文志集大成之作。② 但是，若以更加审慎的眼光来看，这八种补志仍

---

① 晁公武，孙猛. 郡斋读书志校证：第12卷［M］. 上海：上海古籍出版社，1990：525.
② 2016年，张兴武先生书修订更名为《补五代史艺文志辑考》，由上海古籍出版社出版。与初版相比，主要的变化有以下几点：第一，补充参考了徐炯、陈鳣二志，增补了相关书目；第二，《新编补五代史艺文志》不再完全使用顾櫰三的分类，而是主要参考《新唐书·艺文志》，与此相应，部分书籍的类别归属做了调整，如下文分类中提及的数例；第三，部分考订条目增补了一些史料，改正了一些错误，如下文所指出的解题中的前两例。这些改进巩固了此书五代艺文研究集大成之作的地位。但本书所提出的该书存在的相关问题，在新版中似仍有不少。故为保持本书所据博士论文原貌，此节涉及《五代艺文考》的论述不作更改，特此说明，尚祈张先生及读者诸君见谅。

存在不少问题。下面分别从著录时限、收书数量、资料来源、分类标准、具体解题等方面对这几部书做一简要评述。同时，就如何对五代著述进行深入考证提出一些看法。

1. 著录时限

在著录时限方面，各家基本一致。即不以朝代更迭为准，查考的大致范围均处于唐末农民战争结束至宋太宗在位之间。这完全是把五代放入历史变革的大背景中去考虑的一种做法，对今天的唐宋文史乃至中国文史研究都是颇有启发意义的。在这方面，徐炯的《五代史记补考·艺文考》是开风气之先者。如此书集类收有杜荀鹤《唐风集》。杜氏天祐初卒，但因其明为唐臣，实依朱温，所以予以收录。再如罗隐，主要生活于唐，但因为他长期供职于吴越幕府，所以予以收录。史类徐铉、汤悦的《江南录》本是奉宋太宗之命撰写的，但因二人大半生身在南唐，其书内容又是记录南唐之事，所以予以收录。而钱惟演的《玉堂逢辰录》，因记载有大中祥符八年（1015）荣王宫火，三馆图籍俱尽，唐末五代艺文厄于此灾之事而被收入。这一时限著录原则与自《旧五代史》以来，历代史家对"五代"的基本看法是相符的。而在目录学史上，却是有着开创意义的。但是，在八种补五代志尤其是清人的补志中，又有不少与五代无关而杂入的书籍。因此，若重做五代著述考，则有必要在时间上做一个稍微明确的划分。我们认为，具体著录的起止年限应在后梁太祖开平元年（907）至宋太宗太平兴国四年（979）之间。凡在这一时间段内著成的书籍，一律收入。其中，中原王朝著述大致以宋建隆元年（960）为限；由唐入五代和由五代入宋各家不涉及五代十国的著述，一概不收，不能确定的，暂且收录。这样，可能会减少一些不必要的纠葛。

2. 收书数量

在收书数量方面，愈后自然愈多。徐炯《五代史记补考·艺文考》共收书一百六十五种；陈鳣《续唐书·经籍志》著录四百五十八种，八千九百五十七卷；顾櫰三的《补五代史艺文志》收书六百三十一种，一万一千八百十卷。① 宋祖骏《补五代史艺文志》完全抄自顾櫰三的《补五代史艺文志》。今存咸丰刻本与今本顾氏《补五代史艺文志》完全相同，只是在最后补遗了四十种图书，全书共计六千三百五十八卷（含三百篇），其中仅《闽寿山寺佛经》就达五千四百零八卷。三种南唐艺文志以汪之昌著录最多，共二百三十七种，唐圭璋著录一百七十九种，杜文玉著录二百零二种，这种数量上的差异主要是三人著录标准不同而造成的。此外，汪之昌的《补南唐志》有一大特色，就是在卷末附有南唐时期的碑刻文字简目，共收录碑刻一百一十二种。这在一定程度上启发了张兴武，他的《五代艺文考》著录图书一千零六十三种，两万七百九十八卷，另附有五代金石辑录，是目前搜集五代艺文最多的专著。

3. 资料来源

在资料来源方面，各家查考范围主要涉及史部和子部中宋元人所作有关五代十国的著述。其主要采择对象有以下数种：两《唐书》、新旧《五代史》、《宋史》、马令《南唐书》、陆游《南唐书》、《吴越备史》、《十国春秋》②、《五代会要》、《崇文总目》、《郡斋读书志》、《直斋书录解题》、《通志·艺文略》、《文献通考·经籍考》、《玉海》、《北梦琐言》、《鉴诫录》、《清异录》、《江表志》等及部分宋元以来的方志，搜罗的范围是比较广泛的。当然具体到各家又有不同，著录图书数量较多的陈鳣、顾櫰三、张兴武三家参考的书籍自然就要广泛一些。在这些书中，新旧《五代史》、《宋史》、《十国春秋》是查考最多的四部史书，《宋史·艺文志》《崇文总目》《通志·艺文略》《文献通考·经籍考》是使用得最多的四种目录。可以说，八种补志的编者基本抓住了集中著录五代著述的几种重要著作。

但存在的问题也是非常明显的。第一，对参考书籍阅读不细，比勘不精，故而遗漏不少。如陈鳣和顾櫰三二人之作参考的书籍大致相当，然顾书著录而陈书所无者，达四百二十四种，五千一百九十八卷，陈书著录而顾书

---

① 《五代史记补考·艺文考》著录书籍数量较少，并且许多书也未标明卷数，所以该书总卷数暂不做统计。
② 《十国春秋》作者吴任臣，清康熙年间人。陈鳣以下诸人著述均曾参考此书。

未录者也有一百四十种,两千二百四十四卷。张兴武先生的《五代艺文考》最晚出版,但据我们统计,陈有而张无的书籍还有八十一种,共一千五百七十二卷,这其中除因著录标准有异外,大多还是三人的遗漏。而《崇文总目》和《宋史·艺文志》中还有不少五代人的著述未被八种补志的作者收录。第二,可资参考的书籍尚有很多未被注意到。其中《秘书省续编到四库阙书目》是与《崇文总目》《宋史·艺文志》同样重要的著录五代文献的三种目录之一,但其刻本早已亡佚,几种抄本又秘藏于少数公私藏书馆楼中,世人罕见,清人徐松因之起而辑成《四库阙书目》,然流传不广,光绪二十九年(1903)叶德辉于观古堂刊印此书,之后方渐渐流传,故汪之昌以上诸人不得见,情有可原。张兴武先生之书虽曾借以勾稽,但仍有不少遗漏,实为憾事。唐圭璋先生的《南唐艺文志》注意到清人的这两种本子,可谓独具慧眼。第三,史部、子部尚有大量宋人杂史笔记、地理方志、仙释五行、政书类书等未被纳入搜罗范围;而集部的宋人别集中也暗藏着一部分五代人的著述,这些都应该作为采择的源泉,八种补志的作者均未注意这些。今天倘要重作著述考证,除了以上提及的,还应注意不断涌现的大量石刻文献、佛道两藏、敦煌遗书、海外汉籍、今人单篇考证文章等,以求减少遗漏。

4. 分类标准

在分类和著录顺序方面,大致可以分成两个系统。一是徐炯、陈鳣、唐圭璋、杜文玉一系,二是顾櫰三、宋祖骏、汪之昌、张兴武一系。可以说,陈鳣《续唐书·经籍志》的分类是几种补志中最为精审的,唐圭璋根据南唐艺文实际情况略有改动,称得上精到,而杜文玉的分类比唐氏稍有不及。至于顾櫰三的分类,则颇为凌乱,古典目录中少有同者。宋、汪、张三人或照搬顾氏体例或只稍作调整,并未能弥补顾氏的不足,相反,由于书籍的增多,还会令人倍觉眼花缭乱。下面主要就陈、顾二人的著录体例做一简要评介。

《续唐书·经籍志》具体分类如下:

甲部经录:易类、书类、诗类、礼类、春秋类、论语类、孝经类、尔雅类、群经类、乐类、小学类。

乙部史录：正史类、编年类、实录类、伪史类、杂史类、政事类、法令类、时令类、地理类。

丙部子录：儒家类、道家类、杂家类、小说家类、农家类、阴阳家类、艺术家类、类书类、医家类、术数类、仙释类。

丁部集录：别集类、总集类。

作为《续唐书》的一部分，《续唐书·经籍志》的分类方法很明显是在刻意模仿两《唐志》。首先，四部分类体系下今存书目的一级分类，只有两《唐志》称为"甲部经录""乙部史录""丙部子录""丁部集录"，这是袭用唐代《群书四录》《古今书录》的名称，而陈氏又加袭用。其次，《续唐书·经籍志》四部之下设立了三十三个二级类目，分别比新、旧《唐志》少十一、十二个类目。但这种类目减省的现象，除了漏收外，主要还是为了适应五代著述的实际状况，即去掉了五代没有相关著述的类目。如经录无谶纬类，因图谶之学盛行于东汉，早已式微，两《唐志》所载皆前代著述。子录无法家、名家、墨家、纵横家，因为自汉武帝"罢黜百家，独尊儒术"，这四家就已日趋没落，两《唐志》中的唐人相关著述极少，宋代书目中这四家所列也大多为古人所著。《遂初堂书目》首创一分类方法，即将这四家之书统附于杂家，为《明史·艺文志》《四库全书总目》所采用。至于《续唐书·经籍志》无此四家，则纯因五代无四家之著述。五代有兵家书，如符彦卿《人事军律》三卷、《五行阵图》一卷，张昭《制旨兵法》十卷等，但《续唐书·经籍志》俱失收，故无兵家。集录无《楚辞》类，因五代无此类书。又经录群经类仅载书一种，《论语》类仅二种[①]，于此也可以看出，只要有相关著述为其所知，陈氏都尽量依据两《唐志》设立类目。而从《续唐书·经籍志》所设类目来看，无论是类目名称还是各类的先后顺序，都与两《唐志》有很多相似之处，这里就不举例说明了。

但《续唐书·经籍志》也并非机械地照搬两《唐志》的分类方法，而是做了不少于史有据、相当合理的变通。其变通大致可分三种情况。一是类目

---

① 其中一种非五代著述，详见附录。

名称的改变。如史录实录类，两《唐志》作起居注类，但实际上著录的唐代部分几乎都是实录，称起居注的基本上均为唐以前的书，所以宋代以后书目多称实录类，陈氏亦效之。二是类目的合并。如史录政事类，相当于两《唐志》故事类、职官类、仪注类的合并，另外刑法类改名"法令类"，但还分出部分图书归入此类，这是吸收了《四库全书总目》的成果。三是类目顺序的个别调整。这方面可能参考了徐炯的看法，但也可能包含了两人的某些共识，如乐类。乐经早已亡佚，后世乐类著录的多是记载有关俗乐甚至外来音乐的书籍，宋代书目经部仍设乐类，收录律吕之书，而将俗乐之书改入子部艺术类，《直斋书录解题》更在子部专门设置音乐类来收录这些书。徐、陈二人不将乐类移出经部，而是将其排在最后一位——小学类之前，既照顾到传统，又反映了实际，应该说是极为可取的。

当然，《续唐书·经籍志》在分类方面也略有瑕疵。如子部设阴阳家类，收录历算类书籍八种。刘歆《七略》已有数术类，收有天文、历谱等著作；《汉志》将其归入阴阳家；至《隋志》已无阴阳之称，而立天文、历数之名；两《唐志》遵《隋志》之法而改历数为历算，置于子部，为宋元以来大多数书目所沿袭。是以阴阳之名，久已不用，陈氏立阴阳家类，与学术发展状况是不相符的。

我们再看顾櫰三的分类。《补五代史艺文志》共有十九类，依次是：

经部、史部、霸史类、杂史类、表状类、格令类、仪注类、声乐类、小学类、历算类、儒家类、道家类、释氏类、杂家类、技术类、舆地类、小说类、总集类、诗文集类。

顾氏的分类体系，对传统的四部分类方法做出了很大的调整，这是清代目录学发展中一个比较常见的现象，其部分做法颇有可取之处。比如五代经部及法、名、墨等家著述较少，其合并经部、杂家类也有部分道理。五代各国按大一统的观念来看，多非正朔，其史书多被视作"霸史"，故将霸史类提到杂史类之前，符合当时的史学特征。五代表状类著作颇多，顾氏改变将其归入集部的传统做法，而独设一类，排在格令类之前，突出其史料价值。五代佛道著作较为重要，将其排在儒家之后，反映了三教发展的实际。但是，五代介于唐宋之间，其总体学术风格与前后两朝并无太大的区别，如果考虑图书分类学发展的连续性，这种十九类的分类体系应该说是利少弊多。

首先，有经部、史部而无子部、集部之名；声乐、小学原属经部却单独立目；霸史、杂史、表状、格令、仪注、舆地均属史部而单独立目；原属子部的历算、儒家、道家、释氏、杂家、技术、小说也都"自立门户"；未立集部，又将别集类改名为诗文集，就不足以涵盖词集，这种混传统目录学部、类两级类目为一的做法，总体上是不足取法的。其次，从类目归并的角度来看，有许多地方都不尽合理。如正史、编年、实录三类合成史部，已略显混杂；不设目录类，而将这一类书归入总集类，更过于牵强。另外，原属农家和兵书类的书各有五六种，均归入杂家类而不单独立类，也并不妥当。再次，从类目排列顺序的角度看，顾氏轻易打乱四部图书顺序，如不把作为经学附庸的小学类设在经部之后，而是将其置于各类史书的后面；与史学密切关联的舆地类不在史书之末，而夹杂在技术类、小说类之间；历算类与性质相近的技术类隔得很远，却夹在小学类、儒家类之间，这些都是古今书目中绝无仅有的做法，且看不出其有任何合理成分和改变类序之必要。

而在具体图书的归类方面，《补五代史艺文志》亦是问题多多。如同是儒家类，顾氏儒家类所收书籍除在陈鳣《续唐书·经籍志》相同类目下存在者外，又见于陈氏仙释类、道家类、别集类和杂家类。考之具体篇目，则知顾氏多有疏漏。如钱俶《政本》，《吴越备史》云其："平生好吟咏，在国中编三百余篇，目曰《政本集》。"《宋史》本传亦称其："在吴越日，自编其诗数百首为《正本集》。"① 诗集以《政本》或《正本》为名，可能诗作多涉教化，陈氏列之于别集类，则似乎更为准确。总之，若单独从分类角度而言，顾氏的《补五代史艺文志》颇为混乱，远不及陈鳣的《续唐书·经籍志》，更不用提《新唐书·艺文志》。有人怀疑此书是顾氏初稿，未经整理，或非空穴来风。

张兴武先生的《五代艺文考》著录宏富，但由于未见到陈鳣的分类，因

---

① 脱脱，等．宋史：第480卷［M］．北京：中华书局，1985：13907．

而只能沿用顾氏的方法，以致在具体书籍的归属上，仍存在不少问题。顾书中原有的不当之处，张书一仍其旧，如钱俶的《政本》依然在儒家类而不入诗文集，《竹谱》《笋谱》依然在小说家类而不入农家。即便在张先生的五代艺文志补遗中，也存在归属不当的问题。如乐史的《江南登科记》在杂史类，而赵偁修的《五代登科记》却在小说家类；小学类有僧应之的《临书关要》，而它在技术类中又再次出现。

五代是唐宋之间的一个短暂时期，长时间的混乱使得学术研究进展缓慢，在图书分类方面缺少创见。宋初编纂的《新唐书·艺文志》已经不同于《旧唐书·经籍志》，反映出人们在分类观念上的一些变化。宋初距离五代最近，补志五代艺文以《新唐书·艺文志》作为基准而根据实际情况略作变通，势必成为首选。在这方面，陈鳣的《续唐书·经籍志》是做得最好的。唐圭璋的《南唐艺文志》也很不错，它们可以作为重要参考。而顾櫰三的分类则完全可以拿来做反面教材，它与陈、唐两人在具体类目设立和图书归属上存在的瑕疵，应作为警钟常鸣于耳。

5. 具体解题

八种补志中仅徐炯《五代史记补考·艺文考》、唐圭璋《南唐艺文志》和张兴武《五代艺文考》有具体解题。徐氏解题主要从《崇文总目》《郡斋读书志》《直斋书录解题》《文献通考》《册府元龟》《五代会要》等书中辑出，而对于作者、书名、卷数及书籍的内容、佚文等均无自己的辨析或考证，只是罗列前人观点。因此，所引之书中的错误与不当之处依然存在。值得赞许的是，该书把石刻经书列于经类之首，继之以雕印"九经"，凸现出石刻书籍和新兴雕版印刷的版本价值，及时反映了新的媒介在书籍传播中所起到的重要作用。这一内容按历代艺文志的惯例，本应在序中叙述，而于经解（或名群经总义）类列其简目。但雕印"九经"，实为五代最重要之文化事业，特为大冠经首，固有深意在焉。后世顾櫰三《补五代史艺文志》等多从此例，盖皆仿效徐氏。

唐圭璋解题的内容主要包括注明书籍来源，考辨书名、作者、卷数，介绍大致内容，列举现存版本等。可以说，是三种解题中考辨最为精审的。尤其值得注意的是，由于文学史家的身份，唐先生还在有关条目下注出《全唐诗》《全唐文》等总集中收录的作者单篇著述的数目。五代人著述现存的并不多，尤其是集部多已散失，唐先生这么做，既保持了补史艺文志的体例，更重要的是，为我们进行深入研究提供了有益的帮助。

张兴武先生的解题以每种书下的"考订"形式出现，对所著录的书籍从名称、卷数、作者方面进行考辨，但基本不涉及书的内容。考订后列有作者简介，下面还有所著录书籍的今存善本，可以说，考虑得比较周全，对我们进一步研究是有帮助的。张先生在其书前言中将顾、宋两志著录方面存在的主要问题归结为三点，一是书名不确，二是卷数不实，三是撰者不确，下面举了不少例子，在正文的考订中也确实纠正了许多错误。但他的部分考订恰恰也存在上述三种问题。

如张书经学类著录有郭忠恕《古今尚书释文》一卷。"考订"的全文仅有下面这句话："《宋史》卷四二二《郭忠恕传》称，忠恕'所定《古今尚书》并《释文》并行于世'。"① 我们认为，郭忠恕没有写过这本书，他只是校订过《尚书》和《经典释文》。下面说一下理由。《玉海》"开宝《尚书》《释文》"条下云："唐陆德明《释文》用古文，后周显德六年郭忠恕定古文刻板（忠恕定《古文尚书》并《释文》——原作者注）。太祖命判国子监周惟简等重修，开宝五年二月诏翰林学士李昉校定上之，诏名《开宝新定〈尚书〉〈释文〉》。"② 宋王偁《东都事略·郭忠恕传》亦言其"所定《古文尚书》并《释文》并行于世"③。由上可知，郭忠恕所校订的《古文尚书》及《经典释文》的《尚书》部分经宋初重修，于开宝五年（972）刊刻完毕，印成一书，流行于世。这当是宋国子监将《经典释文》中诸经音义析出而附刻于经书之后的开始。《宋史》已误《古文尚书》为《古今尚书》，而顾櫰三《补五代史艺文志》又将《经典释文》的简称误认为是《古今尚书

---

① 张兴武. 五代艺文考 [M]. 成都：巴蜀书社，2003：18.
② 王应麟. 玉海：第37卷 [M]. 影印清光绪九年浙江书局刊本. 南京：江苏古籍出版社，1987：712.
③ 王偁. 东都事略：第113卷 [M] // 影印文渊阁四库全书：第382册. 台北：台湾商务印书馆，1986：735.

  释文》的简称,因此错将《古今尚书释文》一书当作郭忠恕所著,并进而推测为一卷。张先生没有进行仔细考察而沿用顾说,所以出现了失误。

  又道家类有陈希夷《九室指元篇》一卷,经学类补遗有陈抟《指玄篇》八十一章,但二者实际是一种书。《崇文总目辑释》卷四道书类七所著录的《九室指元篇》一卷,乃重出之书,焦竑《国史经籍志》沿袭其误,张先生又误信这两种书目,所以出现了失误。①

  再如,其书霸史类著录有《吴将佐录》一卷,不著撰者。《通志·艺文略》"霸史类"著录,注云:"记杨行密功臣三十九人事,又三十四人只载姓名。"②《十国春秋·吴·王振传》说他"仕高祖兄弟,为史官,娴熟典故,博通事迹。所著太祖等本纪及讨论诸将战功,皆详核而不诬,切实而不靡,世称良史才"③。可见,《吴将佐录》一书当为王振所撰。

  以上我们大致介绍了目前八种五代艺文补志的概况。徐炯的《五代史记补考·艺文考》早于各种单独成书的四朝补志几十年,可以说是清代第一部正式的补史艺文志。但其收书数量仅一百六十五种,而且分类不精。继之而起的陈鳣的《续唐书·经籍志》,分类体例上最称完善,但著录数目还是有限。享有盛名的顾櫰三《补五代史艺文志》,搜罗宏富,居清人补五代志之首,然而其分类却颇为凌乱,著录多有舛讹,使用起来甚是不便。汪之昌的《补南唐艺文志》专志一国,突出了南唐的文化史地位,可谓别具慧眼。收书不少但体例却袭用顾志,给后人留下了遗憾。唐圭璋的《南唐艺文志》,分类精审,考辨周全,著录数量亦不逊汪志多少,是现代补史艺文志中的佳作。杜文玉的《南唐艺文志》在唐圭璋基础上又有整合。张兴武综合清人和今人的研究成果著成《五代艺文考》,著录图书数量已相当可观,又有具体的考证,堪称集目前补五代艺文志之大成。然而,此书亦沿用顾志体例,谬误舛讹之处亦复不少,故五代著述研究工作还有待于进一步深入。

---

  ① 此书辨证,详见本书考证部分。
  ② 郑樵. 通志:第65卷[M]. 北京:中华书局,1987:774.
  ③ 吴任臣. 十国春秋:第11卷[M]. 北京:中华书局,1983:154.

（四）本书之旨趣及体例

业师张固也先生曾经指出：要做好著述考证工作，"最重要的莫过于通检书目、全面考证、重视佚文"①。八种补志限于体例，均未能完全做到这三点。当然，这也是"著述考"与补史艺文志的区别所在。前人补史艺文志多以著录书名为职志，对作者年代略知即可，一般不做考辨，故仅限于检索目录、史传而已，而著述考证工作则要详考作者世系、生平；补史艺文志多仅据书名而归类，著述考证则需详考书籍内容体例，故归类更加准确；补史艺文志大多不顾佚文，而著述考证则尤需注意此道，如清人章宗源《隋经籍志考证》、今人朱祖延《北魏佚书考》等均据佚文推断书籍内容体例，堪称典范。如上文所言，八种补志中，唐圭璋的《南唐艺文志》虽有考辨，但失于简略，且地限一隅；张兴武的《五代艺文考》虽云考证，而实不出清人补史艺文志之窠臼。笔者遵照业师指示的途径和方法作《五代著述考》，对八种补志未曾注意的书籍现存佚文进行勾稽，对遗漏的现有目录进行进一步查考，进而从书名、卷数、著者、内容、流传、版本、价值等角度对五代著述做出全面考证。

没有规矩，不成方圆。为使五代著述考证工作有章可循，我们在总结八种补志经验教训的基础上，借鉴业师《唐代著述考》（待出版）凡例，厘定了《五代著述考》体例。现列于下，并据此对写作情况略作说明。

（1）本书所指著述为曾有撰著之名义，结集之卷式者；单篇零什唯曾别行于世，为目录所载者收入。因佛藏、道藏较为完全，道释二教著作别成一体，故暂不收录。

（2）时限。起后梁太祖开平元年（907），终宋太宗太平兴国四年（979）。凡在此一时段内著成之书籍，一律收入。其中，中原王朝著述大致以宋建隆元年（960）为限；入宋各国著述以其具体亡国年月为限；不能确定者，暂且收录，但由唐入五代和由五代入宋各家无关五代十国之著述，一

---

① 张固也. 唐代佚著考释例［M］//荣新江. 唐研究：第7卷. 北京：北京大学出版社，2001：429.

概不收。

（3）分类。据五代著述实际，依《新唐书·艺文志》略作调整，为四部三十六类。具体书籍归属，宋人书目类别不一者，据记载择一较合理之归宿。

（4）著录项。凡三项：首书名，次卷数，次作者。作者列于书名、卷数下。若卷数、作者失载无考，则空阙不标。凡书名异称，卷数偶殊，作者歧互者，皆据早出或可信之记载，酌取一说，他皆于考证时随文列出。

（5）作者。史书有传、生平颇详者，仅作简单概括，并注明传载之书；史传有阙误，则与增补辨证。生平不清及不见经传者，详考姓名字号、生卒年月、籍贯、世系、宦隐、学术等事迹。一人有多种著述者，仅在首先收录之书下叙明。

（6）流传。考宋以来书目题跋，群书记载，辨明流行之时，散逸之世。

（7）内容。书现存者，在已有基础上续作考证。佚书略言辑本之有无、优劣，无辑本而佚文无多者尽量辑出，佚文太多者略言其分布，并稍作分析。

（8）存书版本。仅依若干善本、丛书目录列出，复就所知略举重要之新版，取便检阅而已，不求完备。

（9）本书著录五代著述，皆依据原始文献，而非八补志。对于八补志曾著录之书籍，除部分信息如书名、卷数等仅见于八补志者，不再一一标注曾为八种中何者著录。非欲掠美，聊避烦琐而已。

（10）征引文献。常引书目、史籍皆用简称，史籍标明卷数，书目加注类别；近人著述、单篇文章仅引内容，其他信息随文注释。附征引书籍简称表。

我们根据以上考证体例，充分吸取八种补志的研究成果，更加广泛地搜集材料，力求对五代著述做出精审的通盘考证。经初步辨证，我们发现，一方面八补志泛收、误收了很多非五代著述，共剔除一百九十一种（其中经部三十三种，史部四十五种，子部四十五种，集部六十八种），保留七百八十二种。另一方面八补志漏收的五代著述亦不少，可增补八十五种。总计现今可考的五代著述为八百六十七种，其中存六十八种，残存十八种。这一考证结果，应该比较符合五代著述的实际。

在本书草创之初，笔者原拟对所有八百六十七种书逐一进行考证。工作过程中发现，虽然五代短促，世乱频仍，但著述资料仍较浩繁，若逐一考证，全文字数将近百万，对于博士论文而言过于庞大。故本书主要选取其中一百种书籍考证作为举例，以略见五代著述的大体轮廓，全部书籍的考证留待将来面世。鉴于此，本书更名为《五代著述考证初编》。①

百种书籍的选取缘由大致有以下四点：一是除著述较多的中原五朝、南唐、蜀、吴越外，还尽量选取其他小国的著述，以期更加全面地反映各地学术之发展；二是每个小类至少选取一两种做出考证，以期较为全面地反映五代的学术门类；三是每种书籍所留下的信息多寡有异，相应的考证文字长短不同，本书兼选长短条目，以见文献留存的不同情况；四是学界关注较多、研究比较充分的书籍，除非本书有新的发现，否则一概不取。因仅取百种，故征引文献暂不用简称。

鉴于本书尚非完整的《五代著述考》，不足以全面完整地反映五代著述之全貌，也没有充分反映笔者所做的上述大量前期工作，以及本书与八补志著录之异同，故在正文后增列《五代著述总目》《新增五代著述简目》《八补志误收五代著述简目》作为附录。

五代是唐宋转型的过渡时期，其著述与学术亦具备转型期的风格特征。笔者在综理五代著述的同时，对五代之学术环境、学术内涵、学术特征等形成了一些粗浅的看法；对于清代迄今八种补五代艺文志取得的成绩、存在的不足，更产生了比较清醒的认识，故在前言中略作如上之论述，希望对学界的进一步研究有所裨益。

---

① 本书参加及通过博士论文答辩时的名称为《五代著述考略》。

五代经部著述考

（一）易类

《易题》

张道古撰。此书不见目录著录。《北梦琐言》卷五："唐天复中，张道古，沧州蒲台县人，擢进士第，拜左补阙，文学甚富，介僻不群。因上《五危二乱表》，左授施掾，尔后入蜀。……补阙深于象象，著书号《易题》数卷，行于世。"① 此书顾櫰三《补五代史艺文志》作十卷，不知何据。

道古，《新唐书·艺文志》称其"字子美，景福进士第"②。《太平广记》卷二百零三引《耳目记》云："唐乾符之际……是时节帅王镕年在幼龄，初秉戎钺，方延多士，以广令名。时有李夐郎中、莫又玄秘书、萧珣员外、张道古并英儒才学之士，咸自四集于文华馆……道古名睍，博学、善古文，读书万卷，而不好为诗。"③ 睍，美也，故"道古"是名是字，不能确定。

又《资治通鉴》卷二百六十一："（乾宁四年）右拾遗张道古上疏，称：'国家有五危、二乱……终为贼臣所有也！'上怒，贬道古施州司户。仍下诏

---

① 孙光宪．北梦琐言：第5卷［M］．北京：中华书局，2002：114．
② 欧阳修．新唐书：第59卷［M］．北京：中华书局，1975：1552．
③ 李昉．太平广记：第203卷［M］．北京：人民文学出版社，1959：1540-1541．

罪状道古，宣示谏官。道古，青州人也。"① 宋张唐英《蜀梼杌》卷上："（武成二年）三月，灌州奏，武部郎中张道古卒。道古，临淄人，少有文词，慕朱云、梅福之节。景福中举进士，释褐为著作郎，迁右拾遗。时播迁之后，方镇阻兵。道古上疏言五危、二乱七事，责授施州司户参军。未几，以左补阙征，由蜀赴阙。陈、田之乱，乃变姓名，卖卜于温江。建闻其名，奏为节度判官。又上建诗，叙二乱、五危七事，为同僚所嫉，送茂州安置。及建开国，召为武部郎中。至玉垒关，谓所亲曰：'吾唐室谏臣，终不能拳跽，与鸡犬同食。今虽召还，必须再贬于此。死之日，葬我于关东不毛之地。题曰唐左补阙张道古墓。'至蜀，果不为时所容，复贬茂州，卒于路。"② 武成二年，当梁开平三年（909）。道古，景福进士，孙光宪所谓"天复中"，乃针对其在左补阙任上时而言。其主要事迹当取张唐英之记载。

道古籍贯，有上举沧州蒲台县与青州、临淄三说。《元和郡县图志》卷十七棣州："蒲台县，本汉湿沃县地，属千乘国。宋属乐陵郡。隋开皇三年改属沧州，十六年改为蒲台县，北有蒲台，因为名也。隋末废，武德三年重置，八年改属淄州。贞观十七年置棣州，割蒲台属焉。"③《太平寰宇记》卷六十四："滨州，（今理渤海县）本瞻国军，周显德三年三月升为州，仍割棣州之渤海、蒲台两县属焉。"④ 据此，知蒲台县自贞观十七年（643）至显德三年（956）三月一直属棣州。孙光宪所谓"沧州蒲台县"乃沿用隋至唐初之旧称。

《元和郡县图志》卷十："临淄县，古营丘之地，吕望所封，齐之都也。……秦立为县，城临淄水，故曰临淄。自汉至后魏，并属齐郡。高齐省。隋开皇十六年，移高阳县理此，改为临淄县，属青州。……县理即古临

---

① 司马光. 资治通鉴：第261卷 [M]. 北京：中华书局，1956：8512-8513.
② 张唐英. 蜀梼杌：卷上 [M] // 朱易安，傅璇琮，等. 全宋笔记：第1编第8册. 郑州：大象出版社，2003：36-37.
③ 李吉甫. 元和郡县图志：第17卷 [M]. 北京：中华书局，1983：498-499. 标点略有不同.
④ 乐史. 太平寰宇记：第64卷 [M]. 北京：中华书局，2007：1314.

淄城也。"①《太平寰宇记》卷十八青州："至隋初郡废，复为青州。大业三年罢州，为北海郡。唐武德二年海岱平，又置青州总管府，管青、潍、登、牟、莒、密、莱、乘八州，青州领益都、临朐、临淄、般阳、乐安、时水、安平等七县；七年改总管为都督府；八年省潍、牟、登、乘四州，以废潍州之北海，废乘州之千乘、寿光、博昌来属，省般阳、乐安、时水、安平四县。贞观元年罢都督府。天宝元年改为北海郡。乾元元年复为青州。后升平卢军节度。晋开运元年降为防御州，以杨光远叛，初平故也。天福十二年复旧为平卢军节度使。皇朝因之。"② 据此，知临淄县自隋至宋初一直属青州。

据《元和郡县图志》卷十七，蒲台县自武德八年至贞观十七年属淄州。《太平寰宇记》卷十九："淄州（淄川郡，今理淄川县），禹贡青州之域。……在汉为济南郡之般阳县，属济南、乐安二国，寻又置临淄国于此。其城迄今，一名临淄城，一名齐城。"③ 据此，知淄州为汉临淄国故地，与临淄县接壤。《蜀梼杌》取资当与《资治通鉴》为一源，主要应为《前蜀书》《后蜀实录》等几种蜀人自著，故疑所称道古"临淄人"，当为所取之原始记录，而此处记录乃用古称代指淄州。而《资治通鉴》认为"临淄人"即"临淄县人"，故不用《北梦琐言》"沧州"之说，因临淄县属青州，又直书"青州"以示区别。

综上，道古籍贯暂定为棣州蒲台县。

《周易甘棠正义》三十卷

任贞一撰。《玉海》卷三十六："《崇文目》：《周易甘棠正义》三十卷，任正一撰，以孔颖达为本；甘棠者，正一为陕州司马，故名其书。"④《郡斋读书志校证》卷一经类著录同，唯云"梁任正一撰"⑤；《通志》卷六十三则

---

① 李吉甫. 元和郡县图志：第 10 卷 [M]. 北京：中华书局，1983：273.
② 乐史. 太平寰宇记：第 18 卷 [M]. 北京：中华书局，2007：350.
③ 乐史. 太平寰宇记：第 19 卷 [M]. 北京：中华书局，2007：375.
④ 王应麟. 玉海：第 36 卷 [M] //影印文渊阁四库全书：第 944 册. 台北：台湾商务印书馆，1986：38. 以下所引该书凡未标明版本者，均出此本，不再出注.
⑤ 晁公武，孙猛. 郡斋读书志校证：第 1 卷 [M]. 上海：上海古籍出版社，1990：7.

51

云"五代任贞一"①。南宋冯椅《厚斋易学》附录一引《崇文总目》云："《周易甘棠正义》三十卷,五代梁任正一撰。据孔颖达《正义》而申演其说。正一为陕州大都督。"②《文献通考·经籍考》卷一："《甘棠正义》三十卷。《崇文总目》:梁陕州大都督府左司马任正一撰。孔颖达《正义》申演其说。"③《宋史·艺文志》载:"任正一《甘棠正义》三十卷。"④ 明朱睦㮮《授经图义例》卷四:"《周易甘棠正义》三十卷",注云"任贞一"。⑤

综上,知任贞一为五代梁时人,曾为陕州司马。宋人目录"贞"作"正",乃避仁宗讳所致。《文献通考》《宋史·艺文志》均未回改。其书据孔颖达正义而申演其说。又宋扈仲荣等编《成都文类》卷四十六载任正一《游浣花记》一篇,不知是否与此书作者为一人。

《易论》三十三卷

王昭素(894—982)撰。昭素,开封酸枣人。高尚不仕,博通九经,兼究庄、老,尤精《诗》《易》,李穆与弟肃及李恽皆常师事之。《宋史》卷四百三十一有传。惟昭素生卒年月,史书未明载。《宋史》本传:"开宝中,穆荐之朝,诏召赴阙,见于便殿,时年七十七,精神不衰。……年八十九,卒于家。"⑥ 宋李焘《续资治通鉴长编》卷十一:"(开宝三年三月)辛亥,以处士王昭素为国子博士致仕。……上闻其名,召见便殿,时年已七十余。"⑦ 知昭素开宝三年(970)七十七岁,故其当生于唐昭宗乾宁元年(894),卒于宋太宗太平兴国七年(982)。

---

① 郑樵.通志:第63卷[M].北京:中华书局,1987:755.
② 冯椅.厚斋易学:附录1[M]//影印文渊阁四库全书:第16册.台北:台湾商务印书馆,1986:828.以下所引该书均为此本,不再出注.
③ 马端临.文献通考·经籍考:第1卷[M].上海:华东师范大学出版社,1985:49.
④ 脱脱,等.宋史:第202卷[M].北京:中华书局,1985:5304.
⑤ 朱睦㮮.授经图义例:第4卷[M]//影印文渊阁四库全书:第675册.台北:台湾商务印书馆,1986:246.以下所引该书均为此本,不再出注.
⑥ 脱脱,等.宋史:第431卷[M].北京:中华书局,1985:12808-12809.
⑦ 李焘.续资治通鉴长编:第11卷[M].北京:中华书局,1979:243-244.

《崇文总目》卷一易类①、《中兴馆阁书目辑考》卷一易类②、《郡斋读书志校证》卷一、《玉海》卷三十六、《通志》卷六十三、《宋史·艺文志》易类、《文献通考》卷一百七十五③著录。《宋史》卷二百六十三《李穆传》言穆幼"从酸枣王昭素受《易》及庄、老书,尽究其义。昭素谓曰:'子所得皆精理,往往出吾意表。'且语人曰:'李生异日必为廊庙器。'以所著《易论》三十三篇授之。周显德初,以进士为郢、汝二州从事,迁右拾遗"④。可知王氏此书成于五代末入宋以前。

《郡斋读书志校证》卷一谓王氏此书:"其书以注、疏异同,互相诘难,蔽以己意。"⑤ 所指"注、疏"即《玉海》卷三十六引《中兴馆阁书目》云昭素以为未尽《易》意之"王、韩注易及孔、马疏义"。则其书正如《玉海》引《崇文总目》所言:"取诸家之善,参以其言折衷之。"而元胡一桂《周易启蒙翼传》中篇却说:"此书专辨注、疏同异,往往只是文义之学。"然又引《朱文公语录》以昭素对太祖乾九五所言为例,云:"以此观之,解中说象占必有可观者。"⑥ 观宋儒及以后诸儒论《易》,多援引王氏之言,则《易论》一书自有其独到之处,胡一桂所言未免偏颇。

此书现存佚文颇多,主要见于宋人易类著述,如朱震《汉上易传》、郑刚中《周易窥余》、程大昌《易原》、郭雍《郭氏传家易说》、方闻一编《大易粹言》、吕祖谦《古周易》等,其中《汉上易传》最多,有十二则。

---

① 王尧臣,等.崇文总目:第1卷[M]//影印文渊阁四库全书:第674册.台北:台湾商务印书馆,1986:6.以下所引该书均为此本,不再出注。
② 陈骙,赵士炜,等.中兴馆阁书目辑考:第1卷[M].中国历代书目丛刊影印本.北京:现代出版社,1987:366.以下所引该书均为此本,不再出注。
③ 马端临.文献通考:第175卷[M]//影印文渊阁四库全书:第614册.台北:台湾商务印书馆,1986:40-41.以下所引该书除标明出处者外,均为此本,不再出注。
④ 脱脱,等.宋史:第263卷[M].北京:中华书局,1985:9105.
⑤ 晁公武,孙猛.郡斋读书志校证:第1卷[M].上海:上海古籍出版社,1990:27.
⑥ 胡一桂.周易启蒙翼传:中篇[M]//影印文渊阁四库全书:第22册.台北:台湾商务印书馆,1986:264.以下所引该书均为此本,不再出注。

《易轨》一卷

蒲乾贯撰。乾贯，生平不详，仅知其为前蜀或后蜀时人。《秘书省续编到四库阙书目》卷二五行卜筮类著录，不题撰人。① 《通志》卷六十八五行类易占著录，亦不题撰人。《郡斋读书志》卷一载："《易轨》一卷。右伪蜀蒲乾贯撰。专言流演。其序云'可以知否泰之源，察延促之数'，盖数学也。景迂云，按刘道原《十国纪年》，乾贯作虔观，今两字皆误。"② 《玉海》卷三十六、《文献通考》卷一百七十五引《郡斋读书志》同，然不言有误字。明焦竑《国史经籍志》卷二易论说著录《周轨》一卷，题"蜀蒲虔观"，③ 书名疑脱"易"字。明代曹学佺《蜀中广记》卷九十一著录，题"伪蜀满乾贯撰"。明代朱睦㮮《授经图义例》卷四："《易轨》一卷，蒲虔贯。"《十国春秋》卷五十六作"蒲虔轨"。④ 撰者之名盖由其书流传过程中字音讹误所致，今从《郡斋读书志》。朱彝尊《经义考》卷十五引陆游言曰："夜读蜀蒲公《易传》《老子解》，盖各自立说，迹若与晋诸人同而实异也。"⑤ 明方以智《通雅》卷三载："《易轨》一卷，伪蜀蒲乾贯撰。专言流演，智谓本于京君，明隋有逆刺，唐有错卦，即其书也。"⑥

《易龙图》一卷

陈抟撰。《遂初堂书目》周易类著录，然无卷数、著者。《玉海》卷三十

---

① 秘书省续编到四库阙书目：第 2 卷［M］．叶德辉，考证．中国历代书目丛刊影印本．北京：现代出版社，1987：348．以下所引该书均为此本，不再出注。
② 晁公武．郡斋读书志：第 1 卷［M］//影印文渊阁四库全书：第 674 册．台北：台湾商务印书馆，1986：160-161．
③ 焦竑．国史经籍志：第 2 卷［M］//丛书集成新编：第 1 册．台北：新文丰出版公司，1986：619．
④ 吴任臣．十国春秋：第 56 卷［M］．北京：中华书局，1983：817．
⑤ 朱彝尊．经义考：第 15 卷［M］//影印文渊阁四库全书：第 677 册．台北：台湾商务印书馆，1986：162．以下所引该书均为此本，不再出注。
⑥ 方以智．通雅：第 3 卷［M］//影印文渊阁四库全书：第 587 册．台北：台湾商务印书馆，1986：119．

五引《中兴馆阁书目》曰:"《易龙图》一卷,陈抟撰。"与《宋史·艺文志》著录相同。

《经义考》卷十六引徐善语曰:"度其目约二十一篇,而图书二象居其末。"《玉海》下又引《中兴馆阁书目》载陈抟自序,但文字有脱误。今据元代胡一桂《周易启蒙翼传》中篇所载自序抄录如下:"且夫龙马始负图出于羲皇之代,在太古之先。今存已合之位或疑之,况更陈其未合之数耶?然则,何以知之?答曰:于仲尼三陈九卦之义,探其旨,所以知之也。况夫天之垂象,的如贯珠,少有差则不成次序矣,故自一至于盈万,皆累累然如丝之缕也。且夫《龙图》本合见,圣人不得见其象,所以天意先未合而形其象,圣人观象而明其用。是《龙图》者,天散而示之,伏羲合而用之,仲尼点而形之。始《龙图》之未合也,惟五十五数。上二十五,天数也,中贯三五九,外包十五,尽天三天五天九并五十之用,后行一六元位,又显二十四之为用,兹所谓天垂象矣。下三十,地数也,亦分五位,皆明五之用也。十分而为六,形地之象焉。六分而几四象,地六不配,在上则一不用形二十四,在下则六不用亦形二卜(当为十)四,后既合也。天一居上为道之宗,地六居下为气之本。天三干地二地四为之用,三若在阳,则避孤阴,在阴,则避寡阳。大矣哉,《龙图》之变,岐分万途。今略述其梗概焉。"

《经义考》卷十六:"王湜曰,《先天图》传自希夷,前此则莫知其所自来也。邵伯温曰,希夷先生学《易》,生于意,言象数,不烦文字解说,止有一图;《先天方圆图》亦非创意以作,孔子《系辞》述之明矣,真穷理尽性之学也。朱子曰,先天之学,康节得于李之才挺之,挺之得于穆修伯长,伯长得于希夷。魏了翁曰,先天之学,秦汉而后惟魏伯阳窥见此意,至华山陈处士,始尽发其秘。……雷思齐曰,宋初,陈图南始创意推明象数,自谓因玩索孔子三陈九卦之义,得其遗旨,新有书述,特称《龙图》,离合变通,图余二十,贯穿《易》理。"诸儒对《易龙图》均评价颇高。

但不同意见亦早已有之。《厚斋易学》附录二引毛伯玉言曰:"挺之《易》学专论象耳,未尝及数学也。子文既分象数为二,而又以为其象学殊不可晓,希夷故是异人,神仙与学问自是两途。"而《经义考》卷十六又载:

"王申子曰：'先天圆，图阳左阴右，易之体也；后天横，图阴左阳右，易之用也。此二图不知希夷以前何所托，至希夷始出，亦已奇矣。'"这还只是怀疑作者。朱彝尊又引黄宗炎说："图南本黄冠师，此图不过仙家养生之所寓，故牵节候以配合，毫无义理，再三传而尧夫受之，指为性天窟宅，千古不发之精蕴尽在此图，本义崇而奉焉。证是羲皇心传，置夫大《易》之首，以言乎数，则不逮京房、焦赣之可征；以言乎理，则远逊辅嗣、正叔之可据。且曲为之说，曰：此图失自秦火，流于方外，自相授受不入人间。夫《易》为卜筮之书，不在禁例，宜并其图而不禁，岂有止许民间藏卦爻而独不许藏图之事？朱元晦《与王子合书》云，邵氏言伏羲卦位近于穿凿附会，且当阙之，乃《易》学启蒙。本义又如此，其敬信不可解也。"可见一些学者已对其书学术价值不以为然。

《经义考》卷十六又载徐善说："其序文义晦涩，叶梦得以为伪作，良是。"徐善又曰："图书得图南而始显，乃昧者，缘之复滋异辞。有谓天地十数列九五位之图为伏羲自造者，范谔昌也。有谓《河图》止一圈而九宫非《河图》者，丰坊也。有谓九宫五位二象皆《河图》者，章俊卿、王采也。有谓撰十图以尽《河图》变体妄相传述者，赵以夫、黄镇成、熊朋来也。至雷思齐则但信九数为图而不信有书，蒋德之则但信十数为书而不信有图，其持论皆不能无疵，及乎西山蔡氏《反易》之后，异解更多。有托言青城隐者，阴阳相含，就其中八分之以当八卦，谓之'河图'，用井文界分九宫，谓之'洛书'者，罗源也。有谓《河图》即《太极图》者，赵谦也。有仿佛八卦作坎离中画交流，谓之真《河图》，得于异人传授者，谢枋得也。若乃《图》《书》形状，亦人人殊袭。汉人者，谓《图》呈于龙甲。信星点者，谓龟文如璀璀。杨龟山谓《图》《书》但出于水，无龟与龙。俞琰谓河图之文镌于宝石，若近世喻国人谓泉脉上涌而纹成水面，则益怪矣。呜呼，又奚怪司马君实、欧阳永叔、王子充、归熙甫诸人之欲尽废《图》《书》也哉！"这里不但将此书斥为伪书，而且昌言其学术危害，甚至希望能够禁止其流通。前人对于《易龙图》一书的评价显然带有象数和义理两派的门户之见，我们应客观对待。

《揲蓍法》一卷

青城山人撰，不知姓名。《宋史·艺文志》易类著录。《厚斋易学》附录二："《中兴书目》：《周易揲蓍法》一卷。序云，广政壬戌岁，青山人以阐阙揲蓍法鄙俚乖违，故依正经及注疏集出。""青"后显然脱"城"字。由此记载可知，书成于广政壬戌岁，即后蜀广政二十五年（962），在蜀亡三年前。撰者应为五代末至宋初人。所依"正经及注疏"，当指后蜀毋昭裔所刻石经或雕版九经之《周易》，此《周易》正文依唐石经，而兼刻各经注。

另《秘书省续编到四库阙书目》卷一易类、《通志》卷六十三易数类著录不为子《揲蓍法》一卷。《秘书省续编到四库阙书目》其书前有张韩《周易启蒙》，后有范昌谔（应为谔昌）《源流图》。与《宋史·艺文志》相参，青城山人《揲蓍法》前后亦有此二书。故疑《秘书省续编到四库阙书目》《通志》与《宋史·艺文志》著录同为一书，不为子即青城山人。又顾櫰三《补五代史艺文志》作《青城山人蓍揲歌》，不知何据。

（二）书类

《尚书广疏》十八卷

冯继先撰。继先，五代蜀人，生平不详。《崇文总目》卷一书类、《宋史·艺文志》书类、《文献通考》卷一百七十七著录，《文献通考》无卷数。《崇文总目》言此书："以孔颖达《正义》为本，小加己意。"

《尚书小疏》十三卷

冯继先撰。《宋史·艺文志》书类著录。经部"小疏"之作，盖起于唐。唐张弧有《周易王道小疏》、无名氏《毛诗小疏》《月令小疏》。南宋冯椅《厚斋易学·附录·先儒著述》："《中兴书目》：《周易上经王道小疏》五卷，唐大理评事张弧撰。其说《周易》有王道，为治国、治家、治身之鉴诫。其所疏并依王弼，意广义玄者，则略而取之；注简义明者，则全而取之；先贤不言者，则添而疏之，号曰《小疏》。旧十卷，今止存上经。"《崇文总目》卷一诗类："《毛诗小疏》二十卷，不著撰人名氏。因孔疏为本，删取要义，辅益经注云。"《文献通考》卷一百八十一："《宋三朝国史艺文志》：初，《礼记·月令》篇第六即郑注，唐明皇改黜旧文，附益时事，号《御删月令》，升为首篇，集贤院别为之注，厥后学者传之，而释文、义疏皆本郑注，遂有别注《小疏》者，词颇卑鄙。"据此，知"小疏"类著作乃是相对唐初"五经正义"而言的。其体式为以官方注疏为本，节取要义，官本未解说处，释以己语，实乃拾遗补阙之作。冯继先《尚书小疏》，亦针对孔颖达《尚书正义》而作。其《尚书广疏》乃是对孔疏加以延伸解释，而《尚书小疏》则是对孔颖达未疏之义进行发挥。

（三）诗类

《草木虫鱼图》

徐铉撰。此书不见目录著录。《新唐书·艺文志》诗类："《毛诗草木虫鱼图》二十卷。开成中，文宗命集贤院修撰并绘物象，大学士杨嗣复、学士张次宗上之。"① 《困学纪闻》卷三："按《名贤画录》：'太和中，文宗好古重道，以晋明帝朝，卫协画《毛诗图》，草木鸟兽、古贤君臣之像不得其真，召程修己图之。皆据经定名，任意采掇，由是冠冕之制，生植之姿，远无不详，幽无不显。'然则所图非止草木虫鱼也。"② 北宋陆佃《埤雅》卷七"雎

---

① 欧阳修．新唐书：第57卷［M］．北京：中华书局，1975：1430.
② 王应麟．困学纪闻：第3卷［M］．上海：上海古籍出版社，2008：429.

鸠"："徐铉《草木虫鱼图》云：'雎鸠常在河洲之上，为俦偶，更不移处。'"① 今见后人所引徐氏书均出陆书此则。据上，徐铉该书当是为唐人《草木虫鱼图》所作之随文注解。

（四）礼类

《三礼图》二十卷

聂崇义（？—961）撰。崇义，河南洛阳人。少举三礼，善礼学，通经旨。后汉乾祐中，累官至国子礼记博士，校定《公羊春秋》，刊板于国学。后周显德中，累迁国子司业兼太常博士。入宋，仍旧职。建隆二年（961）五月表上《三礼图》，未几，卒，《三礼图》遂行于世，并画于国子监讲堂之壁。生平事迹据《东都事略》卷一百一十三、《宋史》卷四百三十一、《续资治通鉴长编》卷二等。

《崇文总目》卷一礼类："《三礼图》二十卷，聂崇义集。"《通志》卷六十四礼图类："《三礼图》二十卷，聂崇义集。"② 《郡斋读书志校证》卷二："《三礼图》二十卷。右聂崇义周世宗时被旨纂辑，以郑康成、阮谌等六家图刊定。皇朝建隆二年奏之，赐紫绶犀带，奖其志学。窦俨为之序，有云：周世宗暨今皇帝，恢尧、舜之典则，总夏、商之礼文。命崇义著此书，不以世代迁改，有所抑扬，近古云。"③ 《玉海》卷三十九引《中兴馆阁书目》："《三礼图》二十卷，聂崇义。周显德中参定郊庙器玉，因博采先儒'三礼'旧图，凡得六本，考正是否，缋素而申释之。每篇自叙其凡，参以近世沿革

---

① 陆佃．埤雅：第7卷［M］//丛书集成新编：第38册．台北：新文丰出版公司，1986：292．
② 郑樵．通志：第64卷［M］．北京：中华书局，1987：765．
③ 晁公武，孙猛．郡斋读书志校证：第2卷［M］．上海：上海古籍出版社，1990：77-78．

之说。建隆二年五月丙寅表上之。窦俨为序。诏太子詹事尹拙集儒学三五人更同参议，拙多所驳正，崇义复引经以释之，其《驳议》及《答义》各四卷，率列于注释。诏颁行之。又画于国子监讲堂之壁。"《宋史·艺文志》礼类："聂崇义《三礼图集注》二十卷。"①

崇义此书奏上后，即产生不少争议。窦俨在奏文中写道："聂崇义研求师说，耽味礼经，较于旧图，良有新意。尹拙爰承制旨，能罄所闻。尹拙驳议及聂崇义答义各四卷，臣再加详阅，随而裁置，率用增损，列于注释，共分为十五卷以闻。"②后尹拙、崇义复陈祭玉鼎釜异同之说，诏下中书省集议。吏部尚书张昭等议，以为崇义之说不妥。《玉海》卷三十九引《中兴馆阁书目》："《三礼图驳议》二十卷，不知作者。疏驳崇义旧图，然互有得失。"可见崇义之书，亦自有其价值。

《四库全书总目》卷二十二《三礼图集注》提要云："考《礼图》始于后汉侍中阮谌，其后有梁正者，题谌图云：'陈留阮士信受学于颍川綦母君，取其说为《图》三卷，多不按《礼》文而引汉事，与郑君之文违错。'正称，《隋书·经籍志》列郑元及阮谌等《三礼图》九卷，《唐书·艺文志》有夏侯伏朗《三礼图》十二卷、张镒《三礼图》九卷，《崇文总目》有梁正《三礼图》九卷。《宋史》载吏部尚书张昭等奏云'四部书目内有《三礼图》十二卷，自开皇中敕礼部修撰，其《图》第一、第二题云梁氏，第十后题云郑氏。今书府有《三礼图》，亦题梁氏、郑氏'，则所谓六本者，郑元一，阮谌二，夏侯伏朗三，张镒四，梁正五，开皇所撰六也。然勘验《郑志》，元实未尝为《图》，殆习郑氏学者作《图》，归之郑氏欤。今考书中宫室车服等图，与郑注多相违异。即如《少牢馈食》'敦皆南首'，郑注云：'敦有首者，尊者器饰也。饰盖象龟。周之制，饰器必以其类。龟有上下甲。'此言敦之上下象龟上下甲盖者，意拟之辞，而是书敦与簠、簋皆作小龟，以为盖顶，是一器之微，亦失郑意。沈括《梦溪笔谈》讥其牺象尊、黄目尊之误，欧阳修《集古录》讥其簠图与刘原甫所得真古簠不同，赵彦卫《云麓漫钞》

---

① 脱脱，等. 宋史：第202卷［M］. 北京：中华书局，1985：5049.
② 脱脱，等. 宋史：第431卷［M］. 北京：中华书局，1985：12795.

讥其爵为雀背承一器、牺象尊作一器绘牛象，林光朝亦讥之曰'聂氏《三礼图》全无来历，谷璧则画谷，蒲璧则画蒲，皆以意为之，不知谷璧止如今腰带胯上粟文耳'，是宋代诸儒亦不以所图为然。然其书抄撮诸家，亦颇承旧式，不尽出于杜撰。淳熙中，陈伯广尝为重刻，题其后云：'其图度未必尽如古昔，苟得而考之，不犹愈于求诸野乎？'斯言允矣。今姑仍其旧帙录之，以备一家之学。此书世所行者，为通志堂刊本，或一页一图，或一页数图，而以说附载图四隙，行款参差，寻览未便。惟内府所藏钱曾也是园影宋钞本每页自为一图，而说附于后，较为清整易观，今依仿缮录焉。"《四库全书总目》讨论礼图源流，所论较为允当。且言及版本之不同，甚为难得。

善本：宋淳熙二年（1175）镇江府学刻公文纸印本（清代钱谦益跋）、清康熙纳兰成德刻《通志堂经解》本、清乾隆《四库全书》本、清光绪中钱钧刻本（王秉恩校并跋）。①

（五）乐类

《大周正乐》一百二十卷

窦俨（？—969）撰。俨，字望之，蓟州渔阳人。后周右谏议大夫窦禹钧之子。后晋天福六年（941）登进士第，累官左拾遗。后汉任史馆修撰。后周广顺初迁右补阙，预修后晋三朝实录。改主客员外郎、知制诰。旋加金部郎中，拜中书舍人。显德元年（954），加集贤殿学士。显德六年（959），知贡举。旋拜翰林学士，判太常寺。入宋，转礼部侍郎。开宝二年（969）病卒。《宋史》卷二百六十三有传。

《崇文总目》卷一乐类："《大周正乐》一百二十卷。周翰林学士窦俨撰。显德中俨奉诏集缀，其书博而无次。"《秘书省续编到四库阙书目》卷一

---

① 此处善本，除四库全书本外，其他据张兴武《五代艺文考》。（张兴武. 五代艺文考[M]. 成都：巴蜀书社，2003：272.）

乐类："《显德正乐》一百二十卷。"《通志》卷六十四乐类乐书："《大周正乐》一百二十卷。"①《玉海》卷一百零五引《中兴馆阁书目》："《大周正乐》八十八卷。周显德间中书舍人窦俨撰。俨承诏订论历代乐名、乐仪、乐议、乐音、乐图、乐章、乐器、乐曲及夷乐之名，甚备。按俨末卷《论叙》云：'诏编乐书，叙论谱记凡八十四卷，象八十四调，新曲谱三十六卷，合前为十二帙，象期之数。'今书八十四卷具存，曲谱惟有黄钟大吕四卷，余皆缺。"《宋史》卷二百零二乐类："《大周正乐》八十八卷，五代周窦俨订论。"②

《旧五代史》卷一百一十八《周世宗纪》五、《新五代史》卷十二《周本纪》第十二，均言此书显德五年（958）十一月始撰集。《旧五代史》卷一百四十五《乐志下》："（显德）六年春正月，枢密使王朴奉诏详定雅乐十二律旋相为宫之法，并造律准，上之。其奏疏略曰：夫乐……陛下……乃命中书舍人窦俨参详太常乐事，不逾月调品八音，粗加和会。以臣尝学律历，宣示古今乐录，令臣讨论。"③ 可知，此书显德五年十二月已基本编就，经王朴正音，当于次年最终修订完成。书之内容，《中兴馆阁书目》言之甚详，只是南宋前期已残缺不全。

元代王恽《玉堂嘉话》卷八"窦俨水论"："俨冲淡宽简，好贤乐善，平居怡怡如也，未尝失色于僮仆。优游文翰，凡十数年。著《大周正乐》三十卷，诏藏于史阁。其《大周通礼》未及编纂，会俨卒，议者惜之。"④《宋史》卷二百六十三本传："俨性夷旷，好贤乐善，优游策府凡十余年。所撰《周正乐》成一百二十卷，诏藏于史阁；其《通礼》未及编纂而卒。"⑤ 显然，两段文字史源相同。疑《玉堂嘉话》脱"百"字，"一""二"讹为"三"。

---

① 郑樵.通志：第64卷［M］.北京：中华书局，1987：767.
② 脱脱，等.宋史：第202卷［M］北京：中华书局，1985：5054.
③ 薛居正.旧五代史：第145卷［M］.北京：中华书局，1976：1937-1938.
④ 王恽.玉堂嘉话：第8卷［M］//丛书集成新编：第12册.台北：新文丰出版公司，1986：591.
⑤ 脱脱，等.宋史：第263卷［M］.北京：中华书局，1985：9097.

    今见此书佚文不计重复共六十则。见于《太平御览》卷五百六十九、五百七十八、五百七十九、五百八十二、五百八十四者五十一则，宋陈旸《乐书》八则，《记纂渊海》卷七十八一则，主要涉及乐史、乐曲、乐器三类内容。

    《旧五代史》卷一百四十五有王朴显德六年详定雅乐奏疏一篇，其中论及唐末五代乐事，谨录于下："安、史之乱，京都为墟，器之与工，十不存一，所用歌奏，渐多纰缪。逮乎黄巢之余，工器都尽，购募不获，文记亦亡，集官详酌，终不知其制度。时有太常博士殷盈孙，按《周官·考工记》之文，铸镈钟十二，编钟二百四十。处士萧承训校定石磬，今之在悬者是也。虽有乐器之状，殊无相应之和。逮乎朱梁、后唐，历晋与汉，皆享国不远，未暇及于礼乐。以至于十二镈钟，不问声律宫商，但循环而击，编钟、编磬徒悬而已。丝、竹、匏、土，仅有七声，作黄钟之宫一调，亦不和备，其余八十三调，于是乎泯绝，乐之缺坏，无甚于今。陛下天纵文武，奄宅中区，思复三代之风，临视乐悬，亲自考听，知其亡失，深动上心。乃命中书舍人窦俨参详太常乐事，不逾月调品八音，粗加和会。"① 可见，《大周正乐》一书乃除弊继绝之作，虽有未备，但意义非常。

    北宋阮逸、胡瑗《皇祐新乐图记》卷上："国初，亦循用王朴、窦俨所定周乐。太祖患其声高，令和岘减下一律。真宗始出圣意，大祠用乐，随月用律，屡加案核。然念《乐经》久坠，学者罕专，历古研覃，亦未完绪，如其制作，益须切当。"② 北宋宋祁《景文集》卷二十七《论精选太常乐工及募能知音者备太常官属》："自梁讫周，寻乱不厌，犹使王朴、窦俨绪求坠韵，裒合遗器，累黍定尺，造准写声，求七均，叩五音，以成八十四调。俨又著《大周正乐》一百二十篇，虽广而不要，杂而无类，苗莠相败，雅郑同侪，然礼失求野，或有可采。而宋兴达者，尚未闻焉。"③ 知经王朴正音，宋

---

① 薛居正. 旧五代史：第145卷［M］. 北京：中华书局，1976：1937-1938.
② 阮逸，胡瑗. 皇祐新乐图记：卷上［M］//影印文渊阁四库全书：第211册. 台北：台湾商务印书馆，1986：4.
③ 宋祁. 景文集：第27卷［M］//影印文渊阁四库全书：第1088册. 台北：台湾商务印书馆，1986：233.

初仍以《大周正乐》为国家用乐，且当时学者罕能再谱新著，此书之影响可见一斑。

《续乐记》

李煜撰。《徐公文集》卷二十九《大宋左千牛卫上将军追封吴王陇西公墓志铭并序》中云：后主"洞晓音律，精别雅郑，穷先王制作之意，审风俗淳薄之原，为文论之，以续《乐记》"。卷十八《御制杂说序》："以为百王之季，六乐道丧，移风易俗之用，荡而无止，慆心堙耳之声，流而不反，故演《乐记》焉。"

（六）春秋类

《春秋名号归一图》二卷

冯继先撰。《崇文总目》卷一、《中兴馆阁书目》卷一、《郡斋读书志校证》卷三、《直斋书录解题》卷三、《玉海》卷四十、《通志》卷六十三春秋世谱类、《文献通考》卷一百八十二、《授经图义例》卷十六、《四库全书总目》著录。

关于此书，《四库全书总目》言之甚详，今据录于下："《春秋名号归一图》二卷。蜀冯继先撰。陈振孙《直斋书录解题》载是书所列人名，周一、鲁二、齐三、晋四、楚五、郑六、卫七、秦八、宋九、陈十、蔡十一、曹十二、吴十三、邾十四、杞十五、莒十六、滕十七、薛十八、许十九、杂小国二十。《崇文总目》谓其以官谥名字衷附初名之左。《文献通考》引李焘云：'昔丘明传《春秋》，于列国君臣之名字不一，其称多者或至四五。始学者盖病其纷错难记，继先集其同者为一百六十篇。'以是二端推之，是继先旧本本为旁行斜上如表谱之体，故以图为名，而分至一百六十篇也。今本目次与振孙所言合，其每一人为一条，既非衷附初名之左，亦无所谓一百六十篇者，与《崇文总目》及李焘所说迥异。按岳珂《雕印相台九经记》云：'《春秋名号归一图》二卷。刻本多讹错，尝合京、杭、建、蜀本参校，有氏名异同，实非一人而合为一者，有名字若殊，本非二人而析为二者，有自某国适他国，而前后互见者，有称某公与某年而经传不合者，或以传为经，或以注为传，或偏旁疑似而有亥豕之差，或行款牵连而无甲乙之别。今皆订其讹谬，且为分行以见别书。'然则，今本盖珂所刊定移易，非复李焘以前之旧本。观焘所称'宋大夫庄堇、秦右大夫詹传，未始有父字，而继先辄增之。若子韩晳者，盖齐顷公孙，《世族谱》与传同，而继先独以为韩子晳，与楚郑二公孙黑共篇。'今检验此本，皆无此文，则为珂所削改明矣。"

善本：清康熙纳兰成德刻《通志堂经解》本、清康熙五十八年汪由敦抄本。①

《春秋杜注驳正》

王贞范撰。贞范，宋人避讳作"正范"或"真范"，生卒年不详。父保义，本姓刘，名去非，幽州人。去非事刘守奇，随之流亡契丹，后投太原李氏，再投梁，为河阳行军司马，改郓州刺史。庄宗平河洛，去非奔荆南，改易姓名，后官至荆南行军司马、检校太尉、领武泰军节度使，卒于江陵。贞范事高从诲为推官、少监。与孙光宪为友。其有《续正声集》五卷，见于《通志》诗总集类，题曰"后唐王正范集"②。《三楚新录》卷三："有王惠范者……初，保义之奔荆南也，季兴以为行军司马。未几，生惠范。"③ 而后唐自庄宗至末帝（923—936）共十四年，则贞范必不生于江陵。《宝刻类编》卷七有王贞范篆额《荆南节度赠太师楚王高季兴碑》，题曰"显德二年（955）九月立"。④ 事迹见《十国春秋》卷一百零三、《太平广记》卷二百零

---

① 张兴武. 五代艺文考［M］. 成都：巴蜀书社，2003：20.
② 郑樵. 通志：第70卷［M］. 北京：中华书局，1987：825.
③ 周羽翀. 三楚新录：第3卷［M］//朱易安，傅璇琮，等. 全宋笔记：第1编第2册. 郑州：大象出版社，2003：131.
④ 无名氏. 宝刻类编：第7卷［M］//影印文渊阁四库全书：第682册. 台北：台湾商务印书馆，1986：692.

五引《北梦琐言》"王氏女"条。

此书不见目录著录，题名据顾櫰三《补五代史艺文志》。《北梦琐言》卷一"驳杜预"条云："大中时，工部尚书陈商立《汉文帝废丧议》，立《春秋左传学议》，以孔圣修经，褒贬善恶，类例分明，法家流也。左丘明为鲁史，载述时政，惜忠贤之泯灭，恐善恶之失坠，以日系月，修其职官，本非扶助圣言，缘饰经旨，盖太史氏之流也。举其《春秋》，则明白而有实；合之《左氏》，则丛杂而无征。杜元凯曾不思夫子所以为经，当与《诗》《书》《周易》等列，丘明所以为史，当与司马迁、班固等列，取二义乖剌不侔之语，参而贯之，故微旨有所未周，婉章有所未一，文多不载。又睹吴郡陆龟蒙，亦引啖助、赵匡为证，正与陈工部义同。葆光子同僚王公贞范，精于《春秋》，有驳正元凯之谬，条绪甚多，人咸讶之，独鄙夫尝以陈、陆、啖、赵之论窃然之。非苟合也，唯义所在。"①

（七）论语类

《论语陈说》一卷

释赞宁（919—1001？）撰。《通志》卷六十三论语论难类："《论语陈说》一卷，僧赞宁。"②《秘书省续编到四库阙书目》卷一小学类："僧赞宁撰《论语悬说》一卷，阙。"据此，知该书当为赞宁运用佛学观点解读《论语》之作。

宋王禹偁《小畜集》卷二十有《右街僧录通惠大师文集序》一篇，论及赞宁生平及学术，颇资参考，其文云：

> 释子谓佛书为内典，谓儒书为外学，工诗则众，工文则鲜，并是四

---

① 孙光宪. 北梦琐言：第1卷［M］. 北京：中华书局，2002：23. 标点略有不同.
② 郑樵. 通志：第63卷［M］. 北京：中华书局，1987：761.

者，其惟大师。大师世姓高氏，法名赞宁，其先渤海人，隋末徙居吴兴郡之德清县。祖琄，考审，皆隐德不仕。母周氏，以唐天祐十六年岁在己卯某月某日生大师于金鹅山别墅，时梁贞明七年也，武肃王钱某专制江浙。后唐天成中出家，清泰初入天台山，受具足戒，习四分律，通南山律。长兴三年，武肃王薨，文穆王某嗣位，大师声望日隆，文学益茂。时钱氏公族有若忠懿王某、宣德节度偡、奉国节度亿、越州刺史仪、金州观察使俨、故工部侍郎昱，与大师以文义切磋。时浙中士大夫有若卫尉卿崔仁骥、工部侍郎慎知礼、内侍致仕杨恽，与大师以诗什唱和。又得文格于光文大师汇征，授诗诀于前进士龚霖，由是大为流辈所服。时钱塘名僧有若契凝者，通名数一支，谓之论虎；常从义者，文章俊捷，谓之文虎；大师多毗尼著述，谓之律虎。故时称三虎焉。置本国监坛，又为两浙僧统，历数十年，像法修明，缁徒整戢。

太平兴国三年，忠懿王携版图归国，大师奉真身舍利塔入朝。太宗素闻其名，召对滋福殿，延问弥日，别赐紫方袍，寻改师号曰通惠。故相卢朱崖深加礼重。参知政事李穆，儒学之外善谈名理，事大师尤为恭谨。八年，诏修《大宋高僧传》，听归杭州旧寺。成三十卷，进御之日，玺书褒美。居无何，征归京师，住天寿寺。参知政事苏易简奉诏撰《三教圣贤事迹》，奏大师与太一宫道士韩德纯分领其事。大师著《鹫岭圣贤录》，又集《圣贤事迹》凡一百卷。制署左街讲经首座。至道元年，知西京教门事。今上咸平元年，诏充右街僧录。

先是，故相文贞公悬车之明年，年七十一，思继白少傅九老之会，得旧相、吏部尚书宋琪年七十九，左谏议大夫杨徽之年七十五，郢州刺史、判金吾街仗事魏丕年七十六，太常少卿致仕李运年八十，水部郎中、直秘阁朱昂年七十一，庐州节度副使武允成年七十九，太子中允致仕张好问年八十五，大师时年七十八，凡九人焉。文贞公将谯于家园，形于绘事，以声诗流咏，播于无穷。会蜀寇作乱，朝廷出师不果而罢。今九老之中，李、宋、杨、魏、张已先逝矣。大师年八十二，视听不衰，于本国历武肃、文穆、废王、忠懿，凡四世，于朝历梁两帝、后唐庄宗、应顺、清泰、晋高祖、少帝、汉高祖、隐帝、周太祖、世宗、梁王、我太祖英武圣文神德皇帝、我太宗神功圣德文武皇帝，通今上，凡十五朝，而能受洪范向用之福，处浮图具瞻之地，岂所谓必得其寿，必得其位者乎？

大师以述作颇多，叙引未立，猥蒙见托，不克固辞。总其篇题，具如别录。凡《内典集》一百五十二卷、《外学集》四十九卷，览其文，知其道矣。因征其世家行事，备而书之，使后之传高僧、铭塔庙者，于兹取信云。①

（八）小学类

《尔雅音略》三卷

毋昭裔撰。昭裔，字知古，河中龙门人。事孟蜀，官至门下侍郎同平章事，以太子太师致仕。子守素。《宋史》卷四百七十九云守素："蜀亡入朝，授工部侍郎，籍其蜀中庄产茶园以献，诏赐钱三百万以充其直，仍赐第于京城。岁余，为兄之子岳州司法正己讼其居父丧娶妾免，正己亦坐夺一官。"②知毋昭裔亡于宋乾德元年至四年间（963—966）。《十国春秋》卷五十二有传。

《秘书省续编到四库阙书目》卷一小学类："《〈郭璞注尔雅〉音略》三卷。"《通志》卷六十三尔雅类音："《尔雅音略》三卷，郭璞。"③《郡斋读书志校证》卷四小学类："《尔雅音略》三卷。右伪蜀毋昭裔撰。《尔雅》旧有释智骞及陆元朗释文，昭裔以一字有两音，有或音，后生疑于呼读，今释

---

① 王禹偁. 小畜集：第20卷［M］//影印文渊阁四库全书：第1086册. 台北：台湾商务印书馆，1986：196-198.
② 脱脱，等. 宋史：第479卷［M］. 北京：中华书局，1985：13893.
③ 郑樵. 通志：第63卷［M］. 北京：中华书局，1987：762.

其文义最明者为定。"①《文献通考》卷一百八十九引同。《通志》显然系抄《秘书省续编到四库阙书目》而致误。

南宋曾宏父《石刻铺叙》卷上"益郡石经"："《尔雅》一册二卷，不载经、注数目。广政七年甲辰六月，右仆射毋昭裔置，简州平泉令张德钊书，镌者武令升。"② 故《尔雅音略》一书当为昭裔刊刻石经时校订《尔雅》音义之成果，主要取材于智骞《尔雅音义》和陆德明《经典释文》中《尔雅》部分，以明文义为衡量标准，取一义而定。蜀刻石经《尔雅》当即用昭裔所定音义。

《说文解字系传》四十卷
《说文解字韵谱》十卷

徐锴（920—974）撰。《系传》《韵谱》二书今并存。《文献通考》卷一百八十九引南宋李焘云"锴亡恙时，铉苦许氏偏旁奥密不可意知，因令锴以《切韵》谱其四声，庶几检阅力省功倍，又为锴篆名曰《说文韵谱》。其书当与《系传》并，今《韵谱》或刻诸学官，而《系传》迄莫光显"，知二书本当并行，但自宋已分别单独行世。

今存《说文系传》前三十卷为《通释》。《崇文总目》卷二小学类："《说文解字系传》三十八卷，徐锴撰。"《玉海》卷四十四引《崇文总目》曰："锴以许氏学废，推源析流，演究其文，作四十篇，近世言小学，惟锴名家。"其下王应麟注云："锴集《通释》四十篇，三十卷。"《宋史·艺文志》小学类："徐锴《说文解字系传》四十卷，又《说文解字韵谱》十卷，《说文解字通释》四十卷。"③ 南宋吕祖谦《东莱外集》卷六《与李侍郎仁父》云："徐锴《通释》绍兴本近方得之，比馆中本阙十卷。盖此书本名

---

① 晁公武，孙猛．郡斋读书志校证：第4卷［M］．上海：上海古籍出版社，1990：147.
② 曾宏父．石刻铺叙：卷上［M］//石刻史料新编：第3辑39册．台北：新文丰出版公司，1986：434.
③ 脱脱，等．宋史：第202卷［M］．北京：中华书局，1985：5072-5073.

《说文系传》，各分子门，其前三十卷谓之《通释》，乃印本所有，后十卷各别有名，乃印本所无。"① 又《困学纪闻》、南宋魏了翁《鹤山集》均引《说文通释》云云，知两宋时《说文通释》三十卷曾经别行于世，而《系传》四十卷久藏馆阁，流行较少，以至有以《通释》名《系传》者，甚至南宋馆阁亦如此称呼。故《宋史·艺文志》有《通释》四十卷之说。王应麟所云"锴集《通释》四十篇，三十卷"，源自徐铉《说文解字韵谱序》"楚金又集《通释》四十篇"②，是铉以重要篇名代替书名，而王应麟随后所注之"三十卷"乃是就《通释》实际卷数而言的。徐铉的这种简称也是后来以《通释》名《系传》的原因之一。明郑明选《秕言》亦曾援引《说文通释》一书，不知明时是否仍旧有单行本。

今本《系传》卷末有苏颂熙宁二年（1069）题记，云"旧阙二十五、三十共二卷，俟别求补写"③，故《崇文总目》仅著录三十八卷。《玉海》卷四十四："《书目》：《说文解字系传》四十卷，南唐徐锴传释，朱翱反切。案，锴系述《通释》一至三十，《部叙》三十一至三十二，《通论》三十三至三十五，《祛妄》三十六，《类聚》三十七，《错综》三十八，《疑义》三十九，《系述》四十，今亡第二十五卷。"故南宋末馆阁所藏之《系传》第三十卷已经补入。今传《系传》仍阙第二十五卷，今本二十五卷为裒辑徐铉所著而成。《四库全书总目》辨之甚详。

《字源偏旁小说》三卷

林罕撰。罕，生卒年不详，字仲缄，西江人。仕王蜀至太子洗马，后又仕孟蜀。《十国春秋》卷四十三有传。

《秘书省续编到四库阙书目》卷一经类小学类："《林罕小书》三卷。"

---

① 吕祖谦. 东莱外集：第6卷［M］//影印文渊阁四库全书：第1150册. 台北：台湾商务印书馆，1986：420.
② 徐铉. 说文解字韵谱序［M］//影印文渊阁四库全书：第223册. 台北：台湾商务印书馆，1986：852.
③ 徐锴. 说文解字系传：卷末［M］//影印文渊阁四库全书：第223册. 台北：台湾商务印书馆，1986：788.

《通志》卷六十四小学类文字："《字源偏旁小说》三卷，东林生解。"① 《郡斋读书志校证》卷四小学类："《林氏小说》三卷。右唐林罕撰。凡五百四十一字。其说颇与许慎不同，而互有得失。邵必缘进《礼记石经》陛对，仁宗顾问：'罕之书如何？'必曰：'虽有所长而微好怪。《说文》歸字从堆、从止、从帚，以堆为声，罕云从追，于声为近。此长于许氏矣。《说文》哭从吅、从獄省，罕乃云象犬嗥，此怪也。'有石刻在成都，公武尝从数友就观之，其解字殊可骇笑者，不疑好怪之论诚然。"② 《宋史·艺文志》小学类："林罕《字源偏傍小说》三卷。"③ 《宋史》卷四百四十一《句中正》传："蜀人又有孙逢吉、林罕：逢吉尝为蜀国子《毛诗》博士、检校刊刻石经；罕亦善文字之学，尝著《说文》二十篇，目曰《林氏小说》，刻石蜀中。"④

北宋朱长文《墨池编》卷一载有《唐林罕小说序》，南宋陈思《书苑菁华》卷十六亦载《后蜀林罕字源偏旁小说序》，二书所引文字略有不同。今将朱引列之于下，陈引义异处标出，以期明林氏之旨。

　　罕长兴二年岁在戊子，时年三十有五，疾病逾时，闲坐思书之点画，莫知所以。乃搜阅今古篆隶，始见源由。旋观近代已来篆隶，多失始则，茫乎不知终则，惜其错误，欲求端正，将示同人。病间有事，其志不遂。至明德二年乙未复病，迄于丁酉冬不瘳，病中无事，得遂前志。与大理少卿赵崇祚讨论，成一家之书。

　　昔孔安国《尚书序》云："古者伏羲氏之王天下也，始画八卦，造书契，以代结绳之政，由是文籍生焉。"贾耽镇滑州时，作《偏旁字原（原，陈引作"法"）序》云："降及夏殷，通谓之古文，至宣王太史史籀著《大篆》十五篇，与古文小异，七国分裂，篆与古文随其所尚。

---

① 郑樵．通志：第64卷［M］．北京：中华书局，1987：768.
② 晁公武，孙猛．郡斋读书志校证：第4卷［M］．上海：上海古籍出版社，1990：155.
③ 脱脱，等．宋史：第202卷［M］．北京：中华书局，1985：5074.
④ 脱脱，等．宋史：第441卷［M］．北京：中华书局，1985：13050.

始皇兼并海内，丞相李斯遂收拾遗逸，作《苍颉》七章，中车府令赵高作《爰历》七章，太史胡毋敬作《博学》七章，并约籀文，篆体转工，世即谓之小篆。属秦政滋烦，人趋简易，故军正程邈变古文大小篆作隶书。"然书之所兴，莫定何代，隶之所起，始自秦时。篆者，取虫篆之形；隶者，便徒隶之用。汉初，有书师以隶合小篆为五十五章，教于乡里。平帝元始中，征通书会京师者百有余人，方立小学之科，扬雄采掇其可用者作《训纂》八十九章。至东汉班固加十三章，共一百二章，二千一百二十字。虽群书并载，而目录不分。惟太尉祭酒许慎取其形，类作偏傍条例十五卷，名之曰《说文》，颇有（陈引作"《说文》"）遗漏，吕忱又作《字林》五卷，以补其缺。洎三国之后，历晋魏陈隋，隶书盛行，篆书殆将泯灭。至唐，将作少监李阳冰就许氏《说文》复加刊正，作三十卷，今之所行者是也。其时复于《说文》篆字下便以隶书照之，名之《字统》。开元中，以隶体不定，复隶书《字统》，下（陈引作"不"）录篆文，作四十卷，名曰《开元文字》。自此，隶体始定矣。兼改古文《尚书》及无平不陂字，即其类也。

先已有《九经音义》及《切韵》《玉篇》行焉。大历中，司业张参作《五经文字》三卷，凡一百六十部，其序略云："以类相从，务于易了，不必旧诀（诀，陈引作'次'），自非经典文义之所在，虽切于时，略不集录，以明为经不为字也。"开成中，唐玄度以《五经文字》有所不载复作《新加九经字样》一卷，凡七十六部，其序略云："有偏傍上下本所无者，纂为杂辨部以统之。"然九经所有之字即加训切，况是隶书，莫知篆意。其字注解或云《说文》者，即前来两《说文》也；或云石经者，即蔡邕于国学所立石经也；或云隶省者，即隶减也（陈引"减也"，下有"少减曰省，乃是隶书于篆书中减省画点而已，非是官省之省"二十四字）。唐立石经，乃蔡邕之故事也。

《周礼》保氏掌养国子，以道教之六书，谓象形、指事、会意、谐声、转注、假借，六者，造字之本也。篆虽一体，而隶变数般，篆隶即（即，陈引作"既"）兴，讹舛相错，非究于篆，无由晓隶。六书者，非止著一意而属一字，一字之内，有占六书二三四者，大都造字皆包含六意。字有正者、倒者、横而在上中下者、竖而在左右中者、向者、背者、并者、重者、顺者、逆者、左者、右者、俯者、仰者、横坼而里别字者（陈引作"横折而包别字者"）、竖开（开，陈引作"间"）而夹别字者、有一字成者、有全二字三字四字五字合成者、有省二字三字四字合成者。隶书有不抛篆者，有全违篆者，有减篆者，有添篆者，有篆隶同文者，在（陈引作"有"）篆体则可辨，变隶体则多有义异而文同，篆亦有之。今悉解之于后文，此不同例（同例，陈引作"重列"）。

俗有《隶书赋》者，假托许慎，为名颇乖经史，据《颜氏家训》云，斯实陶先生弟子杜道士所为，大误时俗。吾家子孙不得收写。又有《今古隶书端字决疑赋》，更不经于《隶书赋》，当今之世，不可学之。又有文下作子为学，更旁作生为苏，凡数十百字，谓之野书。唐有敕文明加禁断，今往往见之，亦不可辄学。颜真卿撰《干禄字书》一卷，每一字作三般，即注云上正中通下俗，既立标题，合有褒贬，全无与夺，亦无取焉。其道书、鬼书、天篆、章草、八分、飞白、破体、行书无益于字，此亦不录。篆隶有笔力遒健，字势妍丽，斯乃意巧之人临文改易，或参差之、长短之、屈曲之、拗戾之，务于奇怪，以媚一时，后习之人，性有利钝，致与元篆隶不同，盖病由此起。今之学者但能明知八法，洞晓六书，道理既全，体格自实，亦何必踵欧虞褚柳之惑乱哉。

罕今所篆者，则取李阳冰《重定说文》；所隶者，则取《开元文字》。虽知鲁钝，不失（陈引作"未识"）源流，所贵讲说皆有依凭，点画自无差误（自无差误，陈引作"且无差互"）。杜征南注《左氏春秋》，以经杂传谓之集解，何都尉《论语序》云"今集诸家之善，亦谓之集解"。罕以隶书解于篆字之下，故效之亦曰集解。今以《说文》浩大，备载群言，卷轴烦多，卒难寻究，翻致懵乱，莫知指归，是以剪截浮辞，撮其机要，于偏傍五百四十一字各随字训释（释，陈引作"叶"）。或有事关造字者，省（陈引作"混"）而难辨者，须见篆方晓隶者，虽在注中，亦先篆后隶，各随所部，载而明之，其余形声、易会不关造字者，则略而不论。其篆文下及注中易字，便以隶书为音，如稍难者，则纽以四声，四声不足，乃加切韵，使学者简而易从，涣然冰释。如《说文》中已十得其八九矣，名之曰《林氏字源编小说》（陈引作"《林氏字偏旁小说》"）。

古人穷困湮厄，而述作兴。罕也卧疾数年，饱食终日，思有开悟，贻厥将来，非欲独藏私家，实冀遍之天下，乃手书刻石，期以不朽。一免传写之误，二免翰墨之劳，或有索之，易为脱本。审篆隶无纤毫之失，质人神无愧耻之心。古今所疑，坦然明白。如其漏略，以俟君子。（陈引"君子"后有"广政十二年三月日林罕序"十一字）①

由上可知，林氏书名《字源偏旁小说》，简称《林氏小说》，始著于后唐长兴二年（931），成于后蜀广政十二年（949），刻石蜀中。赵崇祚曾参与著述。此书大旨认为篆隶相通，源流可采，共分三卷二十篇，首释偏旁五百四十一字，先列篆形，再释以隶书，据六书理论究及造字之源，且注音；而后每部下加注，附集该偏旁字，仍依前释偏旁法解释。用语力求简要。

此书五代、宋至明人多有征引。郭忠恕《汗简》引林罕集字二十一个，北宋夏竦《古文四声韵》引林罕集字六十四个。宋陆佃、蔡卞、董逌，明杨慎、方以智等均曾征引林书释文，以宋戴侗《六书故》所引最多，共十条。明嘉靖间人丰坊所撰《书诀》收有五代人书，其中云："中楷，《茅山紫阳观碑》。林罕，蜀国子博士。小楷，《说文字源偏傍小说》二十卷。石刻在成都府学。"知明中期此书刻石犹在。乾隆《佩文斋书画谱》纂辑书籍列有林罕《字源偏旁小说》，但不见于四库全书及存目、未收等类，或虚列名目，亦未可知。

---

① 朱长文. 墨池编：第1卷［M］//影印文渊阁四库全书：第812册. 台北：台湾商务印书馆，1986：609-612；陈思. 书苑菁华：第16卷［M］//影印文渊阁四库全书：第814册. 台北：台湾商务印书馆，1986：163-165.

《佩觿》 三卷

郭忠恕撰。忠恕，生卒年不详，字恕先，一云字国宝，洛阳人。七岁童子及第，工古文、小篆、八分，亦能楷法，尤善字学。亦工画。乾祐初，后汉湘阴公刘赟镇徐州，辟为推官。周初征为《周易》博士，后为朝散大夫、宗正丞，兼国子书学博士。入宋，太宗时官国子监主簿，因肆言时政流登州，途中卒于齐州临邑。事迹见《宣和画谱》卷八、《书小史》卷十、《十国春秋》卷一百八。

《崇文总目辑释》卷一小学类上著录《佩觿》三卷，注云："原释：郭忠恕。上卷列三科，一曰造字，二曰四声，三曰传写。中、下以四声分十条。"钱东垣按云："《玉海》引《崇文目》同。'忠恕'原讹作'宗恕'，今校改。"① 《通志》卷六十四小学类文字："《佩觿》三卷，郭忠恕。"② 《郡斋读书志》卷一下小学类："《佩觿》三卷。右皇朝郭忠恕撰。上篇论古今传记、小学异同，极为辨博。"③ 《文献通考》卷一百零九引晁公武说："皇朝郭忠恕撰。取字文相类者别其所从，以检讹舛。上篇论今传记、小说异同，极为辨博。"《玉海》卷四十五："《书目》（《崇文目》同）：《佩觿》三卷，郭忠恕。上卷列三科，一曰造字，二曰四声，三曰传写。中、下以四声分十条。"《遂初堂书目》小学类著录为《郭氏佩觿》。《直斋书录解题》卷三小学类："《佩觿》三卷。国子周易博士洛阳郭忠恕恕先撰。'觿'者，所以解结也。"④ 《宋史·艺文志》小学类："郭忠恕《佩觿》三卷。"⑤ 钱谦益《绛云楼书目》卷一小学类亦著录此书。《孙氏祠堂书目内编》卷一著录为二卷。

《四库全书总目》云："此书上卷备论形声讹变之由，分为三科，曰造

---

① 钱东垣．崇文总目辑释：第 1 卷 [M] //中国历代书目丛刊：第 1 辑．北京：现代出版社，1987：32. 以下所引该书均为此本，不再出注。
② 郑樵．通志：第 64 卷 [M] ．北京：中华书局，1987：768.
③ 晁公武．郡斋读书志：卷一下 [M] //影印文渊阁四库全书：第 674 册．台北：台湾商务印书馆，1986：182.
④ 陈振孙．直斋书录解题：第 3 卷 [M] ．上海：上海古籍出版社，1987：90.
⑤ 脱脱，等．宋史：第 202 卷 [M] ．北京：中华书局，1985：5074.

字，曰四声，曰传写；中、下二卷则取字画疑似者以四声分十段，曰平声自相对，曰平声上声相对，曰平声去声相对，曰平声入声相对，曰上声自相对，曰上声去声相对，曰上声入声相对，曰去声自相对，曰去声入声相对，曰入声自相对；末附与《篇韵》音义异者十五字，又附辨证舛误者一百十九字，不署名字，不知何人所加，以其可资考证，仍并存之。惠栋《九经古义》尝驳忠恕以'示'字为'视'，而反以'视'为俗字。今考其中如谓'车'字音'尺遮反'，本无'居'音，盖因韦昭辨《释名》之说，未免失于考订。又书号八分，久有旧训，蔡文姬述其父语，自必无讹，乃以为八体之外别分此体，强为穿凿，亦属支离。至于以'天承口'为'吴'，已见《越绝书》，而引《三国志》为征；'景'为古'影'字，已见高诱《淮南子》注，而云葛洪《字苑》加彡（案，此沿《颜氏家训》之误）；又陶侃本字'士行'而误作'士衡'；东方朔以'来来'为棗，本约略近似，而遂造'棶'字，均病微疏。然忠恕洞解六书，故所言具中条理。如辨逢姓之逢，音皮江反，不得读如'逢遇'本字。证之《汉隶字源》，逢字下引《逢盛碑》通作逢，则姓氏之逢，虽通作逢，亦仍作皮江反，可证颜师古之讹。又若辨'甪里'本作'角里'，与'角亢'字无异，亦不用颜师古恐人误读故加一拂之说。证之《汉四老神位神祚几》石刻，'甪里'实作'角里'，与此书合。则知忠恕所论，较他家精确多矣。"① 郭忠恕此书为五代末年论六书及辨别形近字之专著，承前启后，《四库全书总目》所论可谓当评。

今存均为三卷本，可称善本者有明嘉靖六年（1577）孙沐万玉堂刻本、清初毛氏汲古阁影明抄本、清康熙四十九年（1710）张士俊刻泽存堂五种本②。

---

① 永瑢，等. 四库全书总目：第41卷［M］//影印文渊阁四库全书：第1册. 台北：台湾商务印书馆，1986：841.
② 张兴武. 五代艺文考［M］. 成都：巴蜀书社，2003：103.

《汗简》七卷

郭忠恕撰。《通志》卷六十四小学类古文："《汗简》八卷，郭忠恕。"①《宋史·艺文志》小学类："郭忠恕《佩觿》三卷，又《汗简集》七卷。"②钱曾《读书敏求记》卷一著录郭忠恕《汗简》七卷，云："上中下各分二卷，末为略例目录。李建中序为郭宗正忠恕撰。引用七十二家事迹，其体例仿《说文》，故以目录置卷尾。"③《孙氏祠堂书目内编》卷一亦著录《汗简》三卷、《目录叙略》一卷。因此书上中下各分二卷，末为略叙目录，故诸目录卷数有异。《通志》所云八卷，不知如何计算。

《四库全书总目》云："《宋史·艺文志》以此书与《佩觿》并载，而晁、陈诸家书目皆不著录，则在宋代亦罕见。此本乃宋李建中得之秘府。大中祥符五年，李直方得之建中。初无撰人名字，建中以字下注文有'臣忠恕'字，证以徐铉所言，定为忠恕所作。其分部从《说文》之旧，所征引古文凡七十一家。前列其目，字下各分注之。时王球、吕大临、薛尚功之书皆未出，故钟鼎缺焉。其分隶诸字，即用古文之偏旁，与后人以真书分部、按韵系字者不同。《钝吟杂录》载，冯舒尝论此书以沔、汸、脝、驶诸字援文就部为疑，然古文部类不能尽绳以隶楷，犹之隶楷转变不能尽绳以古文，舒之所疑，盖不足为累。且所征七十一家，存于今者不及二十分之一，后来谈古文者辗转援据，大抵从此书相贩鬻。则忠恕所编，实为诸书之根柢，尤未可以忘所自来矣。"④

晁、陈诸家书目不著录仅能说明此书南宋时民间较为罕见。夏竦《古文

---

① 郑樵. 通志：第64卷［M］. 北京：中华书局，1987：768.
② 脱脱，等. 宋史：第202卷［M］. 北京：中华书局，1985：5074.
③ 钱曾. 读书敏求记：第1卷［M］//续修四库全书：第923册. 上海：上海古籍出版社，2002：100.
④ 永瑢，等. 四库全书总目：第41卷［M］//影印文渊阁四库全书：第1册. 台北：台湾商务印书馆，1986：840-841.

四声韵序》:"太学博士、周之宗正丞郭忠恕首编《汗简》,究古文之根本。"① 北宋宋祁《宋景文公笔记》卷中:"唐末文籍亡散,故诸儒不知字学。江南惟徐铉、徐锴、中朝郭恕先,此三人,信其博也。锴为《说文系传》,恕先作《汗简》《佩觿》。时蜀有林氏作《小说》,然狭于徐、郭。太宗朝,句中正亦颇留意。予顷请刻篆、楷二体九经于国学,予友高敏之笑之。"② 南宋初,郑樵曾作《续汗简》。故至少在北宋,此书在学者中当颇为流行。其价值,正如夏竦所谓"究古文之根本",宋祁所称之广博,《四库全书总目》所云贵在存古,为后来谈古文者之祖。

今有《四部丛刊》续编影印顺治二年(1645)冯舒抄本及清康熙四十二年(1703)汪立名一隅草堂刻本、清乾隆《四库全书》本。今人黄锡全先生著有《〈汗简〉注释》一书(武汉大学出版社 1990 年版)。

《古今韵会》五百卷

后蜀史馆集。雍正《四川通志》《蜀中广记》《十国春秋》著录。《四川通志》卷四十六《艺文》八云孟蜀后主尝"敕史馆集《古今韵会》五百卷。惜不传,今所传昭武黄公邵者,乃辑略耳"③。明曹学佺《蜀中广记》卷一百零二所记相同,唯"五百卷"作"数百卷"。

考之《四库全书总目》,《四川通志》明代凡四修,《艺文》出杨慎之手。曹氏生杨氏之后,此条记载出慎手无疑。杨氏《丹铅总录》卷十五字学类"王锴藏书"条言孟昶"又作《书林韵会》。元儒黄公绍《韵会举要》实祖之,然博洽不及也,故以举要为名"④。则杨慎曾认为《古今韵会》与

---

① 夏竦. 古文四声韵序 [M] //影印文渊阁四库全书:第 224 册. 台北:台湾商务印书馆,1986:416.
② 宋祁. 宋景文公笔记:卷中 [M] //朱易安,傅璇琮,等. 全宋笔记:第 1 编第 5 册. 郑州:大象出版社,2003:51.
③ 黄廷桂. 雍正四川通志:第 46 卷 [M] //影印文渊阁四库全书:第 561 册. 台北:台湾商务印书馆,1986:586.
④ 杨慎. 丹铅总录:第 15 卷 [M] //影印文渊阁四库全书:第 855 册. 台北:台湾商务印书馆,1986:510.

《书林韵会》为一书。而焦竑《国史经籍志》卷二小学类著录孟昶《书林韵会》一百卷①,与杨说不同。《十国春秋》卷四十九虽亦作"《古今韵会》五百卷"②,但吴任臣曾参修《明史》,其说可能也来自杨慎。那么,《书林韵会》与《古今韵会》究竟是否为一书,尚不能定论,姑且存疑。至于《古今韵会举要》,并非《古今韵会》之辑略,对此,《四库全书总目古今韵会举要提要》辨之甚详,兹不赘述。

《法书苑》

郭忠恕撰。此书不见目录著录。南宋祝穆《古今事文类聚别集》卷十三"篆书"条下记郭忠恕《法书苑》中语云:"篆隶自小篆散而八分生,八分破而隶书出,隶书悖而行书作,行书狂而草书圣。自隶以下吾不欲观。"③《老学庵笔记》卷十引周越《书苑》云:"郭忠恕以为小篆散而八分生,八分破而隶书出,隶书悖而行书作,行书狂而草书圣。"④ 与祝穆所引同。后明代彭大翼《山堂肆考》、潘之淙《书法离钩》、孙云翼笺释《四六标准》,清代《渊鉴类函》《佩文韵府》均有提及或援引。《书法离钩》卷一言郭忠恕《法书苑》与"蔡邕《笔势论》、卫夫人《笔陈图》、右军《笔法论》、卫恒《四体》、索靖《书势》、李阳冰《翰林禁经》、张怀瓘《书断》、许归欤《墨薮》、张彦远《法书要录》、蔡崇《法书撮要》、黄伯思《法帖刊误》、米元章《书史》及诸家法帖谱系、翰墨志记、评诀考议"均属"论格势"之作。⑤

此书除《古今事文类聚别集》和《老学庵笔记》所引外,笔者又见少许

---

① 焦竑. 国史经籍志:第2卷[M]//丛书集成新编:第1册. 台北:新文丰出版公司,1986:628.
② 吴任臣. 十国春秋:第49卷[M]. 北京:中华书局,1983:712.
③ 祝穆. 古今事文类聚别集:第13卷[M]//影印文渊阁四库全书:第927册. 台北:台湾商务印书馆,1986:713.
④ 陆游. 老学庵笔记:第10卷[M]. 北京:中华书局,1997:129.
⑤ 潘之淙. 书法离钩:第1卷[M]//影印文渊阁四库全书:第816册. 台北:台湾商务印书馆,1986:341.

佚文，今不计重复及转引他书者，仅余二则，摘录于下。

《山堂肆考》卷一百三十三引郭忠恕《法书苑》："凡章草、小草，点画皆有法，不可率意辄书。谚云：'信速不及草书，家贫不办素食。'言其难卒置也。故伯英下笔必为楷，则曰匆匆不暇草书。"①

《佩文韵府》卷六之一"八分书"下引郭忠恕《法书苑》："书有八体，蔡邕于八体之外又分此法，故云八分。或谓以势如八字，有偃波之文得名，非也。"②

《续笔阵图》

李煜撰。不见目录著录。明杨慎《丹铅余录》卷十五："《笔阵图》乃羊欣作，李后主续之。今陕西刻石，李后主书也，以为羲之，误矣。"③ 明杨士奇《东里续集》卷二十一"笔阵图"："右羲之《笔阵图》，非羲之自书，盖近代人所书，而羲之笔法因之以传耳。石刻在西安府学。此闵佥事所惠者。"④ 明赵均《金石林时地考》卷下"陕西"："羲之《笔阵图》（相传羲之书）。羊欣《笔阵图义》（李后主续之）。"⑤ 故杨慎所谓"陕西刻石"，指明代西安府学王羲之《笔阵图》刻石，与《续笔阵图》无关。

世传王羲之书《笔阵图》有多种，历来多认为非羲之自书，当为唐或唐以前人所为。杨慎首先认为是李煜所书，可能与其曾续羊欣《续笔阵图》有关。明王世贞同意杨慎的说法，但对为何仿书另有一说。《弇州四部稿》卷一百三十四《王右军草书兰亭记》："余初见此帖大骇，亡论与右军存迹毫发

---

① 彭大翼. 山堂肆考. 第133卷［M］//影印文渊阁四库全书：第976册. 台北：台湾商务印书馆，1986：584-585.
② 张玉书. 佩文韵府［M］//影印文渊阁四库全书：第1012册. 台北：台湾商务印书馆，1986：22.
③ 杨慎. 丹铅余录：第15卷［M］//影印文渊阁四库全书：第855册. 台北：台湾商务印书馆，1986：104.
④ 杨士奇. 东里续集：第21卷［M］//影印文渊阁四库全书：第1238册. 台北：台湾商务印书馆，1986：645.
⑤ 赵均. 金石林时地考：卷下［M］//影印文渊阁四库全书：第683册. 台北：台湾商务印书馆，1986：435.

不相似，其纵慢生稚，即唐开元以前无之，独于督策处小近《笔阵图》耳。杨用修谓《笔阵图》乃江南李后主伪作，及览蔡子正跋尾，谓陶谷学士得之李主所，后谷之裔孙遗之，且云'迩者定州石刻小字，朝廷尚取而置之禁中，则此书尤可宝重也'。盖陶性贪甚而寡识，又以豪压李主，所匄夺无厌，李故用怀琳故事，作伪书装潢古色以戏陶，陶果不察而宝藏之，其孙又赂子正于枢廷代朱提，而蔡又不察，最后降敌，强作解事，引沈学士'饥鹰夜归，渴骥奔泉，语灾之石'，俱可笑也。世固有宝燕石者，犹似玉也。此书固朴之于璞哉。"①《笔阵图》虽为李煜所书，但正如杨士奇所言"羲之笔法因之以传"，其功自不可没。而李煜之书法水平亦知非同寻常。

《宣和书谱》卷十六："羊欣字敬元……欣尝撰《续笔阵图》一卷。"②《续笔阵图》佚文今仅知四则，见于《太平广记》三则，《古今事文类聚》一则，宋以后人屡有征引，但均不出此范围。而宋元人征引时仅题"羊欣《笔阵图》"，并无"续"字。《宋史·艺文志》小学类著录《笔阵图》一卷，不著撰人，③可能就是此书，李煜续文或附在书后亦未可知。

---

① 王世贞. 弇州四部稿：第134卷［M］//影印文渊阁四库全书：第1281册. 台北：台湾商务印书馆，1986：224-225.
② 无名氏. 宣和书谱：第16卷［M］//中国书画全书编纂委员会. 中国书画全书：第2册. 上海：上海书画出版社，1993：47.
③ 脱脱，等. 宋史：第202卷［M］. 北京：中华书局，1985：5079.

二

五代史部著述考

（一）正史类

《后汉书辨驳》

石文德撰。此书不见目录著录。题名据顾櫰三《补五代史艺文志》。《十国春秋》卷七十三载：

石文德，连州人。形质寝陋短小。酷好学，博览坟史，经目不忘。常读范晔《后汉书》，摘其瑕颣数百条辨驳之，识者谓《史通》不能过也。素不善草隶诗律，一日得晋帖数纸，及阅殷璠诗选，极力摹仿。久之迥出侪辈，遂工于诗。遨游湘汉间，无所知名。

文昭王时，僦屋长沙，累献诗丐用，王以貌寝故，不加礼，文德用是颇穷悴。会有南宅王子者，素重士，延致门下。王怒甚，欲庭辱文德而逐之。未几，值端午宴集，文德赋《艾虎》长篇，学士刘昭禹见之，大为称许，力言于王，王亦未之奇也。秦国夫人薨，天策学士辈各撰挽词以进，文德亦献十余章，其一云："月沉湘浦冷，花谢汉宫秋。"王得诗，大惊曰："文德负此才，吾但以貌而忽之，乃不如南宫小儿却能知人邪！"遂品为挽歌第一，承制授水部员外郎，甚亲重之，名其乡曰儒林。它日，会燕长春堂，王出玉杯赏赋诗者。李弘皋诗先成，得之；文德继进，加美焉，王复赉以玉蟾滴，由是诸学士多疾其能。寻中谮出为融州刺史。

时文昭王营建征讨无虚日，征诸州楩楠皮铠动至千万计。文德上书切谏，几触王怒，赖刘昭禹力救获免。无何卒。文德性刚介，不苟合。晚年尤喜著述，撰《大唐新纂》十三卷，事颇可采，世以多闻许之。①

雍正《广东通志》卷四十四："石文德，连州人，少志学，一览辄不忘。弱冠读范晔《汉书》，摘其瑕璺数百条，为之辨驳，先达见之曰：'《公羊墨守》不能过也。'"② 所记与《十国春秋》略异。然无论比之《史通》或《公羊墨守》，均可知文德此书要在阐发史学理论，非独以辨证史事为能。

（二）编年类

《唐年补录》六十五卷

贾纬（？—952）撰。《崇文总目》卷三实录类："《唐年补录》六十五卷，阙。"《通志》卷六十五编年："《唐年补录》六十五卷，晋贾纬撰。"③《直斋书录解题》卷四编年类："《唐年补录》六十五卷。后晋起居郎史馆修撰获鹿贾纬撰。以武宗后无实录，故为此书，终唐末，其实补实录之缺也。虽论次多缺误，而事迹粗存，亦有补于史氏。"④《文献通考》卷一百九十三引陈氏说同。《五代会要》卷十八"前代史"："其月［晋天福六年（941）二月］，起居郎贾纬奏曰：'伏以唐高祖至代宗已有纪传，德宗亦存实录。武

---

① 吴任臣. 十国春秋：第73卷［M］. 北京：中华书局，1983：1015-1016.
② 郝玉麟. 雍正广东通志：第44卷［M］//影印文渊阁四库全书：第564册. 台北：台湾商务印书馆，1986：35.
③ 郑樵. 通志：第65卷［M］. 北京：中华书局，1987：773.
④ 陈振孙. 直斋书录解题：第4卷［M］. 上海：上海古籍出版社，1987：112.

宗至济阴废帝凡六代，惟有《武宗实录》一卷，余皆缺略。臣今搜访遗文及耆旧传说，编成六十五卷，目为《唐朝补遗录》，以备将来史官条述。'"①《玉海》卷四十八亦云纬著《唐朝补遗录》六十五卷。北宋宋祁《景文集》卷五十九《贾令公墓志》："公讳注，字宗海。……祖讳纬，博学善辞章，论议明锐，一时诸儒皆屈。唐自武宗后史录亡散，君掇拾残余，为《唐年补录》数十万言，叙成败事甚悉，书显于时。"② 据上，可知此书编写缘由，及在宋代的流传情况。亦可知其初名《唐朝补遗录》，后省称为《唐年补录》。

《旧五代史》卷一百三十一载：

> 贾纬，真定获鹿人也。少苦学为文，唐末举进士不第，遇乱归河朔，本府累署参军、邑宰。唐天成中，范延光镇定州，表授赵州军事判官，迁石邑县令。纬属文之外，勤于撰述，以唐代诸帝实录，自武宗已下，阙而不纪，乃采掇近代传闻之事，及诸家小说，第其年月，编为《唐年补录》，凡六十五卷，识者赏之。晋天福中，入为监察御史，改太常博士。纬常以史才自负，锐于编述，不乐曲台之任，乃陈情于相座。又与监修国史赵莹诗曰："满朝唯我相，秉柄无亲雠。三年司大董，最切是编修，史才不易得，勤勤处处求。愚从年始立，东观思优游，昔时人未许，今来虚白头。春台与秋阁，往往兴归愁，信运北阙下，不系如虚舟。绵蕝非所好，一日疑三秋，何当适所愿，便如升瀛洲。"未几，转屯田员外郎，改起居郎、史馆修撰。

> 又谓莹曰："《唐史》一百三十卷，止于代宗，已下十余朝未有正史，请与同职修之。"莹以其言上奏，晋祖然之，谓李崧曰："贾纬欲修《唐史》，如何？"对曰："臣每见史官辈言，唐朝近百年来无实录，既无根本，安能编纪。"纬闻崧言，颇怒，面责崧沮己。崧曰："与公乡人，

---

① 王溥. 五代会要：第18卷［M］. 上海：上海古籍出版社，1978：298.
② 宋祁. 景文集：第59卷［M］//影印文渊阁四库全书：第1088册. 台北：台湾商务印书馆，1986：564. 原"年"作"季"，疑讹.

84

理须相惜,此事非细,安敢轻言。"纬与宰臣论说不已。明年春,敕修《唐史》,纬在籍中。月余,丁内艰,归真定。开运初,服阕,复起居郎,修撰如故,寻以本官知制诰。纬长于记注,应用文笔未能过人,而议论刚强,侪类不平之,因目之为"贾铁嘴"。

开运中,累迁中书舍人。契丹入京师,随契丹至真定,后与公卿还朝,授左谏议大夫。纬以久次纶阁,比望丞郎之拜,及迁谏署,觖望弥甚。苏逢吉监修国史,以纬频投文字,甚知之,寻充史馆修撰,判馆事。乾祐中,受诏与王伸、窦俨修汉高祖实录。纬以笔削为己任,然而褒贬之际,憎爱任情。晋相桑维翰执政日,薄纬之为人,不甚见礼,纬深衔之。及叙《维翰传》,"身没之后,有白金八千铤,他物称是"。翰林学士徐台符,纬邑人也,与纬相善,谓纬曰:"窃闻吾友书桑魏公白金之数,不亦多乎!但以十目所睹,不可厚诬。"纬不得已,改为白金数千铤。

纬以撰述之劳,每诣宰执,恳祈迁转,遇内难不果。太祖即位,改给事中,判馆如故。先是,窦贞固奏请修晋朝实录,既竟,亦望升擢。贞固犹在相位,乃上疏抗论除拜不平。既而以所撰《日历》示监修王峻,皆媒孽贞固及苏禹珪之短,历诋朝士之先达者。峻恶之,谓同列曰:"贾给事家有士子,亦要门阀无玷,今满朝并遭非毁,教士子何以进身。"乃于太祖前言之,出为平卢军行军司马。时符彦卿镇青州,以纬文士,厚礼之。纬妻以纬左迁,骇惋伤离,病留于京。纬书候之曰:"勉医药,来春与子同归获鹿。"广顺二年春,纬卒。及讣至,妻一恸而终,果双枢北归,闻者叹之。纬有集三十卷,目曰《草堂集》,并所撰《唐年补录》六十五卷,皆传于世。①

贾纬参与编修五代多朝实录及《旧唐书》,《唐年补录》是其最早独立完成的一部史学著作。因唐自武宗以下,文献散失,贾纬"搜访遗文及耆旧传

---

① 薛居正. 旧五代史:第131卷[M]. 北京:中华书局,1976:1727-1729.

说"或"采掇近代传闻之事及诸家小说"编成此书,虽可补实录之阙,但俨然不可与实录相比,故讹误之处定然不少。加之贾纬"长于记注,应用文笔未能过人,而议论刚强",且修后汉实录时"褒贬之际,憎爱任情",故此书的可信度及公正性大打折扣。

《旧五代史》卷七十九:"(天福六年二月)起居郎贾纬以所撰《唐年补录》六十五卷上之,帝览之嘉叹,赐以器币,仍付史馆。"① 同月,始修《旧唐书》,则《唐年补录》为其重要参考资料必无疑义。司马光修《资治通鉴》时亦多有参考。《直斋书录解题》谓其"虽论次多缺误,而事迹粗存,亦有补于史氏",可谓当评。

今见佚文三十七则,见于《资治通鉴考异》三十则,《说郛》卷四十二二则,《太平广记》卷三百一十一,《册府元龟》卷七百零八,《古今合璧事类备要前集》卷三十二、卷五十五,《李义山诗集注》卷一各一则。《说郛》作者题为"马揔",或为传闻之误,而其所引与《太平广记》《古今合璧事类备要前集》《李义山诗集注》所引均涉神怪,正当是贾纬所采传闻、小说之言。

《五代通录》六十五卷

范质(911—964)撰。《宋史》卷二百四十九:"范质字文素,大名宗城人。父守遇,郑州防御判官。质生之夕,母梦神人授以五色笔。九岁能属文,十三治《尚书》,教授生徒。后唐长兴四年举进士,为忠武军节度推官,迁封丘令。晋天福中,以文章干宰相桑维翰,深器之,即奏为监察御史。及维翰出镇相州,历泰宁、晋昌二节度,皆请质为从事。维翰再相,质迁主客员外郎、直史馆。岁余,召入为翰林学士,加比部郎中、知制诰。契丹侵边,少帝命汉祖等十五将出征。是夜,质入直,少帝令召诸学士分草制,质曰:'宫城已闭,恐泄机事。'独具草以进,辞理优赡,当时称之。汉初,加中书舍人、户部侍郎。周祖征叛,每朝廷遣使赍诏处分军事,皆合机宜。周

---

① 薛居正. 旧五代史:第79卷[M]. 北京:中华书局,1976:1046.

祖问谁为此辞,使者以质对。叹曰:'宰相器也。'周祖自邺起兵向阙,京城扰乱,质匿民间,物色得之,喜甚,时大雪,解袍衣之。且令草太后诰及议迎湘阴公仪注,质苍黄论撰,称旨。乃白太后,以质为兵部侍郎、枢密副使。周广顺初,加拜中书侍郎、平章事、集贤殿大学士。翌日,兼参知枢密院事。郊祀毕,进位左仆射兼门下侍郎、平章事、监修国史。从征高平还,加司徒、弘文馆大学士。显德四年夏,从征寿州还,加爵邑。质建议以律条繁冗,轻重无据,吏得因缘为奸。世宗特命详定,是为《刑统》。六年夏,世宗北征,质病留京师,赐钱百万,俾市医药。及平关南,至瀛州,质见于路左。师还,以枢密使魏仁浦为相,命质与王溥并参知枢密院事。世宗不豫,入受顾命。恭帝嗣位,加开府仪同三司,封萧国公。……宋初,加兼侍中,罢参知枢密。俄被疾……乾德初,帝将有事圜丘,以质为大礼使。质与卤簿使张昭、仪仗使刘温叟讨论旧典,定《南郊行礼图》,上之。帝尤嘉奖。由是礼文始备,质自为序。礼毕,进封鲁国公,质奉表固辞,不允。二年正月,罢为太子太傅。九月,卒,年五十四。……有集三十卷,又述朱梁至周五代为《通录》六十五卷,行于世。"①

《通志》卷六十五编年:"《五代通录》六十五卷。宋朝范质撰。起梁开平元年,尽周显德六年。"②《郡斋读书志校证》卷五编年类:"《五代通录》六十五卷。右皇朝范质撰。五代《实录》共三百六十卷,质删其烦文,摭其要言,以成是书。自乾化壬申至梁亡十二年间,简牍散亡,亦采当时制敕碑碣,以补其阙。"③《遂初堂书目》杂史类亦著录。《直斋书录解题》卷四编年类:"《五代通录》六十五卷。宰相昭文馆大学士大名范质文素撰。亦以实录繁冗,节略而成此书。"④《宋史·艺文志》编年类:"范质《五代通录》六十五卷。"⑤《玉海》卷四十八"建隆《五代通录》":"《书目》:'《通

---

① 脱脱,等.宋史:第249卷[M].北京:中华书局,1985:8793-8796.
② 郑樵.通志:第65卷[M].北京:中华书局,1987:773.
③ 晁公武,孙猛.郡斋读书志校证:第5卷[M].上海:上海古籍出版社,1990:204.
④ 陈振孙.直斋书录解题:第4卷[M].上海:上海古籍出版社,1987:112.
⑤ 脱脱,等.宋史:第203卷[M].北京:中华书局,1985:5091.

录》六十五卷，建隆间昭文馆大学士范质撰。以五代实录共三百六十卷为繁，遂总为一部，命曰《通录》，肇自梁开平迄于周显德，凡五十三年。'《范质传》：'述朱梁至周五代为《通录》六十五卷。乾德五年三月戊申，范昊上先臣所撰《五代通录》。'《崇文总目》：'初，梁末帝无实录，质自以闻见补成之。其缵次时序，最有条理'（编年类）。"

范质后晋时已直史馆、知制诰，后汉加中书舍人，后周更为平章事、兼修国史，任史官、草章奏十几载。又《玉海》有建隆间著之说，故疑《五代通录》之作，始于其任史官之初，而成于宋初之二三年间。此书实为五代实录的简编本，亦为五代人所编第一部五代通史。《崇文总目》称其"缵次时序，最有条理"，《资治通鉴》多引其说，可见其价值。

今知佚文十一则，见于《资治通鉴考异》卷二十三、二十五、二十八、二十九、三十，《容斋三笔》卷九，《通鉴地理通释》卷九，《攻媿集》卷七十一，《大事记续编》卷七十三。

（三）伪史类

《吴杨氏本纪》六卷

王振、陈浚撰。《崇文总目》卷三伪史类："《伪吴杨氏本纪》六卷，阙。"《通志》卷六十五霸史下："《吴杨氏本纪》六卷。伪吴陈浚撰。记杨氏始终。"①《资治通鉴考异》卷二十七："《十国纪年》注、《吴录》《唐烈祖实录》及吴史官王振撰《杨本纪》皆云天祐二年十一月庚辰行密卒。"②

《十国春秋》卷十一："王振，□□人。仕高祖兄弟，为史官，娴熟典故，博通事迹。所著太祖等本纪及讨论诸将战功，皆详核而不诬，切实而不

---

① 郑樵. 通志：第65卷［M］. 北京：中华书局，1987：774.
② 司马光. 资治通鉴考异：第27卷［M］. 四部丛刊初编本. 上海：商务印书馆，1929.

靡，世称良史才。"① 《新唐书·艺文志》史部杂史类言振为"昭宗时拾遗"②，《直斋书录解题》卷五伪史类著录《汴水滔天录》一卷，下云："唐左拾遗王振撰。言朱温篡逆事。"③ 《资治通鉴》卷二百七十九后唐纪八："（清泰二年）六月，吴德胜节度使兼中书令柴再用卒。先是，史官王振尝询其战功，再用曰：'鹰犬微效，皆社稷之灵，再用何功之有！'竟不报。"④ 齐己《白莲集》卷一有《寄王振拾遗》诗一首，诗题下注"戊辰岁"，应当为公元908年。由以上可知，王振，唐末五代人，曾为昭宗拾遗，经历朱梁变革，后仕吴为史官，卒年应不及南唐。

陈浚为陈岳子，陈乔父，亦仕吴，任史职，南唐初为兵部尚书，修吴史未成而卒，年龄应略小于王振。由上推断，王、陈二人既同为史官，《吴杨氏本纪》应初成于王振，再编于陈浚，由陈氏最终完成。故《资治通鉴考异》与《通志》所云有异。

《王氏开国记》

辛寅逊撰。寅逊，蜀人，仕孟蜀，曾任史馆修撰、翰林学士等职，参修《前蜀书》。蜀亡仕宋，开宝五年（972）犹在，年九十余而卒。寅逊之姓，宋人书如《蜀梼杌》《记纂渊海》《全芳备祖》《古今合璧事类备要》《锦绣万花谷》等均作"辛"，唯《宋史》作"幸"。事迹见《宋史》卷四百七十九、《十国春秋》卷五十四。

此书不见书目著录。《蜀梼杌》卷上："（乾德四年）五月不雨至九月，林木皆枯，赤地千里，所在盗起，肥遗见红楼。后蜀辛寅逊修《王氏开国纪》以肥遗为旱魃。唐英按，肥遗，蛇名，角上有火，见则大旱，非魃也，出《山海经外传》。华山亦有此蛇。"⑤ 《王氏开国记》当成书于寅逊预修

---

① 吴任臣.十国春秋：第11卷［M］.北京：中华书局，1983：154.
② 欧阳修.新唐书：第58卷［M］.北京：中华书局，1975：1469.
③ 陈振孙.直斋书录解题：第5卷［M］.上海：上海古籍出版社，1987：148.
④ 司马光.资治通鉴：第279卷［M］.北京：中华书局，1956：9130.
⑤ 张唐英.蜀梼杌：卷上［M］//影印文渊阁四库全书：第464册.台北：台湾商务印书馆，1986：230.

《前蜀书》前后。《宋史》卷四百七十九李昊传："广政十四年，修成昶《实录》四十卷。昶欲取观，昊曰：'帝王不阅史，不敢奉诏。'丁母忧，裁百日，起复。俄修《前蜀书》，命昊与赵元拱、王中孚及左谏议大夫乔讽、左给事中冯侃、知制诰贾玄珪幸寅逊、太府少卿郭微、右司郎中黄彬同撰，成四十卷上之。"① 知《开国记》当成于广政十五年前后。此书今见宋人征引仅两次。除张唐英外，另见叶廷珪绍兴十九年所撰《海录碎事》，但叶氏乃转引自《蜀梼杌》"肥遗"条。据此，《王氏开国记》极可能北宋后期已经亡佚。

此书是《蜀梼杌》的重要参考书，《蜀梼杌》成，此书不显，于理亦近。但《蜀中广记》卷四征引两条。一云："《王氏开国记》云：'乾德四年秋，红楼肥遗见。'后蜀幸寅逊曰，肥遗，旱魃也。张唐英引《山经外传》肥遗有角蛇，角上有火，见则大旱，非魃鬼也。按，魃鬼目生顶上矣。"另一云："《蜀梼杌》：'王建武成元年，改摩诃池为龙跃池。'《王氏开国记》云：'建将薨前两月，摩诃池有鹦鹉来集。衍即位，仍改龙跃池为宣华池。'"② 味曹学佺语气，似乎见过《王氏开国记》原书，但其称引均与《蜀梼杌》相先后，可以推断，此二条均来自《蜀梼杌》。今本《蜀梼杌》二卷，并非完帙，明代可能尚有较全之别本。

（四）杂史类

《梁太祖编遗录》三十卷

敬翔（？—923）撰。《崇文总目》卷三杂史类："《梁太祖编遗录》三

---

① 脱脱，等．宋史：第479卷［M］．北京：中华书局，1985：13892.
② 曹学佺．蜀中广记：第4卷［M］//影印文渊阁四库全书：第591册．台北：台湾商务印书馆，1986：39，41.

十卷,阙。"《通志》卷六十五杂史类:"《梁太祖编遗录》三十卷。梁敬翔撰。"①《直斋书录解题》卷五杂史类:"《朱梁兴创遗编》二十卷。梁宰相冯翊敬翔子振撰。自广明巢贼之乱、朱温事迹,迄于天祐弑逆,大书特书,不以为愧也。其辞亦鄙俚。"②

《旧五代史》卷十八载:

  敬翔,字子振,同州冯翊人。唐神龙中平阳王晖之后也。曾祖琬,绥州刺史。祖忻,同州掾。父衮,集州刺史。翔好读书,尤长刀笔,应用敏捷。乾符中,举进士不第。及黄巢陷长安,乃东出关。时太祖初镇大梁,有观察支使王发者,翔里人也,翔往依焉,发以故人遇之,然无由荐达。翔久之计窘,乃与人为笺刺,往往有警句,传于军中。太祖比不知书,章檄喜浅近语,闻翔所作,爱之,谓发曰:"知公乡人有才,可与俱来。"及见,应对称旨,即补右职,每令从军。翔不喜武职,求补文吏,即署馆驿巡官,俾专掌檄奏。太祖与蔡贼相拒累岁,城门之外,战声相闻,机略之间,翔颇预之,太祖大悦,恨得翔之晚,故军谋政术,一以咨之。蔡贼平,奏授太子中允,赐绯。从平兖、郓,改检校水部郎中。太祖兼镇淮南,授扬府左司马,赐金紫。乾宁中,改光禄少卿充职。天复中,授检校礼部尚书,遥领苏州刺史。昭宗自岐下还长安,御延喜楼,召翔与李振登楼劳问。翔授检校右仆射、太府卿,赐号迎銮叶赞功臣。

  太祖受禅,自宣武军掌书记、前太府卿,授检校司空,依前太府卿勾当宣徽院事。寻改枢密院为崇政院,以翔知院事。开平三年夏四月,太祖以邠、岐侵扰,遣刘知俊西讨鄜、延,深忧不济;因宴顾翔,以问西事。翔剖析山川郡邑虚实,军粮多少,悉以条奏,如素讲习,左右莫不惊异,太祖叹赏久之。乾化元年,进位光禄大夫,行兵部尚书、金銮

---

① 郑樵. 通志:第65卷[M]. 北京:中华书局,1987:775.
② 陈振孙. 直斋书录解题:第5卷[M]. 上海:上海古籍出版社,1987:148.

殿大学士，知崇政院事、平阳郡侯。前朝因金銮坡以为门名，与翰林院相接，故得为学士者，称"金銮"以美之，今殿名"金銮"，从嘉名也。置大学士，始以翔为之。

翔自释褐东下，遭遇霸王，怀抱深沈，有经济之略，起中和岁，至鼎革大运，其间三十余年，扈从征伐，出入帷幄，庶务丛委，恒达旦不寝，唯在马上稍得晏息。每有所裨赞，亦未尝显谏，上俯仰顾步间微示持疑尔，而太祖意已察，必改行之，故裨佐之迹，人莫得知。及太祖大渐，召至御床前受顾托之命，且深以并寇为恨，翔呜咽不忍，受命而退。庶人友珪之篡位也，以天下之望，命翔为宰相。友珪以翔先朝旧臣，有所畏忌，翔亦多称病，不综政事。

末帝即位，赵、张之族皆处权要，翔愈不得志。及刘鄩失河朔，安彦之丧杨刘，翔奏曰："国家连年遣将出征，封疆日削，不独兵骄将怯，亦制置未得其术。陛下处深宫之中，与之计事者皆左右近习，岂能量敌之胜负哉！先皇时，河朔半在，亲御虎臣骁将，犹不得志于敌人。在今寇马已至郓州，陛下不留圣念，臣所未谕一也。臣闻李亚子自墨缞统众，于今十年，每攻城临阵，无不亲当矢石，昨闻攻杨刘，率先负薪渡水，一鼓登城。陛下儒雅守文，未尝如此，俾贺瓌辈与之较力，而望攘逐寇戎，臣所未谕二也。陛下所宜询于黎老，别运沉谋，不然，则忧未艾也。臣虽驽怯，受国恩深，陛下必若乏材，乞于边陲效试。"

末帝虽知其恳恻，竟以赵、张辈言翔怨望，不之听。及王彦章败于中都，晋人长驱而南，末帝急召翔，谓之曰："朕居常忽卿所奏，果至今日。事急矣，勿以为怼，且使朕安归？"翔泣奏曰："臣受国恩，仅将三纪，从微至著，皆先朝所遇，虽名宰相，实朱氏老奴耳。事陛下如郎君，以臣愚诚，敢有所隐！陛下初任段凝为将，臣已极言，小人朋附，致有今日。晋军即至，段凝限水，欲请陛下出居避狄，陛下必不听从；欲请陛下出奇应敌，陛下必不果决。纵良、平复生，难以转祸为福，请先死，不忍见宗庙陨坠。"言讫，君臣相向恸哭。

及晋主陷都城，有诏赦梁氏臣僚，李振谓翔曰："有制洗涤，将朝新君。"翔曰:"新君若问,其将何辞以对!"是夜,翔在高头里第,宿于车坊。欲曙,左右报曰:"崇政李太保已入朝。"翔返室叹曰:"李振谬为丈夫耳!朱氏与晋仇雠,我等始同谋画,致君无状,今少主伏剑于国门,纵新朝赦罪,何面目入建国门也。"乃自经而卒。数日,并其族被诛。

初,贞明中,史臣李琪、张衮、郄殷象、冯锡嘉奉诏修撰《太祖实录》三十卷,叙述非工,事多漏略。复诏翔补缉其阙。翔乃别纂成三十卷,目之曰《大梁编遗录》,与《实录》偕行。

翔妻刘氏,父为蓝田令。广明之乱,刘为巢将尚让所得,巢败,让携刘降于时溥,及让诛,时溥纳刘于妓室。太祖平徐,得刘氏嬖之,属翔丧妻,因以刘氏赐之。及翔渐贵,刘犹出入太祖卧内,翔情礼稍薄,刘于曲室让翔曰:"卿鄙余曾失身于贼耶,以成败言之,尚让巢之宰辅,时溥国之忠臣,论卿门地,辱我何甚,请从此辞。"翔谢而止之。刘恃太祖之势(案下有缺文)。太祖四镇时,刘已得"国夫人"之号。车服骄侈,婢媵皆珥珠翠,其下别置爪牙,典谒书币聘使,交结藩镇,近代妇人之盛,无出其右,权贵皆相附丽,宠信言事,不下于翔。当时贵达之家,从而效之,败俗之甚也。[①]

据《旧五代史》本传,敬翔实为见证朱温从兴起至称帝,直至驾崩的重要人物,且其辅佐朱温一生,扈从征伐,出入帷幄,事无巨细,裨赞非常,官居显位,确实是撰写实录的最佳人选。故梁末帝虽诏其补缉《太祖实录》阙文,但他却别撰三十卷。《资治通鉴考异》卷二十八所引佚文正至乾化二年(912),故翔书虽云"编遗",实为全录。然敬翔毕竟为朱温最重要的谋臣,知道的机密太多,著书时自然会有所回护,因此,《编遗录》最终仍"与《实录》偕行"。

此书天一阁抄本《崇文总目》注"阙"字,知南宋初馆阁无存。《直斋

---

① 薛居正. 旧五代史: 第18卷 [M]. 北京: 中华书局, 1976: 246-250.

93

书录解题》著录为二十卷，云"迄于天祐弑逆"，知陈振孙所见并非完本。《资治通鉴考异》卷二十五至二十九有此书佚文七十余则，从《资治通鉴》采用情况来看，其纪事时间多有差误，但事件内容大体可信。

《锦里耆旧传》

张彰撰。彰，生卒年不详，蜀人。雍正《四川通志》卷三十三选举下有进士"后唐张彰"。① 此书不见目录著录。见于目录者，为勾延庆《锦里耆旧传》八卷和张绪《续锦里耆旧传》十卷。

前人有误认张彰为张绪者，岑仲勉先生已辨其非："《崇文总目》二著张绪《锦里耆旧传》十卷，钱绎按语以为张绪即《通志略》之张彰（音静）。余按《书录解题》七云，《续传》十卷，张绪所撰，起乾德乙丑，迄祥符己酉；而《考异》二十三至二五所引张彰书皆记咸通至中和事，据中和三年下所引，司马之意，固认张书在勾延庆前，今吾人又知延庆确在绪前，则张彰、张绪显是两人。自言'年仅八十，追记为儿童以来平生见闻为《耆旧传》（《考异》二五引）'，其为唐末及五代人，可无疑义。"②

张彰在勾延庆前撰有《锦里耆旧传》已无疑义。《直斋书录解题》卷七："《锦里耆旧传》八卷。《续传》十卷。前应灵县令平阳勾延庆昌裔撰。开宝三年，秘书丞刘蔚知荣州得此传。其词芜秽，请延庆修之，改曰《成都理乱记》。天成之后，别加编次，起咸通九载，迄乾德四年，百余年蜀事，大略具矣。"③ 勾延庆所改之书即为张彰之《锦里耆旧传》。这里有一点颇值得注意，即张氏之书仅至后唐天成，亦即其所记内容仅限于前蜀王氏，后蜀之事为勾延庆续作。《资治通鉴考异》分别引有张、勾二书。《资治通鉴考异》卷二十三至二十五、二十九引张书佚文二十余条，止于同光二年。同光三年前蜀亡。这与陈振孙所言正好相合。由此亦可推知，此书当成于后唐天成、长

---

① 黄廷桂．雍正四川通志：第33卷［M］//影印文渊阁四库全书：第561册．台北：台湾商务印书馆，1986：2.
② 岑仲勉．隋唐史［M］．石家庄：河北教育出版社，2000：448.
③ 陈振孙．直斋书录解题：第7卷［M］．上海：上海古籍出版社，1987：200.

兴间，张彭约生于唐宣宗大中年间。

《资治通鉴考异》谓此书"叙事鄙俚倒错，与旧史年月不相符合"，《直斋书录解题》认为"其词芜秽"，可知其存在不少缺陷，但它毕竟保存了很多有关前蜀的史料，不能过于轻视。

（五）实录类

《后唐明宗实录》三十卷

姚顗、张昭远、李祥、程遐、吴承范、杨昭俭撰。《崇文总目》卷三实录类："《后唐明宗实录》三十卷。"《通志·艺文略》实录："《后唐明宗实录》三十卷，姚顗等撰。"① 《遂初堂书目》实录类有《唐庄宗明宗废帝闵帝实录》。② 《直斋书录解题》卷四起居注类："《后唐明宗实录》三十卷。监修姚顗、史官张昭远等撰。清泰三年上。"③《文献通考》卷一百九十四引陈氏说同。《宋史·艺文志》编年类："《五代唐明宗实录》三十卷，姚顗等撰。"④

《旧五代史》卷四十七："（清泰二年六月）壬申，命史官修撰《明宗实录》。"⑤ 卷四十八："（清泰三年二月）庚午，监修国史姚顗，史官张昭远、李祥、吴承范等修撰《明宗实录》三十卷上之。"⑥ 则此书历经八月即成。但修撰者名单仍不全。《册府元龟》卷五百五十四："晋姚顗，后唐门下侍郎

---

① 郑樵．通志二十略［M］．北京：中华书局，1995：1547.
② 尤袤．遂初堂书目［M］//影印文渊阁四库全书：第 674 册．台北：台湾商务印书馆，1986：452.
③ 陈振孙．直斋书录解题：第 4 卷［M］．上海：上海古籍出版社，1987：126-127. 标点略有不同。
④ 脱脱，等．宋史：第 203 卷［M］．北京：中华书局，1985：5089.
⑤ 薛居正．旧五代史：第 47 卷［M］．北京：中华书局，1976：648.
⑥ 薛居正．旧五代史：第 48 卷［M］．北京：中华书局，1976：657.

平章事、监修国史，清泰三年上《明宗实录》三十卷。同修撰官中书舍人、充史馆修撰张昭远，授尚书礼部侍郎；中书舍人、充史馆修撰李详（当作祥），加中大夫、上柱国，并依前充职；户部郎中、充史馆修撰程渥，授右谏议大夫；左拾遗、充史馆修撰吴承范，授左补阙充职；右拾遗、直史馆杨昭俭，授殿中侍御史。各颁赐有差。"① 可见共有六人参与其事。

《资治通鉴考异》卷二十八、二十九引此书佚文十四则。

（六）故事类

《史馆故事录》三卷

后周史官撰。《崇文总目》卷三职官类："《史馆故事录》三十卷。"《玉海》卷一百六十五引《崇文总目》同。《通志》卷六十五职官："《史馆故事录》三卷。五代周史官所录。"②《郡斋读书志校证》卷七职官类："《史馆故事》三卷。右不题撰人姓氏。记史馆杂事，分六门，迄于五代。李献臣以为后周史官所著。按其书以广顺年事为皇朝，献臣之说尤信。"③《遂初堂书目》职官类著录为《史馆故事》。《直斋书录解题》卷六职官类："《史馆故事录》三卷。不著名氏。凡为六门，曰叙事、史例、编修、直笔、曲笔，而终之以杂录。末称'皇朝广顺'，则是周朝史官也。"④《宋史·艺文志》故事类："《史馆故事录》三卷。"⑤ 据目录著录可知，此书为后周史官所撰，多讲修史方法，其撰写目的当为备史官修史之参考。南宋洪兴祖有《续史馆

---

① 王钦若. 册府元龟：第554卷 [M] //影印文渊阁四库全书：第911册. 台北：台湾商务印书馆，1986：621.
② 郑樵. 通志：第65卷 [M]. 北京：中华书局，1987：777.
③ 晁公武，孙猛. 郡斋读书志校证：第7卷 [M]. 上海：上海古籍出版社，1990：316.
④ 陈振孙. 直斋书录解题：第6卷 [M]. 上海：上海古籍出版社，1987：174.
⑤ 脱脱，等. 宋史：第203卷 [M]. 北京：中华书局，1985：5104.

故事录》一卷，当为此书之后续。《崇文总目》《玉海》均著录为三十卷，疑《崇文总目》传抄致误，王应麟因之未改。

明王鏊《姑苏志》卷五十四"朱子奢"条："《史馆故事》载贞观九年十月子奢上表，曰：'今月十六日，陛下出圣旨，以《起居纪》《录》书帝王臧否，前代但藏之史官，人主不见，今欲亲自观览，用知得失。愚以为圣德在躬，举无过事，史官所述，义归尽善，陛下独览《起居》，于事无失，若以此传示子孙，切有未喻。大唐虽七百之运，天命无改，至于曾玄之后，或非上知。但中主庸君，饰非护短，见时史直辞，极陈善恶，必不省躬罪己，唯当致怨。史官但君上尊严，臣下卑贱，有一于此，何地逃刑？既不能效朱云廷折，董狐无隐，排霜触电，无顾死亡，唯应希风顺旨，全身远害，悠悠千载，何所闻乎。所以前代不观，盖为此也。'"① 王鏊所引此条或为《史馆故事录》中"直笔"所举例。若然，则此书明代中期尚存？实际可能性不大。疑王氏转引自他处。

《古今国典》

徐锴撰。此书不见目录著录。《宋史》卷四百四十一《徐锴传》云："锴所著则有《文集》《家传》《方舆记》《古今国典》《赋苑》《岁时广记》云。"② 陆氏《南唐书》卷五《徐锴传》云："（锴）著《说文通释》《方舆记》《古今国典》《赋苑》《岁时广记》及他文章，凡数百卷。锴卒逾年，江南见讨，比国破，其遗文多散逸者。"元代张铉《至大金陵新志》卷首《新旧志引用古今书目》有南唐徐锴《古今国典》。③ 所谓"旧志"，指宋周应合撰《景定建康志》。则至少南宋末尚可见徐氏此书部分内容。雍正《江南通志》卷一百九十一："《古今国典》一百二十卷、《历代年谱》一卷，俱广陵

---

① 王鏊. 姑苏志：第54卷［M］//影印文渊阁四库全书：第493册. 台北：台湾商务印书馆，1986：1015.
② 脱脱，等. 宋史：第441卷［M］. 北京：中华书局，1985：13049. 标点略有不同。
③ 张铉. 至大金陵新志：卷首［M］//影印文渊阁四库全书：第492册. 台北：台湾商务印书馆，1986：12.

徐锴。"① 所云卷数，未知其据。

（七）职官类

《梁循资格》一卷

郄殷象撰。《崇文总目》卷三职官类："《梁循资格》一卷，阙。"《通志》卷六十五职官下："《梁循资格》一卷。后唐清泰中修定。"②《宋史·艺文志》职官类："郄殷象《梁循资格》一卷。"③

殷象，生卒年不详。《旧唐书》卷二十上："（天祐元年七月）丁丑，制以兵部郎中萧顷为吏部郎中……监察御史郄殷象为右补阙。"④《旧唐书》卷二十下："（天祐二年四月）辛丑，侍御史李光庭郄殷象、殿中丞张升崔昭矩……并宜赐绯鱼袋……并以奉山陵之劳也。"⑤《旧五代史》卷十八《敬翔传》："初，贞明中，史臣李琪、张衮、郄殷象、冯锡嘉奉诏修撰《太祖实录》三十卷，叙述非工，事多漏略。"⑥《旧五代史》卷六十八："李保殷，河南洛阳人也。昭宗朝，自处士除太子正字，改钱塘县尉。浙东帅董昌辟为推官，调补河府兵曹参军，历长水令、《毛诗》博士，累官至太常少卿、端王傅，入为大理卿。撰《刑律总要》十二卷。与兵部侍郎郄殷象论刑法事，左降房州司马。同光初，授殿中监。"⑦ 由上可知，郄殷象昭宗朝曾为监察御史，迁右补阙，哀帝时曾为侍御史。唐亡仕梁为史官，参撰《梁太祖实录》，

---

① 赵宏恩．雍正江南通志：第191卷［M］//影印文渊阁四库全书：第512册．台北：台湾商务印书馆，1986：547.
② 郑樵．通志：第65卷［M］．北京：中华书局，1987：776.
③ 脱脱，等．宋史：第203卷［M］．北京：中华书局，1985：5109.
④ 刘昫．旧唐书：第20卷（上）［M］．北京：中华书局，1975：782.
⑤ 刘昫．旧唐书：第20卷（下）［M］．北京：中华书局，1975：792.
⑥ 薛居正．旧五代史：第18卷［M］．北京：中华书局，1976：250.
⑦ 薛居正．旧五代史：第68卷［M］．北京：中华书局，1976：904.

后擢兵部侍郎。梁亡仕后唐。

《五代会要》卷二十"选事上"："后唐同光二年八月，中书门下奏：'吏部三铨下省南曹废置、甲库格式、流外铨等司公事，并系《长定格》《循资格》《十道图》等格式。前件格文，本朝创立，检制奸滥，伦叙官资，颇谓精详，久同遵守。自乱离之后，巧伪滋多，兼同光元年八月，车驾在东京，权判南曹工部员外郎卢重本司起请一卷，益以兴复之始，务切怀来，凡有条流，多失根本。以至冬集赴选人，并南郊行事官，及陪位宗子，共一千三百余人，铨曹检勘之时，互有援引，去留之际，不绝争论。若又依违，必长讹滥。望差权判尚书省铨左丞崔沂、吏部侍郎崔贻孙、给事中郑韬光李光序、吏部员外郎卢损等同详定旧《长定格》《循资格》《十道图》，务令简要，可久施行。'从之。"①《册府元龟》卷六百三十二引大致相同。据此，可知此书修定原委。唯《通志》云清泰中修定，去同光奏疏十余年，似有讹误。

（八）杂传记类

《名臣事迹》五卷

张昭远撰。不见目录著录。《续资治通鉴长编》卷四："（乾德元年十月）吏部尚书张昭上新撰《名臣事迹》五卷，诏藏史馆。"②《玉海》卷五十一、卷五十四所载略同，《宋史》卷二百六十三本传亦著录。此书成于宋乾德元年（963），所记当为前代名臣，五代人物或在其中，亦未可知。《清江三孔集》卷六载北宋孔武仲《晁无咎张文潜同校名臣事迹因赠》云："名臣

---

① 王溥．五代会要：第 20 卷［M］．上海：上海古籍出版社，1978：333-334．
② 李焘．续资治通鉴长编：第 4 卷［M］．北京：中华书局，1979：107．

已去骑箕尾，尚有规模在新史。"① 孔武仲元祐初始入秘书省任职，则标题中"名臣事迹"未必指书而言，很可能泛指宋国史中之名臣事迹。姑识于此，以备参考。

《北司治乱记》八卷

严遵美撰。不见目录著录。遵美，籍贯不详，父季实，唐宣宗时掖廷局博士，终内枢密使。遵美曾为唐观军容史，后仕王蜀为内侍监，终于王建前期，年八十余。传见《新唐书》卷二百零七、《十国春秋》卷四十六。

《北梦琐言》卷十："唐左军容使严遵美，于阉宦中仁人也。自言北司为供奉官，袴衫给事，无秉简入侍之仪。又云枢密使廨署，三间屋书柜而已，亦无视事厅堂。状后贴黄，指挥公事，乃是杨复恭夺宰相权也。……家有《北司治乱记》八卷，备载阉宦忠佞好恶。尝闻此传，偶未得见。即巷伯之流，未必俱邪，良由南班轻忌太过，以致参商，盖邦国之不幸也。"②

《五代登科记》一卷

撰者不明。《秘书省续编到四库阙书目》卷一传记类："《五代登科记》一卷。"《通志》卷六十五史类传记科第："《五代登科记》一卷，赵儋修撰。"③《玉海》卷一百十五"唐科举"引《中兴馆阁书目》云："《五代登科记》一卷，起梁开平二年至周显德六年，姓名及试题。"《遂初堂书目》故事类："五代登科记。"《直斋书录解题》卷七传记类："《五代登科记》一卷。不著名氏。前所谓崔氏书至周显德止者，殆即此耶？馆中有此书。洪丞相以国初卿相多在其中，故并传之。"④《宋史·艺文志》传记类："洪适《五代登科记》一卷。"⑤

---

① 孔文仲等. 清江三孔集: 第6卷[M]//影印文渊阁四库全书: 第1345册. 台北: 台湾商务印书馆, 1986: 237.
② 孙光宪. 北梦琐言: 第10卷[M]. 北京: 中华书局, 2002: 225.
③ 郑樵. 通志: 第65卷[M]. 北京: 中华书局, 1987: 780.
④ 陈振孙. 直斋书录解题: 第7卷[M]. 上海: 上海古籍出版社, 1987: 202.
⑤ 脱脱, 等. 宋史: 第203卷[M]. 北京: 中华书局, 1985: 5117.

南宋洪适《盘洲文集》卷六十三《跋〈五代登科记〉》："右《五代登科记》一卷。予顷在三馆，所抄中秘阁书。五季文物扫地，取士无足称，特以国初卿相侍从皆当时以儒科进者，因刊我宋《科名记》，故并传之，仍其旧书，不复考正也。"故《宋史·艺文志》误题洪适。《通志》题为"赵俨修撰"。赵俨修，生卒年里并不详。唐有赵俨，德宗时人，曾修撰进士登科记，贞元中为崔氏《显庆登科记》作序。《盘洲文集》卷三十四《重编唐登科记序》："予家藏崔氏书，正元中校书郎赵俨为之序，大氐颛载进士。续之者，自元和方列制科，讫周显德乃止。"可见，《五代登科记》曾被续至《唐登科记》中，作为其一部分，当然收入其中的未必是目录所著录的一卷本《五代登科记》。但笔者怀疑，《通志》所据书目因此而误题"赵俨修撰"，郑樵又将"修"字误入人名中。一百二十卷本《说郛》卷五十一收录《五代登科记》，仅存总目，题"韩思"撰。① 韩思，生平事迹不详。故此书作者仍不能明确。因所记止于显德六年，当为五代旧人作于宋初，因涉五代科举，故予收录。

《文献通考》卷三十亦存有《五代登科记总目》，今据录于下：

梁太祖开平二年，进士十八人，诸科五人。

三年，进士十九人，诸科四人。

四年，进士十五人，诸科一人。

五年，进士二十人，诸科十人。

乾化二年，进士十一人，诸科一人。

三年，进士十五人。

四年，停举。

五年，进士十三人，诸科二人。

贞明二年，进士十二人，诸科一人。

三年，进士十五人，诸科二人。

---

① 陶宗仪.说郛：第51卷［M］//影印文渊阁四库全书：第878册.台北：台湾商务印书馆，1986：712-713.

四年，进士十二人，诸科二人。

五年，进士十三人，诸科一人。

六年，进士十二人，诸科三人。

七年，停举。

龙德二年，进士十四人，诸科二人。

三年，停举。

唐庄宗同光二年，进士十四人，诸科二人。

三年，进士四人。

四年，进士八人，诸科二人。

明宗天成二年，进士二十三人，诸科九人。

三年，进士十五人，诸科四人。

四年，进士十三人，诸科二人。

长兴元年，进士十五人，重试落下八人；诸科一人。

二年，进士四人。

三年，进士八人，诸科八十一人。

四年，进士二十四人，诸科一人。

愍帝长兴五年，进士十七人，诸科一人。

废帝清泰二年，进士十四人，诸科一人。

三年，进士十三人。

晋高祖天福二年，进士十九人。

三年，进士二十人。

四年、五年，停贡举。

六年，进士十一人，诸科四十五人。

七年，进士七人。

八年，进士七人。

九年，进士十三人，诸科五十六人。

开运二年，进士十五人，诸科八十八人。

三年，进士二十人，诸科九十二人。

汉高祖天福十二年，进士二十五人，诸科一百五十五人。
隐帝乾祐元年，进士二十三人，诸科一百七十九人。
二年，进士十九人，诸科八十人。
三年，进士十七人，诸科八十四人。
周高祖广顺元年，进士十三人，诸科八十七人。
二年，进士十三人，诸科六十六人。
三年，进士十人，内落下二人；诸科八十三人。
世宗显德元年，进士二十人，诸科一百二十一人。
二年，进士十六人，诸科一百十六人。
三年，进士六人，诸科二十九人。
四年，进士十人，诸科三十五人。
五年，进士十五人，内落下七人；诸科七十二人。
六年，进士十人，诸科五十人。

其下马端临按语云：

五代五十二年，其间惟梁与晋各停贡举者二年，则降敕，以举子学业未精之故。至于朝代更易，干戈攘抢之岁，贡举固未尝废也。然每岁所取进士，其多者仅及唐盛时之半。土宇分割，人士流离，固无怪其然。但三礼、三传、学究明经诸科，唐虽有之，然每科所取甚少，而五代自晋汉以来，明经诸科中选者动以百人计，盖帖书墨义，承平之时士鄙其学而不习，国家亦贱其科而不取，故惟以攻诗赋中进士举者为贵，丧乱以来文学废坠，为士者往往从事乎帖诵之末习，而举笔能文者固罕见之，国家亦姑以是为士子进取之途，故其所取反数倍于盛唐之时也。国初诸科取人亦多于进士，盖亦承五季之弊云。

欧阳公《什邡陈氏荣乡亭记》曰："什邡之吏特不喜儒，必摧辱中伤之。民既素饶，乐乡里，不急禄仕，又苦吏之为，故未尝有儒其业与服以游者，甚好学者，不过专一经，工歌诗，优游自养，为乡丈人而已。逮陈君岩夫，始为进士，然亦未尝敢儒衣冠谒县门，出入闾巷，必乡其服。已而州下天子诏书，索乡举秀才，岩夫始改服诣门应诏。吏方相惊，既州试之，送礼部，中丙科，以归省，其父曰：'噫，吾始恶进士之病已，而不知其可以为荣也。'乃筑亭以旌之。"晁归来子《序张穆之触鳞集》曰："五季文物荡尽，而鲁儒犹往往抱经伏农野，守死善道，盖五十年不改也。太祖皇帝既定天下，鲁之学者始稍稍自奋，白袍举子、大裾长绅杂出戎马介士之间，父老见而指以喜曰：'此曹出，天下太平矣。'方是时厌乱，人思复常，故士贵，盖不待其名实加于上下，见其物色士类而意已悦安之，此儒之效也。"愚尝读此二篇，而后知五代之时，虽科举未尝废，而士厄于离乱之际不得卒业，或有所长而不能以自见，老死闾阎不为少矣。①

马氏所论确有道理，但三礼、三传、学究明经诸科亦并非仅为"帖诵之末习"，而沦落乡野之儒者，授徒讲学，这客观上使经学传统得以薪火相传，并影响到宋初的人才结构，为宋代新儒学的产生奠定了一定的基础。而经学取士受到重视，诗赋取士相对衰落，亦直接影响到文风的转变，北宋古文兴盛与科举的关系自不能忽略。

（九）仪注类

《曲台奏议集》二十卷

陈致雍撰。陈致雍，字表用，一作表明，莆田人。生卒年不详。博洽多闻，尤谙熟于典章制度。仕闽王延羲为太常卿。后归南唐，中主时以通礼及第，历太常博士、员外郎，曾掌制诰，开宝中除秘书监致仕。归泉州，陈洪

---

① 马端临．文献通考：第30卷［M］．北京：中华书局，1986：282-283．

进辟为掌书记。致雍著述颇多，有关礼仪者即有《五礼仪镜》六卷、《寝祀仪》一卷、《州县祭祀仪》、《曲台奏议》二十卷。生平事迹参《十国春秋》卷九十七本传、乾隆《福建通志》卷五十一、徐铉《徐公文集》卷五。

《崇文总目》卷十二别集："《曲台奏议集》二十卷。"《通志》卷七十奏议："《曲台奏议》二十卷。伪唐陈致雍撰。"① 《遂初堂目》章奏类："南唐陈致雍《曲台奏议》。"② 《玉海》卷六十九："《中兴书目》：《曲台奏议集》上下两卷，五代唐秘书监陈致雍撰。徐锴序。"《宋史·艺文志》仪注类："陈致雍《曲台奏议集》。"③ 别集类又著录："陈致雍《曲台奏议集》二十卷。"④《文渊阁书目》卷四经济："南唐陈致雍《曲台奏议》一部二册，阙。"⑤ 明叶盛《菉竹堂书目》卷二经济类："南唐陈致雍《曲台奏议》二册。"⑥ 清朱绪曾《开有益斋读书志》卷二史部奏议类："《曲台奏议》十卷，南唐陈致雍撰。……明《文渊阁书目》载此书。有徐铉序。……致雍《奏议》为考礼得失之林，不独广南唐之记载也。"⑦

《十国春秋》本传云"好事者复编其议礼诸论为《曲台奏议》二十卷"⑧，乾隆《福建通志》卷五十一："后好事者编次其在南唐为礼官时论议为《曲台奏议》。"⑨ 徐锴《曲台奏议集序》："三代之文既远，两汉之风不振。怀芬敷者连袂，韵音响者比肩。子虚文丽用寡，而末世学者，以为称首。两京文过其心，后之才士，企而望之。嗟夫！为文而造情，污淮而粉

---

① 郑樵．通志：第70卷［M］．北京：中华书局，1987：828.
② 尤袤．遂初堂书目［M］//丛书集成新编：第2册．台北：新文丰出版公司，1986：10.
③ 脱脱，等．宋史：第204卷［M］．北京：中华书局，1985：5132.
④ 脱脱，等．宋史：第208卷［M］．北京：中华书局，1985：5350.
⑤ 杨士奇．文渊阁书目：第1卷［M］//丛书集成新编：第1册．台北：新文丰出版公司，1986：709.
⑥ 叶盛．菉竹堂书目：第2卷［M］．北京：中华书局，1985：29.
⑦ 朱绪曾．开有益斋读书志：第2卷［M］//清人书目题跋丛刊：第7册．北京：中华书局，1993：21.
⑧ 吴任臣．十国春秋：第97卷［M］．北京：中华书局，1983：1397.
⑨ 郝玉麟．乾隆福建通志：第51卷［M］//影印文渊阁四库全书：第529册．台北：台湾商务印书馆，1986：724.

颡。若夫有斐君子，含章可正，和顺积中，而英华发外。周旋俯仰，金石之度彰。摛简下笔，鸾凤之文奋。必有其质，乃为之文。其积习欤，何其寡也。有能一日用其本者，文远乎哉！我欲仁，斯仁至矣。颍川陈表用，今为晋安人也。遍读七经，尤明三礼。蟠极造化之说，升降损益之文，徙之不烦于辎车，蓄之殚盈于腹笥，发为词令，文之本欤。昔之自远而至者，陆机以词章言，谯秀以隐论显，况以礼律者，动足之蹊径，干局者，为政之权衡。自入朝为太常博士八年，动而不阿，静以有守。议之所及，书辞无颇。礼者所疑，援经以对。酌于古而无悖，施于今而易行。君虽急贤，位未充量。道有悠久，岂终否哉！观其条奏简墨之文，探索比详之说，证古者不讦，救时者不谀，简而周，约而举，信守官之善作，伸道之名言。知余直笔，访余为序。保大丙辰岁六月一日，于集贤序之。屯田郎中知制诰徐锴述。"[1] 据徐锴序，知此书为致雍自编其议礼诸论之合集，成于后周世宗显德三年（956），清人好事者之说不攻自破。

唯《中兴馆阁书目》著录为上下二卷，似与二十卷本别为一系，疑非内容有阙。或为王应麟转引时"册""卷"之讹，亦未可知。明文渊阁、叶盛所藏当同南宋馆阁。朱绪曾所见十卷本，并非完帙，今未见。其于《开有益斋读书志》中所举该书数则，不出《全唐文》所辑，且误徐锴序为徐铉，故甚疑此本乃转抄而来。

此书宋人偶有引用。《永乐大典》引录甚多，《全唐文》卷八百七十三至八百七十五据以辑出一百零二篇，分为三卷。从这些篇章内容看，涉及吉、凶、军、宾、嘉五礼多个层面，甚为具体细微，是考察五代礼制弥足珍贵之史料。

《新定书仪》二卷

刘岳（879? —934?）等撰。刘岳字昭辅，洛阳人。刘崇龟、崇望侄。好学，敏于文辞，善谈论。文学之外，通于典礼。举进士，事梁为左拾遗、

---

[1] 董诰. 全唐文：第888卷［M］. 北京：中华书局，1983：9279.

侍御史。末帝时，为翰林学士，累官至兵部侍郎。梁亡，贬均州司马，复用为太子詹事。后唐明宗时为吏部侍郎，徙秘书监，迁太常卿。卒于官，年五十六，赠吏部尚书。子温叟（909—971）。《宋史》卷二百六十二云刘温叟"清泰中（934—936），为左拾遗、内供奉。以母老乞归就养"①，则刘岳至迟亡于后唐明宗长兴四年即末帝清泰元年（934）。传见《旧五代史》卷六十八、《新五代史》卷五十五。

《崇文总目》卷三仪注类："《新定书仪》二卷，阙。刘岳撰。"《通志》卷六十四礼类仪注书仪："《新定书仪》二卷，刘岳。"②《玉海》卷六十九引《中兴馆阁书目》："《书仪》二卷，刘岳撰。"《宋史·艺文志》仪注类："刘岳《吉凶书仪》二卷。"③

《旧五代史》本传云其"天成中，奉诏撰《新书仪》一部，文约而理当，今行于世"④。《新五代史》本传云："初，郑余庆尝采唐士庶吉凶书疏之式，杂以当时家人之礼，为《书仪》两卷。明宗见其有起复、冥昏之制，叹曰：'儒者所以隆孝悌而敦风俗，且无金革之事，起复可乎？婚，吉礼也，用于死者可乎？'乃诏岳选文学通知古今之士，共删定之。岳与太常博士段颙、田敏等增损其书"⑤。据上，此书乃奉诏编撰，非成于刘岳一人之手，而岳实总其成。《宋史·艺文志》题名乃以其内容而言。因为官定书仪，故当时流行颇广。

但欧阳修对此书内容大不以为然。其在《刘岳传》中云："而其事出鄙俚，皆当时家人女子传习所见，往往转失其本，然犹时有礼之遗制。其后亡失，愈不可究其本末，其婚礼亲迎，有女坐婿鞍合髻之说，尤为不经。公卿之家，颇遵用之。至其久也，又益讹谬可笑，其类甚多。……呜呼，甚矣，人之好为礼也！在上者不以礼示之，使人不见其本，而传其习俗之失者，尚拳拳而行之。五代干戈之乱，不暇于礼久矣！明宗武君，出于夷狄，而不通

---

① 脱脱，等. 宋史：第262卷［M］. 北京：中华书局，1985：9071.
② 郑樵. 通志：第64卷［M］. 北京：中华书局，1987：766.
③ 脱脱，等. 宋史：第204卷［M］. 北京：中华书局，1985：5132.
④ 薛居正. 旧五代史：第68卷［M］. 北京：中华书局，1976：902.
⑤ 欧阳修. 新五代史：第55卷［M］. 北京：中华书局，2002：632.

文字，乃能有意使民知礼。而岳等皆当时儒者，卒无所发明，但因其书增损而已。然其后世士庶吉凶，皆取岳书以为法，而十又转失其三四也，可胜叹哉！"① 其在《归田录》卷二中亦云："刘岳《书仪》，婚礼有'女坐婿之马鞍，父母为之合髻'之礼，不知用何经义。据岳自叙云'以时之所尚者益之'，则是当时流俗之所为尔。岳当五代干戈之际，礼乐废坏之时，不暇讲求三王之制度，苟取一时世俗所用吉凶仪式，略整齐之，固不足为后世法矣。然而后世犹不能行之，今岳《书仪》十已废其七、八，其一、二仅行于世者，（一作悉）皆苟简粗略，不如本书。就中转失乖缪，可为大笑者，坐鞍一事尔。今之士族，当婚之夕，以两椅相背，置一马鞍，反令婿坐其上，饮以三爵，女家遣人三请而后下，乃成婚礼，谓之'上高坐'。凡婚家举族内外姻亲，与其男女宾客，堂上堂下，竦立而视者，惟'婿上高坐'为盛礼尔。或有偶不及设者，则相与怅然咨嗟，以为阙礼。其转失乖缪，至于如此。今虽名儒巨公，衣冠旧族，莫不皆然。呜呼！士大夫不知礼义，而与闾阎鄙俚同其习，（一作所）见而不知为非者多矣。前日濮园皇伯之议是已，岂止坐鞍之缪哉！"② 欧阳修不但批评其书媚俗，不合古礼，而且对其"流毒"后世大为不满。

然该书是否真如欧阳修所指呢？唐苏鹗《苏氏演义》卷上："婚姻之礼，坐女于马鞍之侧，或谓此北人尚乘鞍马之义。夫鞍者，安也，欲其安稳同载者也。《酉阳杂俎》云：'今士大夫家婚礼新妇乘马鞍，悉北朝之余风也。今娶妇家新人入门跨马鞍，此盖其始也。'"③ 据此，知新妇坐鞍之俗由来已久，并非五代时方产生。刘岳《书仪》中采之，乃在情理之中。

《续资治通鉴长编》卷六："（乾德三年十一月）秘书监判大理寺汝阴尹拙等言：'后唐刘岳《书仪》，称妇为舅姑服三年，与礼律不同。然亦准敕行用，请别裁定之。'诏百官集议。尚书省左仆射魏仁浦等二十一人奏议曰：'谨按《礼·内则》云：妇事舅姑，如事父母。即舅姑与父母一也。古礼有

---

① 欧阳修.新五代史：第55卷[M].北京：中华书局，2002：632-633.
② 欧阳修.归田录：第2卷[M].北京：中华书局，1981：34-35.
③ 苏鹗.苏氏演义：卷上[M].北京：商务印书馆，1956：10.

期年之说，虽于义可稽，《书仪》著三年之文，实在理为当。盖五服制度，前代增益已多。只如嫂叔无服，唐太宗令服小功；曾祖父母旧服三月，增为五月；嫡子妇大功，增为期；众子妇小功，增为大功。父在为母服周，高宗增为三年。妇人为夫之姨舅无服，明皇令从夫而服，又增姨舅同服缌麻及堂姨舅服袒免。迄今遵行，遂为典制。伏况三年之内，几筵尚存，岂可夫衣衰粗，妇袭纨绮？夫妇齐体，哀乐不同，求之人情，实伤至治。况妇人为夫有三年之服，于舅姑而止服周，是尊夫而卑舅姑也。且昭宪皇太后丧，孝明皇后亲行三年之服，可以为万代法矣。'十二月丁酉，始令妇为舅姑三年齐斩，一从其夫。"① 此则记载可视为对欧阳修的有力驳斥。礼仪制度，代有更革，要在于理为当，不应墨守成规。

宋司马光《书仪》卷一："古人谓父为阿郎，谓母为娘子，故刘岳《书仪》上父母书，称阿郎、娘子。"② 卷六："裴苢（当为茝——引者注）、刘岳《书仪》，五服皆用布，衣裳上下异，制度略相同，但以精粗及无负版衰为异耳。然则唐五代之际，士大夫家丧服犹如古礼也。"③ 据此，知刘岳该书亦并非不存古礼，且五代时部分重要礼仪亦并未被废弃。

《新五代史》本传又云："故事，吏部文武官告身，皆输朱胶纸轴钱然后给，其品高者则赐之，贫者不能输钱，往往但得敕牒而无告身。五代之乱，因以为常，官卑者无复给告身，中书但录其制辞，编为敕甲。岳建言，以谓'制辞或任其材能，或褒其功行，或申以训诫，而受官者既不给告身，皆不知受命之所以然，非王言所以告诏也。请一切赐之。'由是百官皆赐告身，自岳始也。"④

综上可知，刘岳实深通礼制，所定《书仪》不会过于不经。欧阳修基于时弊及对五代的某些偏见批评该书，并不允当。

---

① 李焘. 续资治通鉴长编：第6卷［M］. 北京：中华书局，1979：160-161.
② 司马光. 书仪：第1卷［M］//影印文渊阁四库全书：第142册. 台北：台湾商务印书馆，1986：465.
③ 司马光. 书仪：第6卷［M］//影印文渊阁四库全书：第142册. 台北：台湾商务印书馆，1986：497.
④ 欧阳修. 新五代史：第55卷［M］. 北京：中华书局，2002：631-632.

刘岳《新定书仪》之吉光片羽，见于欧阳修《归田录》一则，司马光《书仪》四则，《续资治通鉴长编》一则，《清波杂志别志》一则，唯不见完整引录，仅能窥其大概尔。

（十）刑法类

《显德刑统》二十卷

张湜等编。《崇文总目》卷四刑法类："《显德刑统》二十卷，阙。"《通志》卷六十五刑法总类："《显德刑律》二十卷，周张昭撰。《显德刑统目》一卷。"① 《直斋书录解题》卷七法令类："《刑统》三十卷。判大理寺燕山窦仪可象详定。初，范质既相周，建议律条繁广，轻重无据，特诏详定，号《大周刑统》，凡二十一卷。至是重加详定，建隆四年颁行。"②

《五代会要》卷九、《旧五代史》卷一百四十七《刑法志》言及此书编纂经过，《旧五代史》较详，今录如下。

世宗显德四年五月，中书门下奏："准宣，法书行用多时，文意古质，条目繁细，使人难会，兼前后敕格，互换重迭，亦难详定。宜令中书门下并重删定，务从节要，所贵天下易为详究者。伏以刑法者，御人之衔勒，救弊之斧斤，故鞭扑不可一日弛之于家，刑法不可一日废之于国，虽尧、舜淳古之代，亦不能舍此而致理矣。今奉制旨删定律令，有以见圣君钦恤明罚敕法之意也。窃以律令之书，政理之本，经圣贤之损益，为古今之章程，历代以来，谓之彝典。今朝廷之所行用者律一十二卷、律疏三十卷、式二十卷、令三十卷、《开成格》一十卷、《大中统类》一十二卷、后唐以来至汉末编敕三十二卷及皇朝制敕等。折狱定

---

① 郑樵．通志：第65卷［M］．北京：中华书局，1987：777.
② 陈振孙．直斋书录解题：第7卷［M］．上海：上海古籍出版社，1987：223-224.

刑，无出于此。律令则文辞古质，看览者难以详明；格敕则条目繁多，检阅者或有疑误。加之边远之地，贪猾之徒，缘此为奸，浸以成弊。方属盛明之运，宜申画一之规，所冀民不陷刑，吏知所守。臣等商量，望准圣旨施行，仍差侍御史知杂事张湜、太子右庶子剧可久、殿中侍御史率汀、职方郎中邓守中、仓部郎中王莹、司封员外郎贾玭、太常博士赵砺、国子博士李光赞、大理正苏晓、太子中允王伸等一十人，编集新格，勒成部帙。律令之有难解者，就文训释；格敕之有繁杂者，随事删除。止要谐理省文，兼且直书易会。其中有轻重未当，便于古而不便于今，矛盾相违，可于此而不可于彼，尽宜改正，无或牵拘。候编集毕日，委御史台、尚书省四品以上及两省五品以上官参详可否，送中书门下议定，奏取进止。"诏从之。自是湜等于都省集议删定，仍令大官供膳。

五年七月，中书门下奏："侍御史知杂事张湜等九人，奉诏编集刑书，悉有条贯，兵部尚书张昭等一十人，参详旨要，更加损益。臣质、臣溥据文评议，备见精审。其所编集者，用律为主；辞旨之有难解者，释以疏意；义理之有易了者，略其疏文。式令之有附近者次之，格敕之有废置者又次之。事有不便于今、该说未尽者，别立新条于本条之下；其有文理深古、虑人疑惑者，别以朱字训释。至于朝廷之禁令，州县之常科，各以类分，悉令编附。所冀发函展卷，纲目无遗，究本讨原，刑政咸在。其所编集，勒成一部，别有目录，凡二十一卷。刑名之要，尽统于兹，目之为《大周刑统》，欲请颁行天下，与律疏令式通行。其《刑法统类》、《开成格》、编敕等，采掇既尽，不在法司行使之限，自来有宣命指挥公事及三司临时条法，州县见今施行，不在编集之数。应该京百司公事，逐司各有见行条件，望令本司删集，送中书门下详议闻奏。"敕宜依，仍颁行天下。乃赐侍御史知杂事张湜等九人各银器二十两，杂彩三十匹，赏删定《刑统》之劳也。①

---

① 薛居正. 旧五代史：第 147 卷［M］. 北京：中华书局，1976：1963-1965.

由上可知,《显德刑统》乃删定显德四年(957)前朝廷颁布或实行之所有法律文书而成,其中不含各司临时法规、州县地方法令,可谓五代末国家法律之集大成者。宋初,窦仪增编十卷,于建隆四年(963)颁行,是为《宋刑统》,可见《显德刑统》之重要。据《五代会要》卷九,此书为张昭奏上,故《通志》作者题为张昭。

(十一)目录类

《群书丽藻目录》五十卷

朱遵度撰。遵度,生卒年不详。《十国春秋》卷七十五:"朱遵度,青州人也。家多藏书,周览略遍,当时推为博学,称曰'朱万卷'。避耶律德光之召,挈妻孥,携书,杂商贾来奔,文昭王待之甚薄,遵度杜门却扫。诸学士每为文章,先问古今首末于遵度,国人号为'幕府书厨'。后徙居金陵,高尚不仕。著《鸿渐学记》一千卷、《群书丽藻》一千卷、《漆经》若干卷。"[1]《全唐文》卷八百九十三收其文一篇。

《通志》卷六十六目录类文章目:"《群书丽藻目录》五十卷,伪唐朱遵度撰。"[2]《直斋书录解题》卷十五总集类:"《群书丽藻》六十五卷。按:《三朝艺文志》一千卷,崔遵度编。《中兴馆阁书目》但有《目录》五十卷,云南唐司门员外郎崔遵度撰。以六例总括古今之文,一曰六籍琼华,二曰信史瑶英,三曰玉海九流,四曰集苑金銮,五曰绛阙蕊珠,六曰凤首龙编。为二百六十七门,总一万三千八百首。今无目录,合三本,共存此卷数。断续讹缺,不复成书,当其传写时固已如此矣。其目止有四种,无金銮、蕊珠二类。姑存之,以备阙文。按《江南余载》,遵度,青州人,居金陵,高尚不

---

[1] 吴任臣. 十国春秋:第75卷 [M]. 北京:中华书局,1983:1031.
[2] 郑樵. 通志:第66卷 [M]. 北京:中华书局,1987:785.

仕。《中兴书目》云司门郎，未知何据也。"① 《玉海》卷五十二"朱遵度《群书丽藻目录》"："《中兴书目》：南唐朱遵度撰。古今文章著为六例，一曰六籍琼华，二百五十卷；二曰信史瑶英，一百八十卷；三曰玉海九流，三百五十卷；四曰集苑金銮，五十卷；五曰绛阙蕊珠，四十卷；六曰凤首龙编，一百三十卷。合为二百六十七门，总杂文一万三千八百首，勒成一千卷。又别撰为目录五十卷。"《宋史·艺文志》目录类："朱遵度《群书丽藻目录》五十卷。"② 崔遵度，宋太宗太平兴国八年（983）进士，《直斋书录解题》传写讹误。

《经史目录》七卷

杨九龄撰。九龄，生卒年不详。《郡斋读书志校证》卷七伪史类："《蜀桂堂编事》二十卷。右伪蜀杨九龄撰。杂记孟氏广政中举试事，载诗、赋、策题及知举登科人姓氏，且云：'科举起于隋开皇前，陋者谓唐太宗时，非也。'"③ 据此，知九龄曾事孟蜀。

《秘书省续编到四库阙书目》卷一史类目录："杨九龄《经史目录》七卷。"《通志》卷六十六目录类经史目："《经史目录》七卷，杨九龄撰。"④《宋史·艺文志》目录类："杨九龄《经史书目》七卷。"⑤ 此为目录著录情况。可知此书南宋初馆阁尚存。

《魏书》卷五十三考证："《高氏小史》，《魏书》列传第四十五高祐、崔挺、李安世三人。其《传》云：'李安世，赵郡人也。宣城公孝伯之兄子，父祥，中书博士。'今《魏书》诸本，祥及安世事皆附此卷《孝伯传》后。按李肇《经史释题》、杨九龄《经史目录》，第四十五卷高祐、崔挺、李安世三人。宗谏《史目》、殷藏用《十三代史目》，惟高祐、崔挺，而无李安世。

---

① 陈振孙. 直斋书录解题：第15卷［M］. 上海：上海古籍出版社，1987：442-443.
② 脱脱，等. 宋史：第204卷［M］. 北京：中华书局，1985：5146.
③ 晁公武，孙猛. 郡斋读书志校证：第7卷［M］. 上海：上海古籍出版社，1990：277.
④ 郑樵. 通志：第66卷［M］. 北京：中华书局，1987：785.
⑤ 脱脱，等. 宋史：第204卷［M］. 北京：中华书局，1985：5146.

此卷史臣论安世及场、郁与《北史》同。疑李延寿用《魏书》旧语,后人移《安世传》附孝伯,因取《北史》论安世父子事于此篇,亦不可考证。故载诸目录同异,以备传疑。"①

《魏书》卷八十六考证:"魏收书《孝感传》亡,惟张昇事出宗谏《史目》,与《北史》小异,《高氏小史》不载昇事迹。案《小史》孝感、节义、良吏、列女、阉官五传叙目并传,与正史及诸书目次叙前后不同,惟杨九龄《经史目录》与《小史》同。九龄撰录皆在殷仲藏、宗谏等后,是时正史已不完,往往取《小史》为据,故同之。"②

北宋南北七史的整理始于仁宗嘉祐六年(1061),《魏书》由刘攽、刘恕、梁焘、范祖禹等人负责,考证之语当出自诸人之手。据此,知杨氏《经史目录》为前代经史书籍篇题目录之汇编,史类主要著录前代正史,体例当与宗谏《史目》、殷藏用《十三代史目》大致相当,唯多出经类书籍。其编撰时如《魏书》等史籍已有残缺,故参考了《高氏小史》之类其他史籍予以补充完整。此等目录当因经史书籍篇卷繁多,版刻尚未出现或流行,士人罕能阅读全本,据此可获得基本知识而编纂。两宋尤其北宋大规模对前代经史要典进行校勘整理,成为后代定本,加之宋尤其是南宋以后雕版印刷发达,此等目录所著录之本书流传颇广,士人易见,故此类新录不再有人编纂,旧录逐渐消亡。明清以来,《授经图义例》《经义考》诸书改进此等目录简单摘录之做法,汲取《文献通考·经籍考》之经验,附以作者传记、历代著述、著录及序跋等,俨然成为专门学术史。

---

① 魏收. 魏书:第53卷[M]. 北京:中华书局,1974:1191.
② 魏收. 魏书:第86卷[M]. 北京:中华书局,1974:1887. 标点略有不同。

（十二） 谱牒类

《徐氏家传》

徐锴撰。《宋史》卷四百四十一《徐锴传》："锴所著则有《文集》《家传》《方舆记》《古今国典》《赋苑》《岁时广记》云。"①

（十三） 地理类

《方舆记》一百三十卷

徐锴撰。《崇文总目》卷四地理类、《通志》卷六十六地理类、《宋史》卷二百零四地理类、《玉海》卷十五著录。从宋以后人所征引的佚文来看，该书记载了各州府县地理沿革、山川名称由来、地方风物、名胜古迹等。该书所记范围非仅限于南唐，也包括长安、西蜀等地，故该书应为全国性的地理著作。从征引佚文的数量看，还是以南唐辖境为多，当是因割据纷争，别国资料难以全备，故详于本国而略于他邦。但此书广博非常，多为后人提及征引，今存佚文颇多，见于《太平御览》《长安志》《元丰九域志》《新安志》《景定建康志》《至大金陵志》《海录碎事》《大事记续编》《蜀中广记》等。但明人所引佚文时有掺入宋代事者，可能后人又有所增补。清代乾隆时修《江西通志》《湖广通志》《浙江通志》，这些书籍所引佚文不见于他书，是否源自《永乐大典》尚不可知，故《方舆记》清代中期可能仍有流传。

---

① 脱脱，等．宋史：第441卷［M］．北京：中华书局，1985：13049. 标点略有不同。

115

《海外使程广记》三卷

章僚撰。章僚，程大昌《演繁露》又引作"张僚"，生卒年不详。南唐中主时曾出使高丽，后可能曾为沙县县令①。《十国春秋》卷二十八有传。

《秘书省续编到四库阙书目》卷一史类地理："《高丽国海外使程记》三卷，升元中撰。阙。"《通志》卷六十六地理朝聘："《高丽国海外使程记》三卷，升元中录。"②《直斋书录解题》卷八地理类："《海外使程广记》三卷。南唐如京使章僚撰。使高丽所记海道及其国山川、事迹、物产甚详。史虚白为作序，称'己未十月'，盖本朝开国前一岁也。"③《文献通考·经籍考》同《直斋书录解题》。《宋史·艺文志》地理类："章僚《海外使程广记》三卷。"④

程大昌《演繁露续集》卷一："《海外行程记》者，南唐章僚记其使高丽所经所见也。中引保大初徐弼使事为证，即当是后主末年也。"⑤ 所谓"后主末年"，是程大昌推测的章僚出使或著书的时间。升元八年（943）三月，李璟改元保大（943—958）。结合《直斋书录解题》所记史虚白序，则《秘书省续编到四库阙书目》所谓"升元中撰"似有误。马伟明、王元林认为书中所记女真献马与《高丽史》所载保大六年（948）女真首次朝贡高丽献马为同一事，故章僚出使即在此时，则书作于保大六年（948）至显德六年（959）之间。⑥ 其说可从。今再略作补充辨证。

程大昌云"即当是后主末年也"之"后主"，疑指后晋少主石重贵，末年当为开运年间（944—946），则正值保大初。徐弼，高丽人，宋太祖乾德三年（965）卒，年六十五。郑麟趾《高丽史》卷九十三有传，然无保大间

---

① 马伟明，王元林．南唐章僚海外使程广记考［J］．求索，2015（12）：177-179.
② 郑樵．通志：第66卷［M］．北京：中华书局，1987：782.
③ 陈振孙．直斋书录解题：第8卷［M］．上海：上海古籍出版社，1987：266.
④ 脱脱，等．宋史：第204卷［M］．北京：中华书局，1985：5155.
⑤ 程大昌．演繁露续集：第1卷［M］．丛书集成初编本．北京：中华书局，1991：9.
⑥ 马伟明，王元林．南唐章僚海外使程广记考［J］．求索，2015（12）：179.

出使记载。① 据《五代会要》，天福八年（943）十二月高丽曾遣使来晋，开运元年（944）正月赐八人官。开运二年（945），高丽国王王建卒，其子王武即位，又遣使十八人来朝。其后至后周广顺元年（951）方遣使再来。② 故疑徐弼乃为高丽使团一员，因其时官职不显，而史籍不载名号，其出使当在943或945年。则章僚出使必在此后。此为保大六年说之补充。至于徐弼是使晋使团一员，还是高丽使团中的南唐使，尚不能断定。后晋天福四年（939），高丽遣广评侍郎邢顺等七十二人来晋贡方物③，同年，遣广评侍郎柳勋律往南唐贡方物（见下文）。则高丽使团兵分两路之事，已有先例。五代乱世，高丽与不同政权结好，亦属正常。

陆游《南唐书》卷十八《高丽传》："升元二年，遣使来贡方物……三年，又遣其广评侍郎柳勋律来贡方物。其后史册残缺，来与否不可考矣。"同书卷一《烈祖本纪》："（升元四年十月己未）高丽使广评侍郎柳兢质来贡方物。"据此，则高丽最后遣使南唐为升元三年或四年。陆游于《南唐书·高丽传》中自云其史料来源曰："高丽事具《唐书》及《五代史·四夷附录》，今书南唐所载异闻及高丽通南唐之见于传记者。"陆游与程大昌同时，而据《直斋书录解题》，《海外使程广记》一书南宋晚期仍存，故陆游编写《南唐书》时亦当亲见其书，因此徐弼使事更可能是章僚追记其前高丽与中原王朝交往时提及的。因不及南唐，故陆游不采。可能也正是章僚书或史虚白序中提及升元三四年高丽遣使南唐事，《秘书省续编到四库阙书目》不及详查，误写作时间为升元中，《通志》又转抄其讹。

程大昌《演繁露》卷一、卷十，《演繁露续集》卷一引有此书佚文六则。李德辉《晋唐两宋行记辑校》（辽海出版社2009年版），前引马伟明、王元林文均将之辑出。其中记高丽多产铜、士兵用刁斗、女真本强悍等可补史之阙文。正如《直斋书录解题》所云，该书"所记海道及其国山川、事迹、物

---

① 郑麟趾.高丽史［M］.朝鲜太白山史库藏内赐刻本.1613.
② 王溥.五代会要：第30卷［M］.上海：上海古籍出版社，1978：471-472.
③ 王溥.五代会要：第30卷［M］.上海：上海古籍出版社，1978：471.

产甚详",颇有益于考察此时朝鲜半岛之诸多史事。① 此外,陆游《南唐书》所记高丽史,部分应来自《海外使程广记》。《十国春秋·章僚传》所载该书内容疑即源于《南唐书》。今不惮繁,将《南唐书·高丽传》全文引述于下,以备参考。

  高丽至五代初国名曰大封,其王高氏,名躬乂。躬乂晚年果于诛杀,吴顺义二年,当梁之龙德二年,为海军统帅王建所杀。建自立,去大封之名,复称高丽,以开州为东京,平壤为西京。吴天祚二年,当晋之天福元年,败新罗、百济。于是,倭耽罗驪干罗铁勒东夷诸国皆附之。有二京六府九节度百二十郡,内列十省。四部官朝服紫丹绯绿青碧,青碧以年序迁,绿以上选才能赐之,俸禄赋以田租。尚冠礼,略如古制。婚姻,男女执手自相媒许。俗重匾头,生男,旦旦按压其首,惟恐不匾也。升元二年,遣使来贡方物,所上书称笺,大略云:"今年六月内,当国中原府入吴越国使张训等回,伏闻大吴皇帝已行禅礼,中外推戴,即登大宝者。伏惟皇帝陛下,道契三无,恩涵九有,尧知天命已去,即禅瑶图,舜念历数在躬,遂传玉玺,建夙惟庸陋,获托生成,所恨沃日波遥,浮天浪阔,幸遇龙飞之旦,阻申燕贺之仪,无任归仁戴圣,鼓舞激切之至。"仪式如表,而不称臣。烈祖御武功殿,设细仗见其使,自言代主朝觐,拜舞甚恭。宴于崇英殿,出龟兹乐,作蕃戏,召学士承旨孙忌侍宴。三年,又遣其广评侍郎柳勋律来贡方物。其后史册残缺,来与否不可考矣。

《寿昌县地境》

翟奉达撰。敦煌写本。后晋天福十年(945)作,记敦煌寿昌县地理沿革。今全,藏敦煌某氏。据向达考证,奉达,本名再温,后以字行,此人博

---

① 马、王文章对其所记王氏高丽地理沿革多有申论,可参。

学多识，出身于历学世家，故尤精历算，自后唐同光四年（926）至周显德六年（959），敦煌所行之历日，几俱成于其手。由他所纂历今残存五种。翟奉达在天复二年（902）已为州学上足弟子，其后为节度随军参谋，国子祭酒，守州学博士，行沙州经学博士。① 撰写《地境》时题记云其时为"州学博士"。

---

① 向达.记敦煌石室出晋天福十年写本寿昌县地镜[M]//向达.唐代长安与西域文明.石家庄：河北教育出版社，2001：421-433.

三

五代子部著述考

（一）儒家类

《君臣正论》二十五卷

赵莹（885—951）撰。《崇文总目》卷五儒家类："《前朝君臣正论》二十五卷。"《通志》卷六十六诸子儒术："《前朝君臣正论》二十五卷，晋赵莹撰。"①《宋史·艺文志》子类儒家类："赵莹《君臣政论》二十五卷。"②《玉海》卷六十二"唐君臣政理论"："晋张昭撰《唐朝君臣正论》二十五卷，上之。"《宋史》卷二百六十三《张昭传》："（天福）五年，服阕，召为户部侍郎。以唐史未成，诏与吕琦、崔棁等续成之，别置史院，命昭兼判院事。昭又撰《唐朝君臣正论》二十五卷上之。改兵部侍郎。八年，迁吏部，判东铨，兼史馆修撰、判馆事。"③后晋时赵莹为宰相兼修国史，张昭为史馆修撰，后判馆事。晋天福六年（941）始修《旧唐书》，赵莹为监修，厘定体例，制订章程，署能者居职，纂补实录，功不可没。八年，莹罢相。张昭亦为重要参修人员。二者均有著此书之条件。

---

① 郑樵. 通志：第66卷 [M]. 北京：中华书局，1987：786.
② 脱脱，等. 宋史：第205卷 [M]. 北京：中华书局，1985：5176.
③ 脱脱，等. 宋史：第263卷 [M]. 北京：中华书局，1985：9090.

宋吕祖谦编《宋文鉴》卷八十五载刘颜《辅弼名对序》云："且太史吴兢撰《贞观政要》，止述太宗一朝，又宰相赵莹著《君臣正论》，惟载唐室一代，其实多采章疏，不能纯取问答，且章疏多则有疏间之敝，问答少则失亲切之详，以致虚论浮谈、逸言轻议错杂其间，精粗相半，将恐垂训不广，而取信不深。故自历朝专采名对，庶几贤人君子，辅弼圣帝明王，询于刍荛，无弃憔悴也已。"① 据《续资治通鉴长编》卷一百，仁宗天圣元年七月，冯元等上徐州文学刘颜所撰《辅弼名对》四十卷。② 刘颜当曾亲见《君臣正论》一书。故题名仍依目录，著录为赵莹撰。

　　据《辅弼名对序》，知《君臣正论》一书多收唐代臣子章疏和皇帝诏书中论及治国安邦者，以为资治之用。《太平御览》卷六百三十六刑法部二叙刑下引《君臣正论》曰："《书》称'钦哉，惟刑之恤'，又曰'宥过无大，刑故无小'，此前王明德慎罚之意也。昔汉文感缇萦之孝，遂去肉刑，近则太宗视明堂之图，欲宽背罚，于公以阴德救物，袁安耻织罪鞫人，此前代圣主贤臣钦恤之意也。"③ 南宋赵与时《宾退录》卷五引《君臣正论》述及武后改易之新字，然所记新字与通行记载有异。④ 今见此书佚文，唯此二则而已。

　　清王仁俊《玉函山房辑佚书续编三种》辑《君臣政理论》一条，题唐杨相如撰。按云："俊按：《御览》六百三十六引作《君臣正论》。劳氏格曰：'严氏云：君臣疑是袁子之误。案，此非《正论》，太宗乃唐太宗也。《唐志》丙部子录儒家类杨相如《君臣政理论》三卷，疑即是书。危素《说学斋稿》有《君臣政要序》，略云至正元年九月，皇帝出《君臣政要》三卷。则元时尚有传本。'俊按：劳说是也。据视《明堂图》，正唐太宗事。"⑤ 唐太

---

① 吕祖谦. 宋文鉴：第85卷［M］. 北京：中华书局，1992：1217. 标点略有不同。
② 李焘. 续资治通鉴长编：第100卷［M］. 北京：中华书局，1979：2325.
③ 李昉. 太平御览：第636卷［M］. 北京：中华书局，1960：2851. 织，原作"职"，据影印文渊阁四库全书本改。
④ 赵与时. 宾退录：第5卷［M］//影印文渊阁四库全书：第853册. 台北：台湾商务印书馆，1986：702.
⑤ 王仁俊. 玉函山房辑佚书续编三种［M］. 上海：上海古籍出版社，1989：226.

宗见《明堂图》始禁鞭背，此事史颇载之，严氏之说固疏。然赵莹之《君臣正论》屡为宋代目录著录及宋人提及。《太平御览》所引，明著"前代圣主贤臣"，当即赵莹之书，劳格所疑，亦未得之。

《唐春秋》三十卷

郭昭庆撰。昭庆，生卒年不详，庐陵人，仕南唐后主为著作郎。马氏《南唐书》卷十四、陆氏《南唐书》卷十五、《十国春秋》卷二十八有传。

此书不见目录著录。马氏《南唐书》卷十四："昭庆博通经史，拟《元经》作《唐春秋》三十卷，著《治书》五十篇，皆引古以励今。献之，为左右所沮。俾就举进士，昭庆不平，复上书曰：'臣所述皆先圣之遗旨，以惩劝褒贬为任，其余摘裂章句，补缀雕虫，臣自少耻而不为。'因得召对，补杨子尉，不受。……唯《唐春秋》为铉、锴所匿。"陆氏《南唐书》卷十五："郭昭庆，庐陵人，博学能自力，尝著《唐春秋》三十卷。"

元齐履谦《春秋诸国统纪目录》云："至于后世史学亦多以春秋名其书者，若虞卿《春秋》、《吕氏春秋》、陆贾《春秋》、《吴越春秋》、《汉魏春秋》、《唐春秋》之类，往往有之。"① 则元人尚知其书。元代杨维桢《铁崖古乐府补》卷三《朱延寿妻》："夜闻目眚子，肺腑变仇雠。英英朱氏妇，烈气横斗牛。百口同日死，一燎焚高楼。伯姬录尔卒，谁执唐春秋。"② 此诗末句当批评以春秋笔法自诩之《新五代史》未载朱延寿妻事。当然亦可能同时指名不见经传之郭昭庆《唐春秋》录有其事。

---

① 齐履谦. 春秋诸国统纪目录［M］//影印文渊阁四库全书：第159册. 台北：台湾商务印书馆，1986：868.

② 杨维桢. 铁崖古乐府补：第3卷［M］//影印文渊阁四库全书：第1222册. 台北：台湾商务印书馆，1986：94.

（二）道家类

《道德经疏义节解》四卷

乔讽撰。讽，生卒年里并不详。《宋史》卷四百七十九李昊传："广政十四年，修成昶实录四十卷。昶欲取观，昊曰：'帝王不阅史，不敢奉诏。'丁母忧，裁百日，起复。俄修《前蜀书》，命昊与赵元拱、王中孚及左谏议大夫乔讽、给事中冯侃、知制诰贾玄珪幸寅逊、太府少卿郭微、右司郎中黄彬同撰，成四十卷上之。"① 知讽曾预修《前蜀书》。

《崇文总目》卷五道家类："《道德经疏义节解》上下各二卷。阙。伪蜀乔讽撰。讽仕伪蜀为谏议大夫、知制诰，奉诏以唐明皇《注疏》、杜光庭《义》缀其要，附以己意解释之。"《宋史·艺文志》道家类："乔讽《道德经疏义节解》二卷。"② 明《正统道藏》洞神部玉诀类有《唐玄宗御制道德真经疏》四卷，严灵峰疑为乔讽书。董恩林先生《〈道藏〉四卷本〈唐玄宗御制道德真经疏〉辨误》一文，通过对四卷本《唐玄宗御制道德真经疏》与十卷本《唐玄宗御制道德真经疏》《唐玄宗御注道德真经》、杜光庭《道德真经广圣义》和成玄英《道德经义疏》等书内容的认真比对，证实了严灵峰的猜想，确定现存四卷本《唐玄宗御制道德真经疏》即乔讽《道德经疏义节解》。③ 其说可信。故《宋史·艺文志》之著录实脱"上下各"三字。

《指玄篇》一卷

陈抟撰。《崇文总目》卷九道书四："《指元篇》一卷，阙。"《通志》卷

---

① 脱脱，等．宋史：第479卷［M］．北京：中华书局，1985：13892.
② 脱脱，等．宋史：第205卷［M］．北京：中华书局，1985：5178.
③ 董恩林．《道藏》四卷本《唐玄宗御制道德真经疏》辨误［J］．宗教学研究，2005（1）：3-7.

六十七道家吐纳类同。"玄"作"元",乃避讳所致。《宋史·艺文志》道家类作《九室指玄篇》①,考之《宋史》本传,"九室"乃陈抟隐居地武当山九室岩②。本传又言:"抟好读《易》,手不释卷,常自号扶摇子,著《指玄篇》八十一章,言导养及还丹之事。"③南宋江少虞《事实类苑》卷四十三言陈抟:"举进士不第,去隐武当山九室岩,辟谷炼气,作诗八十一章,号《指玄篇》,言修养之事。"④元代俞琰《席上腐谈》卷下:"宋有陈希夷《指玄篇》八十一诗。"⑤《五代诗话》卷九陈抟条引《谈苑》亦云其"作诗八十一章,号《指元篇》,言修养之事"⑥。由以上可知,陈氏此书乃以诗歌形式所写,分八十一章,大抵讲导引修养及炼丹之事。由此又可知《崇文总目》卷十道书七所著录的《九室指元篇》一卷⑦,乃重出之书,因为此类所录多是讲养生医药的书籍。《指玄篇》一书尚有一部分佚文见于后人征引,俞琰《周易参同契发挥》⑧所引最多,下面分别列出。

《周易参同契发挥》卷上:

"幽潜沦匿,变化于中"条下引:"陈希夷《指玄篇》云:'邈无踪迹归玄武,潜有机关结圣胎。'"

"消息应钟律,升降据斗枢"条下引《指玄篇》云:"寥寥九地移钟管,黯黯长天运斗魁。"

"发号顺节令,勿失爻动时"条下引《指玄篇》云:"磁磾光中扶赤子,鼓鼙声里用将军。"

---

① 脱脱,等.宋史:第205卷[M].北京:中华书局,1985:5197.
② 脱脱,等.宋史:第457卷[M].北京:中华书局,1985:13420.
③ 脱脱,等.宋史:第457卷[M].北京:中华书局,1985:13421.
④ 江少虞.事实类苑:第43卷[M]//影印文渊阁四库全书:第874册.台北:台湾商务印书馆,1986:356.
⑤ 俞琰.席上腐谈:卷下[M]//影印文渊阁四库全书:第1061册.台北:台湾商务印书馆,1986:613.
⑥ 王士禛.五代诗话[M].郑方坤,册补.戴鸿森,校点.北京:人民文学出版社,2001:375.
⑦ 《九室指元篇》,本作《九灵指元篇》,据《崇文总目辑释》卷四道书类七改。
⑧ 俞琰.周易参同契发挥[M]//影印文渊阁四库全书:第1058册.台北:台湾商务印书馆,1986.

卷中：

"四者浑沌，径入虚无"条下引《指玄篇》云："苗苗裔裔绵绵理，南北东西自合来。"

"易行周流，诎信反复"条下引《指玄篇》云："一马自随天变化，六龙长驾日循环。"

"施化之道，天地自然，犹火动而炎上，水流而润下，非有师导使其然者，资始统政不可复改"条下引《指玄篇》云："必知会合东西路，切在冲和上下田。"

卷下：

"惟昔圣贤，怀玄抱真"条下引《指玄篇》云："但能息息皆相顾，换尽形骸玉液流。"

"自然之所为兮，非有邪伪道"条下引《指玄篇》云："自然功绩自然偏，说自然来不自然。"

"考焕若星经汉兮，昺如水宗海"条下引《指玄篇》云："多少经文句句真，流传只是接高人。"

明蒋一彪《古文参同契集解》卷中上引《指玄篇》曰："求仙不识真铅汞，闲读丹书千万篇。"①

《仙苑编珠》一卷

王松年撰。《四库阙书目》道家类②、《秘书省续编到四库阙书目》道家类、《通志·艺文略》道家书类、《郡斋读书志校证》卷十四类书类、《遂初堂书目》道家类、《中兴馆阁书目》神仙家类、《玉海》卷五十八、《宋史·艺文志》道家类、《文献通考·经籍考》子部神仙家、《文渊阁书目》卷四

---

① 蒋一彪. 古文参同契集解：卷中上［M］//影印文渊阁四库全书：第1058册. 台北：台湾商务印书馆，1986：877.
② 徐松. 四库阙书目［M］//宋史艺文志·补·附编. 北京：商务印书馆，1957：286.

道书、《道藏目录详注》卷二洞玄部记传类①、《四库全书总目》道家类存目著录。《四库阙书目》《郡斋读书志校证》和《文献通考》作二卷，《道藏目录详注》《四库全书总目》作三卷，《遂初堂书目》《文渊阁书目》无卷数，其余并作一卷。此书流传至今，多为宋以来公私书目所著录。

《郡斋读书志校证》云："取阮仓、刘向、葛洪所传神仙，又取传记中梁以后神仙百二十八人，比事属辞，效《蒙求》体为是书。"②《玉海》卷五十八亦称所记人物"自唐以来一百二十八人"。对此，《四库全书总目》有不同看法，卷一百四十七云："是书以古来圣帝明王并在仙籍，与后世修真好道者并数，得三百余人，仿《蒙求》体，以四字比韵，撮举事要，而附笺注于下。《通考》作二卷。又序文及《通考》所举人数皆与今书不符，或后人有所附益欤。"《四库总目》之说亦不确切。今存此书为明编《道藏》本，分卷上、卷中、卷下三部分。书前有以王松年口气所作序一篇。谨录于下：

  松年窃详：三古之前，百王之后，修真学道证果成仙者，何代无人？《抱朴子》云，秦大夫阮仓所记有数百人。刘向撰《列仙传》止于七十一人。葛洪复撰《神仙传》，有一百一十七人。松年伏按，《登真隐诀》及《元始上真记》《道学传》，自开辟以来皆是圣帝明王作神仙，宗为造化祖，何者？如盘古为原始天王，天皇氏为扶桑大帝，伏羲氏为青帝，祝融氏为赤帝，轩辕氏为黄帝，少昊氏为白帝，颛顼氏为黑帝，至于高辛、唐虞、夏禹、周穆、汉文并在仙籍。松年又寻《真诰》《楼观传》《灵验传》《八真传》《十二真君传》，近自唐梁已降接于闻见者，得一百三十二人。伏以诰传文繁，卒难寻究，松年辄学《蒙求》，四字比韵，撮其枢要，笺注于下，目为《仙苑编珠》。谨序。

---

① 白云霁. 道藏目录详注：第2卷［M］//影印文渊阁四库全书：第1061册. 台北：台湾商务印书馆，1986：675.
② 晁公武，孙猛. 郡斋读书志校证：第14卷［M］. 上海：上海古籍出版社，1990：674.

遍检正文，所记共三零八人。参之序言，则知《玉海》《郡斋读书志》皆因不读原书而致误。《文献通考》抄《郡斋读书志》，以讹传讹。王序自称所记人物来于《列仙传》七十一人、《神仙传》一百一十七人，还有他书及闻见者一百三十二人，共三百二十人。然彭祖、广成子两条为《列仙传》与《神仙传》所共有，故所记应有三百一十八人。序中提到之书唯《八真传》未曾言及，不知是作者未采还是流传中已经亡佚。而序中提及的祝融、少昊也为书中所无。这样算起来，与书中所记加到一起正好和序言所说的人数相符。而《玉海》《郡斋读书志》所记的一百二十八人可能因字形相近而致讹。因此，前人目录著录中的一卷、两卷、三卷本基本内容应该是相同的，所异只有《八真传》及零星几条的有无，而并不存在后人增益的问题。

王松年，《郡斋读书志》云其为唐人，《道藏目录详注》称其为"天台山道士"，《四库总目》已辨其生活年代应由唐入五代。书中纪事至梁开平三年（909）止，可见成书必在五代无疑。

（三）杂家类

《杂说》六卷

李煜撰。《秘书省续编到四库阙书目》卷一别集类："李煜《杂说》一卷，阙。"《通志》卷六十八小说："《杂说》六卷，李后主撰。"① 《遂初堂书目》杂家类："李氏《杂说》。"《宋史·艺文志》杂家类："南唐后主李煜《杂说》二卷。"② 徐铉《骑省集》卷十八《御制杂说序》："勒成三卷。而三卷之中，文义既广，又分上下焉，凡一百篇，要道备矣。将五千而并久，

---

① 郑樵. 通志：第68卷［M］. 北京：中华书局，1987：798.
② 脱脱，等. 宋史：第205卷［M］. 北京：中华书局，1985：5210.

与二曜以同明。"①《湘山野录》卷中、马氏《南唐书》卷五并云李煜著《杂说》百篇。故从《通志》六卷之说。南宋董更《书录》卷中"江南后主李煜字重光"条："浮休跋其书云：'江南后主书《杂说》数千言，及德庆堂题榜，大字如截竹木，小字如聚针钉，似非笔迹所为。欧阳永叔谓颜鲁公书正直方重，似其为人，若以书观后主，可不谓之倔强丈夫哉。'"② 徐铉既云"将五千而并久"，知此书虽百篇，但字数并不太多，《钓矶立谈》所谓"数千万言"③ 当有讹误。

徐铉《御制杂说序》云：

臣闻轩后之神也，畏爱止乎三百；唐尧之圣也，倦勤及乎耄期。文王之明夷也，爻象周于六虚；宣父之感麟也，褒贬流于百代。乃知功利之及物者，与形器而有限；道德之垂宪者，将造化而常新。是故体仁者必恳恳于立言，务远者必勤勤于行道。然则封泰山、告成功七十二家，正《礼》《乐》、删《诗》《书》一人而已。大矣哉，立教之难也。有唐基命，长发祥符，旧物重甄，斯文不坠。皇上高明博厚，浚哲文思，既承累圣之资，仍就甘盘之学，鸿才绮缛，理绝名言，默识泉深，事符影响。自祗膺眷命，钦若重熙，广大教以厚时风，励惟精而勤庶政，宥万方而罪己体，百姓以为心。俗富刑清，时安岁稔。其或万几暇豫，禁籞宴居，接对侍臣，宵分乃罢，讨论坟典，昧旦而兴。口无择言，手不释卷。尝从容谓近臣曰："卿辈从公之暇，莫若为学为文，为学为文，莫若讨论六籍，游先王之道义，不成，不失为古儒也。今之为学，所宗者小说，所尚者刀笔，故发言奋藻，则在古人之下风，以是故也。"其高识远量，又如此焉。昔魏武帝有言老而勤学，而所著止于兵书。吴大帝

---

① 徐铉. 骑省集；第18卷［M］//影印文渊阁四库全书：第1085册. 台北：台湾商务印书馆，1986：143.
② 董更. 书录：卷中［M］//影印文渊阁四库全书：第814册. 台北：台湾商务印书馆，1986：289.
③ 见后引文。

亦云学问自益，而无闻述作。风化之旨，彼其恧欤？属者国步中艰，兵锋始戢，惜民力而屈己，畏天命而侧身，静虑凝神，和光戢耀，而或深惟遂古，遐考万殊，惧时运之难并，鉴谟猷之可久，于是属思天人之际，游心今古之间，触绪研几，因文见意，纵横毫翰，炳耀缣缃。以为百王之季，六乐道丧，移风易俗之用，荡而无止，慆心堙耳之声，流而不反，故演《乐记》焉。尧舜既往，魏晋已还，授受非公，争夺萌起，故论享国延促焉。三正不修，法弊无救，甘心于季世之伪，绝意于还淳之理，故论古今淳薄焉。战国之后，右武戏儒，以狙诈为智能，以经艺为迂阔，此风不革，世难未已，故论儒术焉。父子恭爱之情，君臣去就之分，则褒申生，明荀彧，俾死生大义，皎然明白。推是而往，无弗臻皆。天地之深心，圣贤之密意，礼乐之极致，教化之本源，六籍之微辞，群疑之互见，莫不近如指掌，焕若发蒙，万物之动不能逃其形，百王之变不能异其趣，洋洋乎大人之谟训也。夫天工不能独运，元后不能独理，故有道无时，孟子所以咨嗟，有君无臣，郑公所以叹恨。庶乎斯民有幸，大道将行，举而错之域中，则三五之功，何远乎尔。臣又闻将顺致美，铺陈耿光，布尧言于万邦，称汉德于殊域，盖词臣之职也。若乃向明而理，负扆而朝，庆赏威刑，豫游言动，则有太史氏存焉。又若雅颂文赋凡三十卷，鸿笔藻丽，玉振金相，则有中书舍人、集贤殿学士徐锴所撰御集序详矣。今立言之作未即宣行，理冠皇坟，谦称《杂说》。臣铉以密侍禁掖，首获观瞻，有诏冠篇，勒成三卷。而三卷之中，文义既广，又分上下焉，凡一百篇，要道备矣。将五千而并久，与二曜以同明。昭示孙谟，永光册府。谨上。①

据徐氏序，李煜有感于天下大乱，诸侯纷争，周孔之道不存，故撰此书，其宗旨乃在于明治国兴邦之道，所取法者以儒术为主。书分三卷，每卷各论一事，即"论享国延促""论古今淳薄""论儒术"，每论又各分上下。

---

① 徐铉. 徐公文集：第18卷［M］. 四部丛刊初编本. 上海：商务印书馆，1929. 个别文字，据影印文渊阁四库全书本《骑省集》改。

《钓矶立谈》:"后主……其论国事,每以富民为务,好生戒杀,本其天性。承蹙国之后,群臣又皆寻常充位之人,议论率不如旨。尝一日叹曰:'周公仲尼忽去人远,吾道芜塞,其谁与明?'乃著为《杂说》数千万言,曰:'特垂此空文,庶几百世之下有以知吾心耳。'"①《湘山野录》卷中:"江南李后主煜性宽恕,威令不素著,神骨秀异,骈齿,一目有重瞳,笃信佛法。迨国势危削,自叹曰:'天下无周公、仲尼,君道不可行。'但著《杂说》百篇以见志。"②马氏《南唐书》卷五:"王著《杂说》百篇,时人以为可继《典论》。"以上三则材料可与徐氏序言相印证。亦可知李煜乃胸怀远大之人,绝非后世所谓长于艺文而疏于理政甚而庸懦无能辈之简单,其后期词作亦可佐证。而李煜治下南唐经济文化之繁盛,亦难于抹杀。时人以《杂说》与曹丕《典论》并提,可知其反响之大。

(四)农家类

《茶谱》一卷

　　毛文锡撰。《崇文总目》卷六农家类:"《茶谱》一卷。"《通志》卷六十六食货茶:"《茶谱》一卷,伪蜀毛文锡撰。"③《郡斋读书志校证》卷十二农家类:"《茶谱》一卷。右伪蜀毛文锡撰。记茶故事。其后附以唐人诗文。"④《遂初堂书目》谱录类:"毛文锡《茶谱》。"《直斋书录解题》卷十四杂艺类:"《茶谱》一卷。后蜀毛文锡撰。"⑤《宋史·艺文志》农家类:"毛文锡

---

① 史虚白. 钓矶立谈 [M] //影印文渊阁四库全书:第464册. 台北:台湾商务印书馆,1986:59.
② 释文莹. 湘山野录:卷中 [M]. 北京:中华书局,1984:37.
③ 郑樵. 通志:第66卷 [M]. 北京:中华书局,1987:784.
④ 晁公武,孙猛. 郡斋读书志校证:第12卷 [M]. 上海:上海古籍出版社,1990:533.
⑤ 陈振孙. 直斋书录解题:第14卷 [M]. 上海:上海古籍出版社,1987:417.

《茶谱》一卷"①

《十国春秋》卷四十一："毛文锡字平珪，高阳人，唐太仆卿龟范子也。年十四，登进士第，已而来成都，从高祖官翰林学士承旨。永平四年，迁礼部尚书，判枢密院事。……通正元年，进文思殿大学士，已又拜司徒，判枢密院如故。天汉时，宦官唐文扆同宰相张格为表里，与文锡争权。……贬文锡茂州司马，子恂流维州，籍其家。及国亡，随后主降唐。未几，复事孟氏，与欧阳炯等五人以小辞为后蜀主所赏。文锡有《前蜀纪事》二卷，《茶谱》一卷。尤工艳语，所撰《巫山一段云》词，当世传咏之。"②

文锡为王蜀重臣，然亦风雅之士，与贯休时有唱和。《禅月集》卷十七有《和毛学士舍人早春》一首，诗云："陋巷冬将尽，东风细杂蓝。解牵窗梦远，先是涧梅谙。茶癖金铛快（舍人有《茶谱》），松香玉露含。书斋山帚撅，盘馔药花甘。雅得琴中妙（舍人妙于七弦），常按脸似酣。雪消闻苦蛰，气候似宜蚕。密勿须清甲，朝归绕碧潭。丹心空拱北，新作继《周南》。竹杖无斑点，纱巾不着簪。大朝名益重，后进力皆单。至理虽亡一，臣时亦说三。不知门下客，谁上晏婴骖。"③ 其中"茶癖金铛快，松香玉露含"之句，可见文锡本人酷好茶道。

据目录著录可知，《茶谱》一书南宋末期仍存，今已亡佚。但宋人著作中引有佚文数十则，主要见于吴淑《事类赋》、乐史《太平寰宇记》、陈景沂《全芳备祖》、苏易简《文房四谱》、熊蕃《宣和北苑贡茶录》等，以《事类赋》最多，引有三十则。明人书中有零星几则。从佚文内容看，此书广记各类茗茶之产地、状貌、优劣、特点、采摘、制作等事，对烹茶之泉水、方法及饮茶、咏茶之逸事等均有记载，包罗不可谓不广。

《宣和北苑贡茶录》："陆羽《茶经》、裴汶《茶述》皆不第建品。说者但谓二子未尝至闽，而不知物之发也，固自有时。盖昔者山川尚阒，灵芽未露，至于唐末然后北苑出，为之最。是时伪蜀词臣毛文锡作《茶谱》亦第言

---

① 脱脱，等.宋史：第205卷［M］.北京：中华书局，1985：5205.
② 吴任臣.十国春秋：第41卷［M］.北京：中华书局，1983：609.
③ 释贯休.禅月集：第17卷［M］.四部丛刊初编本.上海：商务印书馆，1929.

建有紫笋，而腊面乃产于福。五代之季，建属南唐，岁率诸县民采茶。北苑初造研膏，继造腊面，既有制其佳者号曰京铤。"①《苕溪渔隐丛话后集》卷十一："欧公《和刘惇父扬州时会堂》绝句云：'积雪犹封蒙顶树，惊雷未发建溪春，中州地暖萌芽早，入贡宜先百物新。'注云：'时会堂，造茶所也。'余以陆羽《茶经》考之，不言扬州出茶，惟毛文锡《茶谱》云：'扬州禅智寺，隋之故宫，寺枕蜀冈，其茶甘香，味如蒙顶焉。'第不知入贡之因，起于何时，故不得而志之也。"② 知文锡书对新发现之茗茶品种多有记录。

明杨慎《升庵集》卷三十九《和章水部沙坪茶歌跋》："往年在馆阁，陆子渊谓予曰：'沙坪茶，信绝品矣，何以无称于古？'余曰：'毛文锡《茶谱》云："玉垒关宝唐山有茶树，悬崖而生，笋长三寸五寸，始得一叶两叶。'晋张景阳《成都白兔楼》诗云'芳茶冠六清，逸味播九区'，此非沙坪茶之始乎？"③ 知文锡书对前代及当时茶之罕见品类亦多记载。

明周复俊编《全蜀艺文志》卷四十四录有南宋初蒲国宝《金堂南山泉铭并序》一文，其中云："兰陵钱治尝作《南山泉记》，实仁宗天圣四年，距今盖一百二十有一年也。钱又夸大其言，以谓陆羽作《茶经》第水之品三十，张日新《煎茶记》又增其七，毛文锡作《茶谱》又增至三十有八，金堂南山泉当不在兰溪第二水下。然前之三人足迹曾不一履此地，宜皆不为所赏鉴，故此泉湮没而无闻，方可叹也。"④ 由此可知文锡书对烹茶泉水品类之记录亦十分详尽。

茶书之作，唐有陆羽《茶经》、张又新《煎茶水记》，宋有蔡襄《茶录》、黄儒《品茶要录》，明清以来著述更多。毛文锡之《茶谱》虽作于五代干戈扰攘之际，但内容丰富，承前启后，实为茶史上之重要著作，学术价

---

① 熊蕃. 宣和北苑贡茶录 [M] //影印文渊阁四库全书：第844册. 台北：台湾商务印书馆，1986：637.
② 胡仔. 苕溪渔隐丛话后集：第11卷 [M]. 北京：人民文学出版社，1962：86.
③ 杨慎. 升庵集：第39卷 [M] //影印文渊阁四库全书：第1270册. 台北：台湾商务印书馆，1986：267.
④ 周复俊. 全蜀艺文志：第44卷 [M] //影印文渊阁四库全书：第1381册. 台北：台湾商务印书馆，1986：602.

值不容低估。

今有陈尚君辑本。见陈尚君《毛文锡〈茶谱〉辑考》①。

《李氏墨经》一卷

《宋史·艺文志》杂艺术类著录，不题撰人。顾櫰三《补五代史艺文志》题云李廷珪撰。珪，又作璧、邦。廷珪，又作庭珪。北宋苏易简《文房四谱》卷五："江南黟歙之地有李廷珪墨尤佳，廷珪本易水人，其父超，唐末流离渡江，睹歙中可居造墨，故有名焉。今有人得而藏于家者亦不下五六十年，盖胶败而墨调也。其坚如玉，其纹如犀，写逾数十幅不耗一二分也。"②廷珪继父业，为中主、后主所赏，充墨务官。

南唐治墨名家又有奚庭珪。北宋王钦臣《王氏谈录》云："盖廷珪本燕人，奚初姓，后徙江南，其初未奇，久而益佳，故李主宠其能，赐之姓也。"③蔡襄、陈师道等亦持此说。后人多认为奚庭珪、李廷珪为一人。而少数学者，如北宋李孝美（著有《墨谱法式》）、晁季一（著有《墨经》）、黄秉认为奚、李为二人。陆友《墨史》卷上："奚庭珪，易水人，或曰李庭珪，本姓奚，江南赐姓李氏，非也。今之人但见有奚庭珪墨二品。庭珪父即超，何独有奚庭珪而无奚超也？赵寅达夫尝收得一种，上印文曰'宣府奚庭珪'，乃知居歙者李氏，籍宣者奚氏，各是一族，而名偶同耳。《新安志》云，自蔡居谟以来皆言李庭珪即奚庭珪，唯黄秉、李孝美云奚墨不及李。友按，《墨经》云'观易水奚氏、歙州李氏皆用大胶，所以养墨'，又云'奚鼐之子超，鼐之子起'，而别叙歙州李超，超子庭珪以下世家，是族有奚、李之异，居有易、歙之分矣。况《墨说》复指宣府之记为证，用众说从姓氏

---

① 陈尚君. 毛文锡《茶谱》辑考［J］. 农业考古，1995（4）：272-277.
② 苏易简. 文房四谱：第5卷［M］//影印文渊阁四库全书：第843册. 台北：台湾商务印书馆，1986：53.
③ 王钦臣. 王氏谈录［M］//朱易安，傅璇琮，等. 全宋笔记：第1编第10册. 郑州：大象出版社，2003：165.

书之。惟超、起未尝以奚称，则仍李氏，不敢重出云。"① 陆氏之说近之。

李廷珪墨以坚、黑、省声动南北，南唐《升元帖》、宋《淳化阁帖》均用其墨，当时已为珍玩，宋人视如至宝，为宋元以来文人墨客所钦羡希求、吟咏颂赞。北宋王辟之《渑水燕谈录》卷八："南唐后主留意笔札，所用澄心堂纸、李廷珪墨、龙尾石砚三物为天下之冠。"② 南宋邵博《邵氏闻见后录》卷二十八："太祖下南唐，所得李廷珪父子墨，同他俘获物，付主藏籍收，不以为贵也。后有司更作相国寺门楼，诏用黑漆，取墨于主藏，车载以给，皆廷珪父子之墨。至宣和年，黄金可得，李氏之墨不可得也。"③

北宋郭祥正《青山集》卷十一《谢余干陆宰惠李廷圭墨》："箧中尝秘上赐墨（仁宗所赐李廷珪墨），紫金泥印双脊虹。名题廷珪姓氏李，此物未省何年留。纹如坚犀刮不动，铿铿触砚苍烟浮。蜀笺洒落黑胜漆，欲论所直真难酬。"④ 元杨弘道《小亨集》卷二《李廷珪墨歌》（原注：赵节使治邠，平凉运同知张显之来，晏于公署之凝香阁。致政张相公在座，余亦与焉。节使出示李廷珪墨，席上试墨，余戏以墨汁沥酒中饮之，明日出此篇，二老皆有和诗）："平头奴子捧漆匣，锡圭入手轻而坚。……朱提饮盏沥芳液，玄云霹雳浮秋泉。"⑤ 元宋褧《燕石集》卷八《李廷珪墨》："神物蟠髯麝溲煤，升元曾是进蓬莱。玄光依旧能今日，谁信昌言已夜台。"⑥ 元王恽《秋涧集》卷五《李廷珪墨》："墨龙奋晚唐，五季相继出。林林歙溪松，黑入太阴窟。老奚绾天机，万灶出玄笏。松声玉质坚，走砚风肃肃。神爽漆点光，湛湛童子目。二者既得兼，高明宜擅独。妙剂秘千古，何有遇与谷。理馨六经笥，

---

① 陆友. 墨史：卷上 [M] //影印文渊阁四库全书：第 843 册. 台北：台湾商务印书馆，1986：658.
② 王辟之. 渑水燕谈录：第 8 卷 [M]. 北京：中华书局，1981：97.
③ 邵博. 邵氏闻见后录：第 28 卷 [M]. 北京：中华书局，1983：218.
④ 郭祥正. 青山集：第 11 卷 [M] //影印文渊阁四库全书：第 1116 册. 台北：台湾商务印书馆，1986：633.
⑤ 杨弘道. 小亨集：第 2 卷 [M] //影印文渊阁四库全书：第 1198 册. 台北：台湾商务印书馆，1986：174.
⑥ 宋褧. 燕石集：第 8 卷 [M] //影印文渊阁四库全书：第 1212 册. 台北：台湾商务印书馆，1986：434.

满网龙在陆。横罹相国陁,复值永宁酷。迨及宣和间,千金购无复。郁郁蒙城田,文献世相属。香林秀孙支,善继践芳躅。传家无长物,宝此一寸玉。客居大于年,丰润蔀华屋。阮生几纳屐,舜乐一夔足。公余日摩挲,宁使食无肉。古人不复作,精绝见此物。倾囊任借观,不许一磨倏。田郎固淡僻,清赏尽不俗。书生臭味同,往往溺所欲。吾家眉子歙,隐隐修蛾绿。客来恣灌玩,亦弗容少黩。墨不知研良,研不沾墨馥。譬犹藏书人,终岁不一读。插架徒好观,新若手未触。相看两痴绝,一笑为捧腹。"其书卷二十一又云:"李廷珪墨渖,世传能定人神志,予病久,思苦恍惚,因假之师孟,研汁一龠饮之,戏渍余香,复赋诗,少见无聊赖之绪。"① 可见士人雅好宝赏之一斑。

廷珪墨有精粗。《王氏谈录》载王洙(997—1057)尝言:"其品乃有数等,其邽字作下邽之邽者为上,作圭洁之圭者次之,作珪璧之珪者又次之。其云奚庭圭者,最下。……虽名号有高下,其间又自有粗精,亦时有伪作者,人亦多惑。"② 可见,北宋初期已有仿造。《王氏谈录》又云:"公言,若辨之,当视其背印,云'歙州李廷珪墨',歙旁州字之左足与李字之中书,可与子字之足贯,又与廷字之竖书、墨字之右角贯,视之上下相通者,为真。"③ 不仅如此,王洙本人客观上也充当了造假者。《王氏谈录》云:"公又自能造墨,在濠梁彭门,常走人取兖州善煤,手自和揉,妙为形体,盖光色与廷珪相上下。既成,分遗好事,悉伏其精。"④

李孝美《墨谱法式》卷中:"《墨苑》载,徐常侍云尝得李超墨一挺,

---

① 王恽. 秋涧集[M]//影印文渊阁四库全书:第1200册. 台北:台湾商务印书馆,1986:51,267.
② 王钦臣. 王氏谈录[M]//朱易安,傅璇琮,等. 全宋笔记:第1编第10册. 郑州:大象出版社,2003:165.
③ 王钦臣. 王氏谈录[M]//影印文渊阁四库全书:第862册. 台北:台湾商务印书馆,1986:582.
④ 王钦臣. 王氏谈录[M]//朱易安,傅璇琮,等. 全宋笔记:第1编第10册. 郑州:大象出版社,2003:165-166.

与弟错共用十年乃尽，磨处边际有刃，可以割纸，自后用李氏墨无及者。"① 然廷圭墨亦坚固而耐用。《苕溪渔隐丛话》后集卷二十九引《遯斋闲览》云："有贵族尝误遗一丸于池中，疑为水所坏，因不复取，既逾月，临池饮，又坠一金器，乃令善水者取之，并得，其墨光色不变，表里如新，其人益宝藏之。"②《锦绣万花谷》前集卷三十二引《百家诗注》云："蔡君谟言，李廷珪墨能削木，坠沟中经月不坏。"③ 南宋赵希鹄《洞天清录》"淳化阁帖"条云："太宗朝搜访古人墨迹，令王著铨次，用枣木板摹刻十张于秘阁，故时有银锭纹、前有界行目录者是也。当时用李廷珪墨拓打，手揩之，不污手。"④

因为坚固，故磨法亦与众不同。元代王恽《玉堂嘉话》卷二"磨李廷珪墨法"谓商台符尝云："向抄合万户，用聚星玉版砚，磨李廷珪墨，求木庵书。砚为墨所画，木庵亟止之曰：'用李氏墨有法。若用一分，先以水依分数渍一宿，然后磨研，乃不伤砚。'"⑤

李廷珪墨制法久佚。李孝美《墨谱法式》卷下载有二则，其一曰："牛角胎三两，洗净细锉，以水一斗浸七日，皂角三挺，煮一日，澄取清汁三斤，入栀子仁、黄蘗、秦皮、苏木各一两、白檀半两、酸榴皮一枚，再浸三日，入锅煮，三五沸，取汁一斤，入鱼胶二两半，浸一宿，重汤熬熟，入碌矾末半钱，同滤过，和煤一斤。"其二曰："药汁一斤，入减胶三两，浸一宿，重汤煮化，令熟绵滤，和煤一斤，乘热搜匀。"⑥ 其书卷上亦偶有提及不同于李氏墨法之处，但均未言明李氏墨法如何。晁季一《墨经》云："易水

---

① 李孝美. 墨谱法式：卷中 [M] //影印文渊阁四库全书：第 843 册. 台北：台湾商务印书馆，1986：636.
② 胡仔. 苕溪渔隐丛话后集：第 29 卷 [M]. 北京：人民文学出版社，1962：221.
③ 无名氏. 锦绣万花谷前集：第 32 卷 [M] //影印文渊阁四库全书：第 924 册. 台北：台湾商务印书馆，1986：412.
④ 赵希鹄. 洞天清录 [M] //影印文渊阁四库全书：第 871 册. 台北：台湾商务印书馆，1986：21.
⑤ 王恽. 玉堂嘉话：第 2 卷 [M]. 北京：中华书局，2006：54.
⑥ 李孝美. 墨谱法式：卷下 [M] //影印文渊阁四库全书：第 843 册. 台北：台湾商务印书馆，1986：645-646.

奚氏、歙州李氏皆用大胶，所以养墨。"又"药"目云："李廷珪用藤黄、犀角、真珠、巴豆等十二物。"①

明宋诩《竹屿山房杂部》卷七有"李廷珪造墨法"，记述颇详，其云："麻油（十三斤，今用桐油）以苏木（一两半）、黄连（二两半）、杏仁（二两）锤碎同煎，油变色，滤过，再以生油（七斤）和之，入盏烧，烟扫下。每烟（四两半）用黄莲（半两）、苏木（四两）各锤碎，水（二盏）同煎，五七沸，色变，熟绢滤去滓，别用沉香（一钱半）、前药汁（四两半）再煎，滤次，用片脑（五分）、麝香（一钱）、轻粉（一钱半）又以药汁（半合）研滤，将余药水入黄明胶（一两二分）同熬，不住搅，令化醒，又内沉香脑麝水搅匀，乘热倾烟，内就无风处和匀杵透，候光可照人，范之，干则复蒸，以滑石为末，洒墨上，瘗灰中五七日，候干，水磨洗刷明收。造墨春夏胶多，秋冬胶少。"②又清孙承泽《砚山斋杂记》云："宋弇山《墨品》曰：'世重李廷珪墨，以其烟轻、色明、润若点漆、岁久不黯不碎，故古今无匹也。传其制法，以灯草一茎，用红花膏染就，置盏中，注苏合油燃之，故烟清而无煤气。制鹿角胶和烟杂冰片、龙脑，杵万杵而成。其墨外不加漆。当时已计两准价，盖其工料精良，皆出自大官，非他家私制可能方拟者也。"③宋氏、孙氏之说与李孝美、晁季一不同，其为仿造之法亦未可知，姑识于此，略备一说。

《李氏墨经》，《宋史·艺文志》著录于荆浩《笔法记》后，张学士《棋经》、宋景真《唐贤名画录》前，据著录顺序应为五代或宋初书。李孝美、晁季一当有过目。晁氏《墨经》云："江南则歙州李超，超之子庭珪、庭宽，庭珪之子承浩、庭宽之子承晏，承晏之子文用，文用之子惟处、惟一、惟

---

① 晁季一. 墨经［M］//影印文渊阁四库全书：第843册. 台北：台湾商务印书馆，1986：651-652.
② 宋诩. 竹屿山房杂部：第7卷［M］//影印文渊阁四库全书：第871册. 台北：台湾商务印书馆，1986：211-212.
③ 孙承泽. 砚山斋杂记［M］//影印文渊阁四库全书：第872册. 台北：台湾商务印书馆，1986：186.

益、仲宣，皆其世家也。"① 《苕溪渔隐丛话》后集卷二十九引《邂斋闲览》云："庭珪之弟庭宽，庭宽之子承晏，承晏之子文用，文用之长子尔明、次子尔光，尔光之子丕基，皆能世其业，然皆不及庭珪。"② 可见李氏自李超而下至少四代均世其业而有名。《李氏墨经》仅标"李氏"，可能并非成于一人之手，但李超、李廷珪贡献应最大，故归于五代，亦未尝不可。

明高濂《遵生八笺》卷十五"论墨"："李廷珪龙纹墨、双脊墨，千古称绝。……故李廷珪诗云'赠尔乌玉玦，清泉砚须洁。避暑悬葛囊，临风度梅月'，其宝惜可知。"③ 不知高氏由何而得李氏之诗，姑识于此。

（五）小说类

《传载》八卷

释赞宁撰。《宋史·艺文志》小说类著录。《说郛》卷三十二引作《传载略》，雍正《浙江通志》卷二百四十六著录亦作《传载略》。

此书所记为唐末五代吴越事。明代徐应秋《玉芝堂谈荟》卷七引一则，为"开宝末"李重进事④，知此书纪事下限当为吴越归宋即太平兴国三年（978），书成于此后不久。今见佚文十四则，南宋洪遵《泉志》卷十一引一则，《说郛》卷三十二下十则，《辍耕录》卷十二一则，《玉芝堂谈荟》一则，雍正《陕西通志》卷九十九一则。此书或清初犹存。从佚文内容看，该书所记多遗文轶事，为其他史籍所不载。书名《传载》或《传载略》，当源

---

① 晁季一. 墨经[M]//影印文渊阁四库全书：第843册. 台北：台湾商务印书馆，1986：654.
② 胡仔. 苕溪渔隐丛话后集：第29卷[M]. 北京：人民文学出版社，1962：221.
③ 高濂. 遵生八笺：第15卷[M]. 影印文渊阁四库全书本. 台北：台湾商务印书馆，1986.
④ 徐应秋. 玉芝堂谈荟：第7卷[M]//影印文渊阁四库全书：第883册. 台北：台湾商务印书馆，1986：176.

于唐人《大唐传载》，记述风格亦相近。

《纪闻谭》三卷

潘远撰。远，生卒年不详，仅知为蜀人。其书最早见于后蜀冯鉴《续事始》征引，故其人当在晚唐五代间。

《崇文总目》传记类、《宋史·艺文志》小说类著录并作一卷，《遂初堂书目》小说类不载卷数。《直斋书录解题》卷十一小说家类云："《纪闻谭》三卷。蜀潘远撰。《馆阁书目》按李淑作潘遗。今考《邯郸书目》亦作潘远，其曰'遗'者，本误也。所记隋、唐遗事。"①《说郛》卷二十六上引作《西墅记谭》。

此书于两宋颇为流行，宋人书《资治通鉴考异》《两汉刊误补遗》《白孔六帖》《齐东野语》《能改斋漫录》《类说》《绀珠集》《海录碎事》等均有征引，以类书所引居多，《类说》《绀珠集》为最。今人罗宁辑有佚文十一则。② 据佚文分析，此书所记涉及魏晋六朝至晚唐遗文轶事，为抄撮前人著作和记录作者耳闻而成。

潘远《纪闻谭》一书，近人认为作于五代，原因可能是《直斋书录解题》标注的"蜀潘远"和杂于五代小说中的著录顺序。现存佚文最晚的一条被认为出自《酉阳杂俎》之"胎发笔"，但比较二者内容又有差异。此书还有数则佚文不见他书，基本均止于中晚唐。书名《纪闻谭》，除抄撮他书外，当有作者所闻。故与他书相近处，孰前孰后，实难定论。另，四库全书本《崇文总目》有此书，并与《朝野佥载》同置于传记类五代小说之中，为《崇文总目辑释》所无，疑为馆臣辑自他处，附记于见闻类之末。范艳君《〈崇文总目〉与学术史研究》中所列四库本较辑释本多之条目③，基本都是依类归入的，且除见书名即知内容者如《续通典》等，多置于本类第二、三

---

① 陈振孙.直斋书录解题：第11卷［M］.上海：上海古籍出版社，1987：324.
② 罗宁.潘远纪闻谭辑考［J］.西南交通大学学报（社会科学版），2008，9（2）：43-48.
③ 范艳君.崇文总目与学术史研究［D］.长春：吉林大学，2008.

或倒数二、三的位置，故此等书只能作内容归类不可为断代依据。否则，以《朝野佥载》之有名，四库馆臣不可能视之为五代书。再，《遂初堂书目》顺序置之于晚唐不及五代。又，宋人称引此书时多称"唐潘远"，而南宋时该书尚存，吴曾等当有所凭。而《崇文总目》《宋史·艺文志》均一卷，《直斋书录解题》三卷，抑或后有增益。故疑此书初为晚唐人著作，不及五代。附记于此，以待来贤。

《虬须客传》一卷

杜光庭改编。《通志》传记类冥异、《崇文总目》传记类、《宋史·艺文志》小说类并著录，后二者题为"《虬髯客传》"，《宋志》题该书为杜光庭撰。其后，屡见明清书目著录。《虬髯客传》为唐传奇名篇，历来广为传颂。关于作者，学术界有三种说法，一为张说，二为裴铏，三为杜光庭。目前，王运熙、卞孝萱、张安溪等认为的张说或其同时代人所撰的说法较为可信。罗争鸣认为张说等只是原作者，此书后来经过不断创作，是集体成果，亦可备一说。《太平广记》所引"虬髯客"、《豪异秘纂》所引"扶余国王"较为接近此书原貌，而《神仙感遇传》所载之《虬须客》为杜光庭所改编无疑，应与唐人《虬髯客传》分开，不宜视为一书之不同版本。然宋代目录所载之《虬须客传》或《虬髯客传》究竟是唐人本，还是杜光庭改编本，今已然不可知。

《野人闲话》五卷

耿焕撰。耿焕，又名朴，成都人。宋人避太宗炅讳，多称"景焕"。后蜀时曾任壁州白石令。后隐匡山，人称"匡山处士"。又隐成都玉垒山，自号"玉垒山闲吟牧竖"，人称"玉垒山人"，宋太宗雍熙间（984—987）仍在世。工书画，善文章。《十国春秋》卷五十六有传。

此书《崇文总目》《通志·艺文略》《遂初堂书目》《直斋书录解题》均著录于子部小说家类。共五卷，成于宋乾德三年（965），即后蜀亡年。书中多记前后蜀朝野轶闻，尤详于书画作者及道士异人事迹。

140

今有两种辑校本，一为王河、真理辑校，见于《宋代佚著辑考》，江西人民出版社 2003 年版；一为陈尚君辑校，见于《五代史书汇编》（拾），杭州出版社 2004 年版。前者辑得三十八则，后者辑得四十二则。

（六）天文类

《续聿斯歌》一卷

刘熙古（903—976）撰。此书不见目录著录。《玉海》卷五"唐聿斯经"："刘熙古《续聿斯歌》一卷。"

《宋史》卷二百六十三载：

> 刘熙古字义淳，宋州宁陵人，唐左仆射仁轨十一世孙。祖宝进，尝为汝阴令。
>
> 熙古年十五通《易》《诗》《书》；十九，通《春秋》、子、史。避祖讳，不举进士。后唐长兴中，以《三传》举。时翰林学士和凝掌贡举，熙古献《春秋极论》二篇、《演论》三篇，凝甚加赏，召与进士试，擢第，遂馆于门下。
>
> 清泰中，骁将孙铎以战功授金州防御使，表熙古为从事。晋天福初，铎移汝州，又辟以随。熙古善骑射，一日，有鹞集戟门槐树，高百尺，铎恶之，投以瓦石不去，熙古引弓一发，贯鹞于树。铎喜，令勿拔矢，以旌其能。后二岁，铎卒，调补下邑令。俄为三司户部出使巡官，领永兴、渭桥、华州诸仓制置发运。仕汉，为卢氏令。周广顺中，改亳州防御推官，历澶州支使。秦、凤平，以为秦州观察判官。
>
> 太祖领宋州，为节度判官。即位，召为左谏议大夫，知青州。车驾征维扬，追赴行在。建隆二年，受诏制置晋州榷矾，增课八十余万缗。乾德初，迁刑部侍郎、知凤翔府。未几，移秦州。州境所接多寇患，熙

古至，谕以朝廷恩信，取蕃部酋豪子弟为质，边鄙以宁。转兵部侍郎，徙知成都府。六年，就拜端明殿学士。丁母忧。开宝五年，诏以本官参知政事，选名马、银鞍以赐。岁余，以足疾求解，拜户部尚书致仕。九年，卒，年七十四。赠右仆射。

熙古兼通阴阳象纬之术，作《续聿斯歌》一卷、《六壬释卦序例》一卷。性淳谨，虽显贵不改寒素。历官十八，登朝三十余年，未尝有过。尝集古今事迹为《历代纪要》十五卷。颇精小学，作《切韵拾玉》二篇，摹刻以献，诏付国子监颁行之。①

（七）历算类

《广顺明玄历》一卷

王处讷（915—982）撰。《崇文总目》卷八历数类："《广顺明元历》一卷，阙。"《通志》卷六十八历数正历："《广顺明元历》一卷，周王处讷撰。"② 《宋史·艺文志》历算类："王处讷《周广顺明元历》一卷。"③ "玄"改为"元"乃避宋讳所致。

《宋史》卷四百六十一："王处讷，河南洛阳人。少时有老叟至舍，煮洛河石如面，令处讷食之，且曰：'汝性聪悟，后当为人师。'又尝梦人持巨鉴，星宿灿然满中，剖腹纳之，觉而汗洽，月余，心胸犹觉痛。因留意星历、占候之学，深究其旨。晋末之乱，避地太原，汉祖时领节制，辟置幕府。即位，擢为司天夏官正，出补许田令，召为国子《尚书》博士，判司天监事。……广顺中，迁司天少监。世宗以旧历差舛，俾处讷详定，历成未

---

① 脱脱，等. 宋史：第263卷［M］. 北京：中华书局，1985：9100-9101.
② 郑樵. 通志：第68卷［M］//影印文渊阁四库全书：第374册. 台北：台湾商务印书馆，1986：412.
③ 脱脱，等. 宋史：第207卷［M］. 北京：中华书局，1985：5272.

上，会枢密使王朴作《钦天历》以献，颇为精密，处讷私谓朴曰：'此历且可用，不久即差矣。'因指以示朴，朴深然之。至建隆二年，以《钦天历》谬误，诏处讷别造新历。经三年而成，为六卷，太祖自制序，命为《应天历》。处讷又以漏刻无准，重定水秤及候中星、分五鼓时刻。俄迁少府少监。太平兴国初，改司农少卿，并判司天事。六年，又上新历二十卷，拜司天监。岁余卒，年六十八。"① 又，沈汾《续仙传》卷下云处讷为吴问政先生聂师道之徒。②

《新五代史》卷五十八《司天考一》："周广顺中，国子博士王处讷，私撰《明玄历》于家。"③《资治通鉴》卷二百九十三："（显德三年）八月，戊辰，端明殿学士王朴、司天少监王处讷撰《显德钦天历》，上之（初，王处讷私造《明玄历》于家，因唐世所行《崇玄历》而明之也。帝以王朴通于历数，乃诏朴撰定，以《步日》《步月》《步星》《步发敛》为四篇，合为《历经》，并著显德三年《七政细行历》一卷，以为《钦天历》）。诏自来岁行之。"④ 关于此书之撰述，《宋史》认为乃奉周世宗之命，《新五代史》与《资治通鉴》认为私撰，这可能是因为没有进上的缘故，我们认为当从《宋史》。惟史书记载《明玄历》成于后周广顺中，而世宗于显德元年（954）即位，则处讷撰此书当世宗为太子时所嘱，且非正式授命，此亦可为私撰之理由。

而胡三省认为《钦天历》为修改《明玄历》而成，似乎不妥。《资治通鉴》仅云王朴、王处讷同撰《钦天历》，《玉海》卷十"周钦天历"亦云"世宗即位，端明殿学士王朴通历数，乃诏朴撰定（与司天少监王处讷撰，传在显德二年）"，并未提及《明玄历》。南宋章如愚《群书考索续集》卷二十二："方朴之历成也，王处讷谓之曰：'此历可且行，久必差矣。'既而

---

① 脱脱，等. 宋史：第461卷［M］. 北京：中华书局，1985：13497-13498.
② 沈汾. 续仙传：卷下［M］//影印文渊阁四库全书：第1059册. 台北：台湾商务印书馆，1986：612.
③ 欧阳修. 新五代史：第58卷［M］. 北京：中华书局，2002：670.
④ 司马光. 资治通鉴：第293卷［M］. 北京：中华书局，1956：9559.

果然。宋兴，命处讷正之，于是有《应天历》。"① 与《宋史》所记略同。据此，《钦天历》当为王朴自撰，惟王处讷身为司天少监必当审定之责，因而具名，但其提出之意见王朴并未接受，所以才有后来之《应天历》。

胡三省注云《明玄历》"因唐世所行《崇玄历》而明之也"，指出此书撰述因由。据现存《崇文总目》知此书南宋初已亡，而《崇玄历》也早已不存，今人难睹其貌。王处讷为五代宋初历数大家，其子王熙元后亦为司天监，其徒苗训等人均在天文历法方面有所成就。

（八）兵书类

《制旨兵法》十卷

张昭（894—972）撰。《宋史》卷二百零七兵书类著录。《旧五代史》卷一百十六："（显德三年二月）戊辰，兵部尚书张昭奏，准诏撰集兵法，分为十卷，凡四十二门，目之为《制旨兵法》，上之。优诏褒美，仍以器币赐之。"②

《册府元龟》卷六百零七："张昭为兵部尚书，世宗亲征淮南，表进所撰《兵法》，其略曰：'臣本书生，不娴武艺，空忝稷茸之位，惭无郤縠之能，遽捧纶言，令纂兵法，虽强三宫之说，何称九天之谋。伏惟陛下玉斗缵戎，金楼聚学，九舜十尧之典，不足揣摩，三门五将之书，无烦接要，而犹申旦不寐，乙夜纵观，留连于尺籍伍符，探賾于枫天枣地，以为人情贵耳而贱目，儒者是古而非今，以韩白之智有余，英卫之才不足，宁悟渭水钓翁之学今乃椎轮，圯桥神叟之言已为糟粕，无足师模于钤箓，聊可挹酌于源流，爰命下臣，撮其枢要。臣遂观前代兵家所著，篇部颇多，自唐末乱离，图书流

---

① 章如愚．群书考索续集：第22卷［M］//影印文渊阁四库全书：第938册．台北：台湾商务印书馆，1986：283．
② 薛居正．旧五代史：第116卷［M］．北京：中华书局，1976：1541．

落，今兰台秘府，目录空存，其于讨论，固难详悉。今只据臣家所有之书，摭其兵要，自军旅制置、选练教习、安营结阵、命将出师、诡谲机权、形势利害、赏罚告誓、攻守巧拙、星气风角、阴阳课式等部四十二门，离为十卷。管窥蠡测，莫知穹渤之高深；兽走犬驰，且副搜苗之指使。既成卷部，须有签题。臣伏见前代奉诏撰论，皆目为制旨，今辄准故事，题为《制旨兵法》。臣留司都下，不敢辄去班行，谨差私吏赍诣行阙陈进。'诏曰：'朕昔览兵书，粗知前事，将观机要，委卿撰述。曾未逾时，远来呈进，披寻之际，备见精详。论战法之大纲，与孙吴而共贯，赖卿博学，副朕所怀。宜示颁宣，用明恩宠，嘉奖在念，再三不忘。今赐卿衣着二百疋，银器一百两。'"①

由上可知，此书为奉诏编撰，直接目的是为征讨南唐作军事参考。据张昭奏表，《制旨兵法》一书实为张氏藏书中有关军事论著的分类汇编，其自撰成分较少。但正如奏表所言，唐末乱离，图籍散佚，国家藏书机构中兵书几无，张昭之书至少在保存前代兵书资料方面颇有意义。从另一方面看，此书也是对前代兵书内容的一次较为重要的总结。周世宗优诏嘉奖，谓为精详，可见其确实具有一定的实际指导作用。

（九）五行类

《论气正诀》一卷

何溥撰。《十国春秋》卷二十九："何溥字令通，袁州宜春人。天资颖异，识云气，善地理家言。元宗闻其贤，累诏起之，因上言天经地义之实，擢国子祭酒（一云官仆射。案，溥《休宁县基记》云'职任国师'，又方回有《挽祭酒何公像》诗，今从之）。保大中，邹廷翊相皇陵于牛头山，溥言

---

① 王钦若. 册府元龟：第607卷［M］//影印文渊阁四库全书：第912册. 台北：台湾商务印书馆，1986：624.

不利，极表谏诤，忤旨，谪休宁令。溥至邑，即改县基吴王墓后，倚松萝山前，名真武下坛形。未几，卜地县东南隅居焉。舍前削石，按《太极》《八卦》诸图，茂林修竹，时时披襟啸傲其间，以为常。后主时，复征，不起。国亡，溥大哭喷血，转隐芙蓉山，鬋发为头陀，礼昭禅师，别号慕真，又号紫霞山人。溥虽假迹禅门，绝不谭释语，每诵《道德经》，必叹曰：'真圣人也，孔子岂欺我哉！'由是，专修长生炼化之术。宋天禧初，以火解。所著《论气正诀》一卷传世。"①

《四库全书》收录《灵城精义》二卷，云"旧本题南唐何溥撰"。《四库全书总目》卷一百十一《堪与类纂人天共宝》十二卷提要云此书："大抵割裂旧书，分门编次，舛错纷淆，漫无持择，如何溥《灵城精义》一书，因无门可归，改曰《论气正诀》，入之诀类，他可知矣。"②《灵城精义》提要云："旧本题南唐何溥撰。溥字令通，履贯未详。是编上卷论形气，主于山川形势，辨龙辨穴；下卷论理气，主于天星卦例，生克吉凶。自宋以来诸家书目皆不著录。观其言宇宙有大关合，气运为主。又言地运有推移而天气从之，天运有转旋而地气应之，盖主元运之说者。考元运之说，以甲子六十年为一元，配以洛书九宫，凡历上中下三元为一周，更历三周五百四十年为一运。凡为甲子九，每元六十年为大运，一元之中每二十年为小运，以卜地气之旺相休囚。如上元甲子一白司运，则坎得旺气，震巽得生气，乾兑得退气，离得死气，坤艮得鬼气，大抵因《皇极经世》而推演之。其法出自明初宁波幕讲僧，五代时安有是说？其非明以前书确矣。其注题曰刘基撰。前列引用书目凡二十二种，如《八式歌》之类，亦明中叶以后之伪书，则出于赝作亦无疑义。但就其书而论，则所云'大地无形看气概，小地无势看精神。水成形山上止，山成形水中止''龙为地气，水为天气'诸语于彼法之中颇为近理，注文亦发挥条畅，胜他书之弇鄙，犹解文义者之所为。术数之书无非依托，

---

① 吴任臣．十国春秋：第29卷［M］．北京：中华书局，1983：421.
② 永瑢，等．四库全书总目：第111卷［M］//影印文渊阁四库全书本．台北：台湾商务印书馆，1986：394.

所言可采，即录存以备一家，真伪固无庸辨，亦不足与辨也。"①

今本《灵城精义》分上下二卷，上卷题"形气章正诀"，下卷题"理气章正诀"，《十国春秋》所言一卷本《论气正诀》当并上下卷而言之，内容应与此同。至于是否如《四库全书总目》所云《论气正诀》因《灵城精义》无门可归而改称，似可商榷。此书本为堪舆类著作，《灵城精义》之名似乎更易理解，而《论气正诀》一名实与内容相合，而据名称则难看出与堪舆之作相关，故颇疑《四库全书总目》所云与事实恰恰相反。

据《十国春秋》本传，何溥确精于数术之学，著此书非无可能，惟其书杂入后人观点，且有一定改编，故完全视为依托并不符合实际。

《周易指迷照胆诀》二卷

蒲乾贯撰。《崇文总目》卷八卜筮类："《周易指迷照胆诀》二卷。"《秘书省续编到四库阙书目》卷二五行卜筮类："蒲乾贯《周易轨革指迷诀》二卷，阙。"《通志》卷六十八五行易轨革："《周易轨革指迷照胆诀》一卷，蒲乾虔瑾撰。"②《宋史·艺文志》子部蓍龟类："蒲乾贯《周易指迷照胆诀》三卷。"③焦竑《国史经籍志》卷四下五行易轨格："《周易轨革指迷照胆诀》一卷，蒲乾虔瑾。"④《通志》人名显然误抄，焦竑袭用未改。又此书卷数著录不一，盖与流传过程中篇卷分合、亡佚或抄写讹误有关。该书又被简称为《周易指迷》，见《经义考》卷十五。

---

① 永瑢，等. 四库全书总目：第109卷[M]//影印文渊阁四库全书：第3册. 台北：台湾商务印书馆，1986：349-350.
② 郑樵. 通志：第68卷[M]. 北京：中华书局，1987：802.
③ 脱脱，等. 宋史：第206卷[M]. 北京：中华书局，1985：5263.
④ 焦竑. 国史经籍志：第4卷（下）[M]. 北京：中华书局，1985：200.

（十）杂艺术类

《升元帖》

南唐时所辑刻之历代名帖合集。周密《云烟过眼录》卷四："褚伯秀云：'江南李后主常诏徐铉，以所藏前代墨迹为古今法帖入石，名升元帖。'然则在淳化之前，当为法帖之祖。"①

陶宗仪《辍耕录》卷六载：

> 大梁刘衍卿世昌云：大德己亥，妇翁张君锡携余同观淳化祖石帖，卷尾各有题识。……及见吴郡陆友仁友云："尝观褚伯秀所记，江南李后主命徐铉以所藏古今法帖入石，名升元帖，此则在淳化之前，当为法帖之祖。"刘、陆之说殊不相合。偶读刘跂《暇日记》，亦载此事，云马传庆说："此帖本唐保大年摹上石，题云'保大七年，仓曹参军王文炳摹勒，校对无差'。国朝下江南，得此石。淳化中，太宗令将书馆所有，增作十卷，为版本，而石本复以火断缺，人家时收得一二卷。"然阁帖于各卷尾篆书题云"淳化三年壬辰岁十一月六日，奉圣旨模勒上石"，此侍书王著笔也。而陈简斋亦云太宗刻石，则衍卿所谓祖石刻，岂即南唐时帖乎，抑（原作仰，误）太宗增刻者？但不知南唐亦作十卷否？徐铉、马传庆二说又不同。今世言《淳化阁帖》用银锭闪枣木板刻，而以澄心堂纸、李廷珪墨印者，则传庆板本之说合。故赵希鹄《洞天清禄集》亦云："用枣木板摹刻，故时有银锭纹，用李廷珪墨打，手揩之，不污手。"余尝见阁本数十，止三本真者，其纸墨法度，种种迥别，妙在心悟，固难

---

① 周密.云烟过眼录：第4卷［M］//于安澜.画品丛书.上海：上海人民美术出版社，1982：380.

以言语形容。

明汪砢玉《珊瑚网》卷二十一："考淳化以祖名者，缘南唐李主重光所为《建业帖》，经韩宋二徐鉴定，至宋淳化间，以此帖为祖，而损益之。一云，后主命徐铉以所藏法帖勒石，名升元帖，在淳化前，故名祖刻。"① 又清孙承泽《闲者轩帖考》云："南唐李后主出秘府珍藏，刻帖四卷，每卷后刻'升元二年三月，建业文房模勒上石'，为《淳化阁帖》之祖。"② 综上可知，宋以后人所谓《升元帖》，实际上经历了升元刻、保大刻、后主刻三个阶段的修订完善，后主仍以《升元帖》为名，志在不忘前朝。但孙承泽所云卷数、年月不知由何而来。

南宋曾宏父《石刻铺叙》卷上"秘阁前帖"云："盖其源得自江左，多南唐善书者取前贤语以意成之，非临非摹，是谓'仿帖'。藏之秘阁，凡数匣，明题云'仿书'，皆用澄心堂纸与李廷珪墨，悉后主在江南日所制者。宣、政间，守官秘阁如刘无言辈犹及见之。"③ 《云烟过眼录》卷四又载："伯机仲山言有所藏贞观御府书画谱，已上三者（指升元帖、隋帖、智永藏帖），余皆未之见也。"④ 可见在南宋此帖已经罕见。明杨慎《墨池璅录》卷四："南唐《升元帖》，以匡纸摹拓，李廷珪墨拂之，为绝品。匡纸者，打金箔纸也。其次即用澄心堂纸，蝉翅拂，为第二品。浓墨本为第三品也。《升元帖》在淳化祖刻之上，隋《开皇帖》之下，然今皆不可复见矣。"⑤ 顺治、

---

① 汪砢玉. 珊瑚网：第 21 卷［M］//影印文渊阁四库全书：第 818 册. 台北：台湾商务印书馆，1986：327.
② 倪涛. 六艺之一录：第 146 卷［M］//影印文渊阁四库全书：第 833 册. 台北：台湾商务印书馆，1986：260.
③ 曾宏父. 石刻铺叙：卷上［M］//石刻史料新编：第 3 辑第 39 册. 台北：新文丰出版公司，1986：437.
④ 周密. 云烟过眼录：第 4 卷［M］//于安澜. 画品丛书. 上海：上海人民美术出版社，1982：380.
⑤ 杨慎. 墨池璅录：第 4 卷［M］//影印文渊阁四库全书：第 816 册. 台北：台湾商务印书馆，1986：13.

康熙间人吴雯《莲洋诗钞》卷三有《徐电发卖升元帖，遂成三诗兼论书法大略》①，似乎当时尚可见到此帖。然清初真品重现的可能性很小。

即便如曾宏父所言，《升元帖》"非临非摹"，但其作为淳化阁帖的重要来源，宋人已谓为"祖刻"，其艺术价值是极大的，影响也是非常深远的。

（十一）类书类

《修文异名录》十一卷

裴说撰。《崇文总目》卷六类书类："《修文异名录》十卷，阙。"《通志》卷六十九类书类下同，不著撰人。《宋史·艺文志》类事类著录为十一卷，裴说撰。

裴说，生卒年不详，唐末五代诗人，与曹松、贯休、王贞白等友善，诗风近贾岛，为苦吟一派。明成化初修、雍正重修《山西通志》卷六十五"天祐三年进士"："裴说，闻喜人，礼部员外郎。"②《唐才子传校笺》卷十："说工诗，得盛名。天祐三年礼部侍郎薛廷珪下状元及第。初年窘迫乱离，奔走道路，有诗曰'避乱一身多'，见者悲之。后仕为补阙，终礼部员外郎。"③

徐铉《稽神录》卷一："进士谢谔家于南康……及长，善为诗。进士裴说为选其善者六十余篇，行于世。"④ 明董斯张《吴兴备志》卷六引谢谔《朱府君墓志》云："朱行先，字蕴之，吴郡人也。……时天下都元帅吴越国

---

① 吴雯.莲洋诗钞：第3卷［M］//影印文渊阁四库全书：第1322册.台北：台湾商务印书馆，1986：322.
② 觉罗石麟.雍正重修山西通志：第65卷［M］//影印文渊阁四库全书：第544册.台北：台湾商务印书馆，1986：293.
③ 傅璇琮，等.唐才子传校笺：第4册［M］.北京：中华书局，1990：424-425.
④ 徐铉.稽神录：第1卷［M］.北京：中华书局，1996：15.

王亲统全师，抚宁郡县，以有功者宜加爵赏，遂封协力勤王功臣。寻封右仆射。宝大元年四月，终于静海镇之官舍。世墓在乌程县，不克归葬，在开元府海盐县厝于垫村。"①《十国春秋》卷八十五本传传作"谢鹗"，云："及长，善为诗，有文名，仕武肃王为□□□□。宝大时，朱行先勤王事而殁，鹗为撰墓志铭，文章雅赡，一时推许。"② 稍后沈季友《槜李诗系》卷三十七亦引墓铭，作"谢鹗"，并据墓志考证朱行先事迹。③ 则董斯张、吴任臣、沈季友均当见过墓志文，故前文提及之谢谔与谢鹗当为一人。据此，裴说当曾沦落吴越间。朱行先，宝大元年即后唐同光二年（924）卒，而裴说此时必在世。吴越向来称臣中原，裴说仕为补阙，终礼部员外郎，疑亦在吴越。

《资谈》六十卷

范赞时撰。赞时，生卒年不详，北宋名臣范仲淹之祖，仕吴越为秘书监。《崇文总目》卷六类书下："《资谈》六十一卷。"《宋史·艺文志》子类类事类："《资谈》六十卷。"④《通志》卷六十九类书："《资谈》六十卷，吴越范赞时撰。"⑤

南宋杜大珪编《名臣碑传琬琰之集》中卷十二富弼《范文正公仲淹墓志铭》云："公之先始居河南，后徙于长安。唐垂拱中，履冰相则天，以文章称，实公之远祖也。四代祖随，唐末尝为幽州良乡主簿，遭乱奔二浙，家于苏之吴县，自尔遂为吴人。时中原多故，王泽不能逮远，于是世食钱氏之禄。苏州粮料判官梦龄，以才德雄江右，即公之曾王父也。判官生赞时，初聪警，尝举神童，位秘书监，集《春秋》洎历朝史为《资谈录》六十卷，行

---

① 董斯张. 吴兴备志：第6卷 [M] //影印文渊阁四库全书：第494册. 台北：台湾商务印书馆，1986：329.
② 吴任臣. 十国春秋：第85卷 [M]. 北京：中华书局，1983：1238.
③ 沈季友. 槜李诗系：第37卷 [M] //影印文渊阁四库全书：第1475册. 台北：台湾商务印书馆，1986：863.
④ 脱脱，等. 宋史：第207卷 [M]. 北京：中华书局，1985：5297.
⑤ 郑樵. 通志：第69卷 [M]. 北京：中华书局，1987：814.

于时。"① 南宋范成大《吴郡志》卷十一："钱文奉，元璙之子。善骑射，能上马运槊。涉猎经史，精音律、图纬、医药、鞠奕之艺，皆冠绝一时。初以父荫，为苏州都指挥使，迁节度副使。元璙卒，代知苏州中吴军节度使。有鉴裁，礼下贤能。士负才艺者多依之。作南园、东庄，为吴中之胜（东庄，一名东墅）。多聚法书、名画、宝玩、雅器，号称好事。又与宾僚共采史籍，著《资谈》三十卷，行于世。尝问命于天台僧德韶，韶曰：明公年已八十一。至六十一岁，以开宝二年八月十一日卒。"② 成大自注此则记载出于《九国志》及《吴越备史》，但现存二书均无此内容。以年岁推断，赟时有为文奉宾僚之可能。"三十卷"当为"六十卷"之讹。《资谈》一书乃为专门辑录史事之类书，其编撰目的自当是为资治用。

《十经韵对》二十卷
《四库韵对》四十卷

陈鄂撰。鄂，生卒年里不详，仕孟蜀为起居舍人，入宋官至太子中舍、权判国子监，曾参修《开宝通礼》《太平御览》，刊定《尚书释文》。生平事迹参《宋史》卷九十八、卷四百七十九，《续资治通鉴长编》卷十四、《玉海》卷五十四、《文献通考》卷一百七十七等。

《崇文总目》卷六类书上："《四库韵对》九十八卷，阙。"《通志》卷六十九类书上："《四库韵对》九十八卷，伪蜀陈鄂撰。《十经韵对》二十卷，伪蜀陈鄂撰。"③《宋史》卷二百五杂家类："陈鄂《十经韵对》二十卷，又《四库韵对》九十九卷。"④

《宋史》卷四百七十九："玄玘初封王，与玄喆并日封拜，仍检校太保。少端敏。常侍昶射，双箭连中的，昶奇之，赐钱三十万。时玄玘方就学，为

---

① 杜大珪．名臣碑传琬琰之集：中卷（第12卷）[M]//影印文渊阁四库全书：第450册．台北：台湾商务印书馆，1986：299．
② 范成大．吴郡志：第11卷[M]．南京：江苏古籍出版社，1986：138-139．
③ 郑樵．通志：第69卷[M]．北京：中华书局，1987：814．
④ 脱脱，等．宋史：第205卷[M]．北京：中华书局，1985：5213．

选起居舍人陈鄂为教授。至是，自陈愿以钱赐鄂，昶嘉而许焉。鄂尝仿唐李瀚《蒙求》、高测《韵对》为《四库韵对》四十卷以献，玄珏益赏之。"①《玉海》卷四十五"乾德《韵对》"："乾德四年正月，陈鄂上《四库韵对》。诏续编。天禧五年六月乙巳，鄂之孙僧溥上鄂所作九十八卷。"

《新唐书·艺文志》类书类载高测《韵对》十卷，注称"辑诸书为千韵以便童习"②。据《北梦琐言》卷五记载，高测为彭州人，僖宗避居西蜀，因进所著书，除秘校，卒于威胜军节度判官。③ 知《韵对》为蜀人高测所编，用以教授儿童。孟蜀时，陈鄂任起居舍人，又广为四十卷，用以教授孟昶次子玄珏。乾德三年（965），孟蜀降宋。次年，陈鄂上《四库韵对》。受诏续编，成九十八卷。书目所载九十九卷者，当有一卷目录；而《十经韵对》二十卷，以书名卷数推测，当更成于《四库韵对》之前。

又据南宋李焘《续资治通鉴长编》卷一百零三记载，仁宗天圣三年（1025）二月"癸酉，诏国子监，见刊印《初学记》《六帖》《韵对》等书，皆钞集小说，无益学者，罢之"④。北宋黄庭坚《与元勋不伐书三》云："《韵对》，平生不喜此书，故未曾有。"⑤ 由此可知宋时士大夫不喜《韵对》《四库韵对》之类书，故未见此书佚文。

《备忘小抄》十卷

文谷撰。谷，字太虚，大致生活于唐昭宗至宋初间，成都温江人，唐彰明令文龟年孙。举进士不第，仕孟蜀，后主时历官员外郎、殿中侍御史、山南道节度判官。《宝刻类编》卷七有广政二十三年（960）谷撰《新创普福禅

---

① 脱脱，等．宋史：第479卷［M］．北京：中华书局，1985：13882-13883.
② 王应麟．玉海：第45卷［M］//影印文渊阁四库全书：第944册．台北：台湾商务印书馆，1986：232.
③ 孙光宪．北梦琐言：第5卷［M］．北京：中华书局，2002：116-117.
④ 李焘．续资治通鉴长编：第103卷［M］．北京：中华书局，1979：2378.
⑤ 曾枣庄，刘琳．全宋文：第105册［M］．上海：上海辞书出版社，2006：136.

院记》。① 传见《十国春秋》卷五十六。事迹据《蜀梼杌》卷下、《太平广记》卷二百三十二引《野人闲话》、《茅亭客话》卷三、《分门古今类事》卷十二、《全蜀艺文志》卷五十五等。

《郡斋读书志校证》卷十四子类类书类："《备忘小抄》十卷。右伪蜀文谷撰。杂钞子史一千余事，以备遗忘。其后题广政三年。广政，王衍号也。"②《遂初堂书目》类书类亦著录。《宋史·艺文志》子类小说类："文谷《备忘小钞》二卷。"③《宋史·艺文志》卷数或有讹误。

《说郛》卷三十一上收录《备忘小抄》十三则，今仅录于下，以见其书概貌。

> 按《志》云："黄金方寸为金。"又云："一斤即一金也。四两为一斤。"
>
> 五夜者，甲乙丙丁戊，更相送之。今人惟言乙夜，子夜也。
>
> 《毛诗》"报之以琼玖"，玖，黑色玉。
>
> 蔡邕能饮一石，人名之曰醉龙。
>
> 王恺作紫丝布障四十里。石崇乃作锦步障五十里敌之。
>
> 莫愁子曰阿侯。
>
> 伏腊。伏者，金气伏藏之日也。冬至后，祀百神曰腊。
>
> 瑟瑟，碧珠也。
>
> 弹棋。两人对局，白黑棋各六，先列棋，相当更先弹也。
>
> 格，五簋也。
>
> 刚卯，佩印也。其制印，以正月卯日作铭刻于上，以辟邪厉。
>
> 隐琴。隐长四十五分约，即明琴徽也。

---

① 无名氏. 宝刻类编：第7卷［M］//影印文渊阁四库全书：第682册. 台北：台湾商务印书馆，1986：694.

② 晁公武，孙猛. 郡斋读书志校证：第14卷［M］. 上海：上海古籍出版社，1990：658.

③ 脱脱，等. 宋史：第206卷［M］. 北京：中华书局，1985：5222.

虞世南行秘书，杨虞卿行中书。

汉制，尚书郎作文书起草，月赐赤管大笔一双、隃糜墨大小二枚。

上尊稻米一斗得酒一斗也。①

从佚文内容看，确是杂抄子史，未必有分类，故并非严格意义上之类书，《宋史·艺文志》入小说家亦有以也。

（十二）医书类

《蜀重广英公本草》二十卷

韩保昇等撰。《通志》卷六十九医方类本草著录，作《蜀本草》。

保昇，生卒年不详。《十国春秋》卷五十六："韩保昇，潞州长子人，太尉保贞弟也。广政时，积官至翰林学士。博洽无所不窥，尤详于名物之学。后主命保昇取《唐本草》参校增注，为《图经》二十卷。后主自为制序，谓之《蜀本草》。"②《锦里耆旧传》卷四入宋除官名录："韩保昇，殿中监。"③知保昇仕孟蜀，宋太祖乾德三年（965）随后主降宋，后任宋职。此书成于后蜀孟昶时期（935—965）。

《蜀本草》在北宋十分流行，约亡于南宋。现存佚文多保留在《证类本草》中，零星散见于宋人其他著作。《证类本草》卷一引《嘉祐本草》"补注所引书传"："《蜀重广英公本草》。伪蜀翰林学士韩保昇等与诸医士取《唐本草》并《图经》相参校，更加删定、增补、注释，孟昶自为序，凡十卷，今谓之《蜀本草》。"同卷引《嘉祐补注总叙》云："而伪蜀孟昶亦尝命

---

① 陶宗仪．说郛：第31卷（上）［M］//影印文渊阁四库全书：第877册．台北：台湾商务印书馆，1986：668-669．
② 吴任臣．十国春秋：第56卷［M］．北京：中华书局，1983：817．
③ 勾延庆．锦里耆旧传：第4卷［M］//影印文渊阁四库全书：第464册．台北：台湾商务印书馆，1986：200．

其学士韩保昇等以《唐本》《图经》参比为书，稍或增广，世谓之《蜀本草》，今亦传行。"① 由此，知《蜀本草》是将《唐本草》和《唐本草图经》内容相融合且增补而成的。《证类本草》保存的佚文，或曰"《蜀本图经》"，或曰"《蜀本》"，或曰"《蜀本》注"，由此可知《蜀本草》内容包括三部分。而从具体佚文内容来看，该书正文主要论述药物性味、功用，注文用以注释正文，图经主要描述药物形态、采收时月、炮制方法等。今人尚志钧统计，引文冠以"蜀本"的有六十六味药，冠以"蜀本注"的有三十五味，冠以"蜀本图经"的有一百五十九味，另有十五味既引"蜀本"又引"图经"，可见此书"图经"部分内容较《唐本草》有较多增补，且颇为重要。② 可能正因如此，后人征引此书时亦称之为"《蜀本草图经》"。如北宋陆佃《埤雅》卷二"乌鲗"："《蜀本草图经》云䗦，即此是也。"③《蜀中广记》卷六十四："《蜀本草图经》：黄蘗树高数丈……"④ 而吴任臣则径称此书为《图经》。

《嘉祐补注总叙》云："凡所引书以唐、蜀二《本草》为先，他书则以所著先后为次第。凡书旧名《本草》者，今所引用但著其所著人名曰某人，惟唐、蜀本则曰《唐本》云、《蜀本》云。"而《证类本草》亦遵循嘉祐体例，可见《蜀本草》在北宋之地位。南宋王质《雪山集》卷十二《赠僧师能》有"岐伯伊叟无交相，而况韩孟陈吴杨"⑤ 句，可见南宋人将韩保昇与孟诜、陈藏器、吴普、杨损之并立。此时《蜀本草》地位虽有所下降，但仍十分重要。

《蜀本草》不仅保留了前代《本草》的许多资料，而且在药物药性、畏

---

① 唐慎微. 证类本草：第1卷 [M] //影印文渊阁四库全书：第740册. 台北：台湾商务印书馆，1986：24，6.
② 尚志钧. 中国本草要籍考 [M]. 合肥：安徽科学技术出版社，2009：152-155.
③ 陆佃. 埤雅：第2卷 [M] //影印文渊阁四库全书：第222册. 台北：台湾商务印书馆，1986：69.
④ 曹学佺. 蜀中广记：第64卷 [M] //影印文渊阁四库全书：第592册. 台北：台湾商务印书馆，1986：84.
⑤ 王质. 雪山集：第12卷 [M] //影印文渊阁四库全书：第1149册. 台北：台湾商务印书馆，1986：469.

恶、炮制、鉴别等方面均有较大发展，并增加了许多新药，发现了许多旧药的新功用，可以说它是《唐本草》之后，我国《本草》学方面最重要的著作之一，是对唐五代药物学突出成就的总结。

今有尚志钧辑本（安徽科学技术出版社2005年版）。

《食性本草》十卷

陈士良撰。士良，一作"仕良"，名巽。生卒年不详。仕南唐。《崇文总目》卷七医书类："《食性本草》十卷，阙"。《宋史·艺文志》医书类："陈士良《食性本草》十卷。"[1]《通志》卷六十九医方类食经："《食性本草》十卷，伪唐陈士良撰。"[2] 据《崇文总目》，此书南宋初已亡佚。

《证类本草》卷一《嘉祐补注本草》引书："《食性本草》。伪唐陪戎副尉、剑州医学助教陈士良撰。以古有食医之官，因食养以治百病，故取《神农本经》洎陶隐居、苏恭、孟诜、陈藏器诸药关于饮食者类之，附以已载食医诸方及五时调养脏腑之术。集贤殿学士徐锴为之序。"[3]

尚志钧《〈食性本草〉考》云："陈仕良又名陈巽。《证类》卷28假苏条，《嘉祐本草》引陈仕良云：'按假苏叶锐圆，多野生，以香气似苏，故呼为假苏。'同条《图经本草》引陈巽云：'假苏叶锐圆，多野生，以香气，故名之。'有关陈仕良、陈巽的文字全同，则陈仕良即陈巽。范行准《两汉三国南北朝隋唐医方简录》第15载南唐陈巽《食性本草》十卷，则范氏称陈仕良为陈巽。陈巽除著《食性本草》外，尚有其他著述。如范氏《医方简录》还记载陈巽著有《经验方》及《南唐食医方》。又《证类》卷26罂子粟条，《本草图经》亦引有《南唐食医方》书名。《证类》卷5硇砂条，唐慎微亦引有陈巽的方子。据此可知，陈仕良、陈巽应是一人。"[4]

《证类本草》引《食性本草》四十九则，涉及草类、兽类、禽类、虫鱼

---

[1] 脱脱，等. 宋史：第207卷[M]. 北京：中华书局，1985：5306.
[2] 郑樵. 通志：第69卷[M]. 北京：中华书局，1987：814.
[3] 唐慎微. 证类本草：第1卷[M]//影印文渊阁四库全书：第740册. 台北：台湾商务印书馆，1986：25.
[4] 尚志钧. 中国本草要籍考[M]. 合肥：安徽科学技术出版社，2009：165.

类、果类、菜类、米类七类四十九味药物。其中果菜类最多，草类只有一种，缺木石类。从现存佚文看，该书对于药物性味、主治、功用、禁忌、药物性状、鉴别、制剂等都有论述。但由于其主要是集《本草经》《名医别录》《本草经集注》《唐本草》《食疗本草》《本草拾遗》等书中有关食用药物的内容，加之陈士良本人见解，又附食医诸方及脏腑调养等术编纂而成的，故学术价值并不大。《本草纲目》卷一上李时珍云："书凡十卷，总集旧说，无甚新义。"① 可谓当评。

今人尚志钧有《食性本草》辑本，见其所辑校《食疗本草》附（安徽科学技术出版社 2003 年版）。

《海药本草》六卷

李珣撰。《秘书省续编到四库阙书目》卷二医书类、《通志》卷六十九医方类本草著录。

珣字德润，生卒年不详，其先波斯人，生于梓州。仕王蜀，工词。其妹李舜弦为王衍昭仪。其弟李玹，以鬻香药为业，宋太宗雍熙年间仍在世。事迹略见《鉴诫录》卷四、《茅亭客话》卷二、《蜀中广记》卷四、《十国春秋》卷四十四。

又《崇文总目》、《宋史·艺文志》著录《南海药谱》一卷，《通志》著录为七卷。李时珍认为此书与《海药本草》为一书。后人均不知其所据。《证类本草》卷二十三"荔枝子"引《海药》云："荔枝熟，人未采则百虫不敢近，人才采之，乌鸟蝙蝠之类无不残伤。"②《通志》卷七十六引此则作"《南海药谱》"。③ 似乎郑樵已认为二书为一。《通志》卷七十一"书有名亡实不亡论一篇"："李氏《本草拾遗》、《删繁本草》、徐之才《药对》、《南海药谱》、《药林》、《药论》、《药忌》之书，《证类本草》收之矣。"④ 可知，

---

① 李时珍. 本草纲目：第 1 卷 [M]. 北京：人民卫生出版社，1977：6.
② 唐慎微. 证类本草：第 23 卷 [M] //影印文渊阁四库全书：第 740 册. 台北：台湾商务印书馆，1986：959.
③ 郑樵. 通志：第 76 卷 [M]. 北京：中华书局，1987：878.
④ 郑樵. 通志：第 71 卷 [M]. 北京：中华书局，1987：832.

《南海药谱》在南宋初已经不存，郑氏很清楚这一点。则前引文当为其记忆错误。所谓"七卷"当为"一卷"之讹。另一种可能是《南海药谱》有两种版本，一为一卷本，一为七卷本，另外六卷就是《海药本草》，但此种推测似乎太过牵强。李时珍或许是看到了郑樵引文才有此说。另外，李时珍或认为《海药》为《南海药谱》之省，因《嘉祐补注本草》或《证类本草》引用前人著作时均用简称。其实，这也是不可能的。《证类本草》卷十三"槟榔""龙脑香"、卷十六"象牙"条均二书并引，可见二者并非一书。而《证类本草》所引《南海药谱》六则佚文，与其所谓"杂记南方药所产郡县及疗疾之验，颇无伦次"之语较合，更证二者非一书。《南海药谱》当如《证类本草》所言为唐末著作。

饶宗颐曾对《海药本草》有过考证，其说甚是，今引录于下：

陈援庵、方豪俱言李时珍《本草纲目》引李珣《海药本草》，按《纲目》又有《南海药谱》（《永乐大典》卷一一五九九草部亦引《南海药谱》），李时珍云："此《海药本草》也，凡六卷。"按李说非也。绍兴中《秘书续编到四库书目》有李珣《海药本草》六卷，郑樵《通志·艺文略》袭取之，亦收《海药本草》六卷，李珣撰，是此书南渡后尚存。若《南海药谱》见于《宋史·艺文志》医书类及《崇文总目》，皆作一卷，而重修《政和证类本草》列补注所引书传云："《南海药谱》，不著撰人名氏，杂记南方药所产郡县及疗疾之验，颇无伦次，似唐末人所作，凡二卷。"乃另是一书，不宜与六卷之《海药本草》混误为一。

政和《经史证类本草书目》，《南海药谱》在《唐本草余》之下，而别出《海药》一书，当指李珣所著，其目录标明引自《海药》者：计卷三玉石部，车渠、金线矾、波斯矾，卷一○草部，瓶香、钗子股、宜南草，卷一二木部，藤黄、返魂香、海红豆、落雁木、莎木、棚木皮、无名木皮、奴会子，卷二一虫鱼部，郎君子、海蚕，其他引《海药》者散见凡百条以上，欲复李珣原书，当取资于是，胜于李时珍《纲目》多矣。《海药》书中记波斯出产者，如荔枝、无漏子、金线矾等条，又多记岭南药物，间述巴蜀、嘉、渝之事，似其书写成乃在蜀时，其中援引地志颇多，如《异物志》、《临海志》、《五溪记》（犀角条）、《广州记》、徐表（衷）《南州记》、刘斯（昕）《交州记》，可为辑佚之助。

惟有一事须阐明者，李珣仕蜀，蜀主孟昶曾取《唐本草》加以增益为《蜀本草》二十卷（见《直斋书录解题》《通志·艺文略》），当日乃命翰林学士韩保昇等与诸医士共为之，图说药物形状。李珣之为《海药本草》或就其家鬻贩香药之实物智识，益以南方地志之记载，纂录为书，以备蜀主增订《唐本草》参考之用，未可知也。本草之学，至唐而极盛，大抵以为博闻广识之助，诗、书、画三绝之郑虔且撰有《胡本草》七卷，李珣以词人而作《海药本草》，与郑虔前后正可辉映。

政和《证类本草》卷三引《海药车渠》条：

车渠，《集韵》云：生西国，是玉石之类，形如蚌蛤，有文理，大寒，无毒。

李时珍引此略有改易，而删去"《集韵》云"三字，按《集韵》成于北宋，李珣当不及引用其书，疑《海药本草》当北宋时传钞不无增窜之处。至李时珍所引，较之政和《证类本草》，更多违异。故欲恢复李珣原书，应以现存若干种之《本草》汇辑而校订之，闻陈援庵曾有辑本云。①

另，《证类本草》引文屡见"臣谨按"字样，可知该书为奉旨修撰，此正可补饶先生以备蜀主增订《唐本草》参考之说。而"车渠"所引《集韵》，尚志钧先生已辨为《韵集》之误。

今存《证类本草》引《海药本草》一百余则，且几乎均紧随嘉祐《本草图经》之后，其他医书之前，打破了《嘉祐补注本草》中《唐本草》《蜀本草》之后据时代先后援引的惯例，使之与唐、蜀二《本草》并立，可见其在当时《本草》研究中的地位及受重视之程度。今存佚文中，有药物一百三十一种，其中十六种药物为首载，如车渠、金线矾、波斯白矾、瓶香、钗子

---

① 饶宗颐. 词集考［M］//饶宗颐二十世纪学术文集：第15册. 台北：新文丰出版公司，2003：31-33.

160

股等。从佚文又可知该书药物至少分为玉石、草、木、兽、鱼虫、果六类，且详论药物形态、产地、质量优劣、真伪鉴别、采收、炮制、性味、主治、附方、用法、禁忌、畏恶等，对前代《本草》类著作多有补正和发展。由此可见，《海药本草》一书应是继《南海药谱》之后，专门记录南方尤其是岭南、西南和中亚、南亚等国药产种类及功用的最重要的著作之一，影响至深。同时，作为中外医药文化交流的产物，对丰富中国传统医学尤其是中药学做出了巨大贡献。而其所征引的数十种方志和涉及的中西方国家及地区又为中外交通史研究提供了珍贵史料。

今有范行准、尚志钧两种辑本。范氏本较早，辑得一百二十四种药物，尚氏本辑得一百三十一种。尚氏《海药本草》为辑校本，校注并举，并附有考证后记，颇为详实可靠，该书由人民卫生出版社于1997年出版。

《日华子诸家本草》

日华子撰。又名《日华子本草》《日华子》《大明》。不见目录著录。

《证类本草》卷一引《嘉祐补注本草》所引书传云："《日华子诸家本草》。国初开宝中四明人撰。不著姓氏，但云日华子大明序。集诸家《本草》，近世所用药，各以寒温性味、华实虫兽为类，其言近用，功状具悉，凡二十卷。"[1]

日华子为何人，李时珍《本草纲目》卷一云："按《千家姓》大姓出东莱，日华子盖姓大名明也。或云其姓田，未审然否。"[2] 今人吴佐忻先生据道书谓竹笋"日华之胎也，一名大明"和北宋道书中提及的前代炼丹之人有名"日华子"者，认为其为吴越时道家人物。[3] 可备一说。

四明，即今之宁波，宋开宝中（968—976）属钱氏吴越国。尚志钧《〈日华子本草〉的考察》云："据日本源顺《和名类聚抄》卷十'蒟蒻'条

---

[1] 唐慎微. 证类本草：第1卷［M］//影印文渊阁四库全书：第740册. 台北：台湾商务印书馆，1986：25.
[2] 李时珍. 本草纲目：第1卷［M］. 北京：人民卫生出版社，1977：8.
[3] 吴佐忻.《日华子本草》辑释本补谈［J］. 中医药文化，2006（2）：27-28.

引《日华子》云：'水蓼，味辛，冷，无毒。'《和名类聚抄》约成于醍醐天皇时期，合中国后唐初同光年间（923—924），则本书应早于《和名类聚抄》，约在吴越天宝年间（908—923）。"① 《和名类聚抄》本名《倭名类聚钞》，是一部日本古类书，约成书于日本平安时期的承平年间（931—938），作者源顺。尚氏说法有误。此书有十卷与二十卷两个版本系统。但何者为先，何者为后，目前学界尚无定论。尚先生所引为十卷本系统，不见于二十卷本。据林忠鹏研究，源顺此书编成于934年，其时源顺二十四岁，他七十一岁去世②，当宋太宗太平兴国五年（980）。据此，若十卷本为修订本，则正与《嘉祐补注本草》所云"国初开宝中四明人撰"相合。而吴越虽与日本多有往来，但如此快捷之交流亦不免出人意料，故十卷本是否源顺自己修订仍为一大疑问。总之，此书撰成年代宜据《证类本草》。

《日华子本草》于北宋流传颇广，约亡于南宋，屡屡为宋元人征引。但南宋以后的引文多转引自《证类本草》。此书现存佚文主要见于《证类本草》所保存的《嘉祐补注本草》中，零星几条散见于宋元其他著作，共约六百余则，涉及六百多种药物。从佚文看，此书对药物性味、炮制、畏恶七情以及形态、产地、采收均有详细论述，且对前人《本草》著作多有补正。尚志钧认为："该书是总结唐末及五代时的药物成就。其中大部分药为掌氏所摘录，补充注释前代本草内容，少数药为宋代本草所收入，作为正品。如仙茅、谷精草、盐肤子等为《开宝本草》收入正品。绿矾、蓬砂等为《嘉祐本草》收入正品。该书对药物性味阐述甚详，并有发展，如性冷、性凉、性暖等在前代本草是很少见的。对药物气味，味涩、味滑、味敛等，也是前代本草未见的。有些药物，前代本草并无药性记载，该书均提出新的性味。"尚志钧甚至还认为"该书和陈藏器《本草拾遗》是有同等价值的本草"。③ 此论颇为

---

① 尚志钧．《日华子本草》的考察［J］．中成药研究，1983（10）：16.
② 林忠鹏．倭名类聚抄与中国典籍［J］．重庆师院学报（哲学社会科学版），2000（2）：83-89；林忠鹏，黄雪莲．和名类聚抄成书过程的文化概观［J］．日本学论坛，2002（Z1）：13-17.
③ 以上二则均见尚志钧．《日华子本草》的考察［M］//尚志钧本草论文集．北京：中国中医药出版社，2010：288.

允当。《日华子本草》与陈藏器《本草拾遗》，上承《唐本草》，下启《证类本草》，在《本草》研究甚至是中医药物学发展过程中都具有重要作用。

今有尚志钧《日华子本草》辑本（安徽科学技术出版社2005年版）。另有吴佐忻《〈日华子本草〉辑释本补谈》（载于《中医药文化》2006年第2期）。吴文补充了尚氏辑本遗漏的几条佚文。

四

五代集部著述考

（一）别集类

《政余集》五卷

罗绍威（877—910）撰。《崇文总目》卷十二别集类："《政余集》五卷，阙。"《秘书省续编到四库阙书目》卷一别集类："《罗绍威诗》二卷，阙。"《通志》卷七十别集类："罗绍威《政余集》五卷。"① 《宋史·艺文志》别集类："罗绍威《政余诗集》一卷。"② 据目录著录，《政余集》有五卷和一卷或二卷之别。南宋初，馆阁已无收藏。

绍威，字端己，先世长沙人，后徙魏州贵乡，遂为贵乡人。父弘信，魏博节度使。绍威，唐文德初授左散骑常侍，充天雄军节度副使。自龙纪至乾宁，十年之中累加官爵。弘信卒，袭父位，为留后。天复末，累加至检校太傅兼侍中、长沙王。天祐初，授检校太尉、守侍中，进封邺王，赐号忠勤宣力致理功臣。唐亡，称臣于梁，位至守太师兼中书令。卒赠尚书令，谥曰"贞壮"。

《旧唐书》卷一百八十一："威性明敏，达于吏道。伏膺儒术，招纳文

---

① 郑樵. 通志：第70卷 [M]. 北京：中华书局，1987：823.
② 脱脱，等. 宋史：第208卷 [M]. 北京：中华书局，1985：5350.

人，聚书至万卷。每花朝月夕，与宾佐赋咏，甚有情致。钱塘人罗隐者，有当世诗名，自号'江东生'。威遣使赂遗，叙其宗姓，推为叔父。隐亦集其诗寄之。威酷嗜其作，目己所为曰《偷江东集》，凡五卷，今邺中人士讽咏之。"①《太平广记》卷二百引《罗绍威传》："梁邺王罗绍威世为武人，有胆决，喜尚文学，雅好儒生。于厅所之侧，别立学舍，招延四方游士，置于其间，待以恩礼。每旦视事之暇，则与诸儒讲论经义。聚书万余卷，于学舍之侧，建置书楼，纵儒士随意观览，己亦孜孜讽诵。当时藩牧之中，最获文章之誉。每命幕客作四方书檄，小不称旨，坏裂抵弃，自襞笺起草，下笔成文，虽无藻丽之风，幕客多所不及。又癖于七言诗。每歌酒谯会，池亭游览，靡不赋咏，题之屋壁。时江南有罗隐者，为两浙钱镠幕客，有文学。绍威特遣使币交聘，申南阮之敬，隐悉以所著文章诗赋，酬寄绍威。绍威大倾慕之，乃目己所为诗曰'偷江东'。今邺中人士有讽诵者。自为《大厅记》，亦微有可观。"②《旧五代史》卷十四："绍威形貌魁伟，有英杰气，攻笔札，晓音律。……绍威酷嗜其作，因目己之所为曰《偷江东集》，至今邺中人士讽咏之。绍威尝有公燕诗云：'帘前淡泊云头日，座上萧骚雨脚风。'虽深于诗者亦所叹伏。"③《册府元龟》卷四百十三："梁罗绍威为魏博节度使。绍威本名将家，贵居裂土，雅好儒术，善为七言诗，重宗人隐。隐时为钱塘宾介，遣使以叔事之。有所编，目曰《偷江东集》。"④ 据此，知绍威虽为武将，但好儒术，喜藏书，多延士，有文学。其擅七言诗，又攻笔札。而目其诗为"偷江东"，知诗风近罗隐。

绍威好谐谑。《五代史补》卷三《罗邺王戏判》："罗邺王绍威俊迈有词学，尤好戏判。常有人向官街中鞴驴，置鞍于地，值牛车过，急行碾破其鞍。驴主怒殴驾车者，为厢司所擒。绍威更不按问，遂判其状云：'邺城大

---

① 刘昫. 旧唐书：第181卷[M]. 北京：中华书局，1975：4693.
② 李昉. 太平广记：第200卷[M]//影印文渊阁四库全书：第1044册. 台北：台湾商务印书馆，1986：319-320.
③ 薛居正. 旧五代史：第14卷[M]. 北京：中华书局，1976：191.
④ 王钦若. 册府元龟：第413卷[M]//影印文渊阁四库全书：第909册. 台北：台湾商务印书馆，1986：234-235.

道甚宽，何故驾车碾鞍？领鞴驴汉子科决，待驾车汉子喜欢.'词虽俳谐，理甚切当，论者许之。"① 又《记纂渊海》卷七十引《唐昭宗纪》："罗绍威曰：'合六州四十三县铁，不能为此错也.'"② 宋人书多引此语，乃绍威为悔杀牙军所云。《偷江东集》宋代目录并未著录，当为绍威谐谑之称，并非诗集本名，应即《政余集》。只是此集初为五卷，后来又出现了一卷或二卷的另一版本。

《观光集》

赵弘撰。弘，犯宋讳，赐名文度。此书不见目录著录。
《宋史》卷四百八十二记载如下。

> 赵文度，蓟州渔阳人。父玉尝客沧州，依节度判官吕兖。刘守光破沧州，收兖亲属尽戮之，兖子琦年十四，玉负之以逃，至太原，变姓名，丐衣食以给琦，琦后唐同光初为藩郡从事。当是时，燕、赵之士，以玉能存吕氏之孤，翕然称之。明宗朝，琦至职方员外郎知杂。清泰中，琦为给事中、端明殿学士，玉已卒矣。

> 文度入洛举进士，琦荐于主司马裔孙，擢甲科，历徐、兖、陈、许四镇从事。汉初，为河东掌书记。文度捷给善戏谑，刘崇雅爱之，及称帝，累官至翰林承旨、兵部尚书。天会四年，授中书侍郎、平章事，转门下侍郎兼枢密使，加司徒。久之，与郭无为不协，出知汾州，徙岚州。

> 太祖开宝二年亲征晋阳，遣偏师围岚，文度危蹙请降，待罪行宫，太祖命释之，赐袭衣、玉带、金鞍勒马、器币甚厚，其官属赐物有差。文度本名弘，以犯宣祖庙讳，赐今名。师还，授检校太傅、安国军节度，岁

---

① 陶岳. 五代史补：第3卷 [M] // 傅璇琮，徐海荣，徐吉军. 五代史书汇编：第5册. 杭州：杭州出版社，2004：2507.
② 潘自牧. 记纂渊海：第70卷 [M] // 影印文渊阁四库全书：第932册. 台北：台湾商务印书馆，1986：162.

166

余，徙华州，不宣制而告敕同宣制之例。又徙耀州，凡历三镇。七年，卒，年六十一。

文度善为诗，人多讽诵，有《观光集》。文度之降也，其母在太原，世以不能死节罪之。子昌图，至内殿崇班、阁门祗候。①

《钓鳌集》

刘吉撰。此书不见目录著录。吉，生卒年不详，本燕蓟人，仕南唐，后主时为传诏承旨。归宋后补供奉官，迁殿前承旨。因治河有功授西京作坊副使，迁崇仪史，以右领军卫将军致仕。事迹见《事实类苑》卷五十七、六十一，《诗话总龟》卷一，《续资治通鉴长编》卷二十三、二十四、二十五。

《事实类苑》卷五十七："刘吉，江右人，有膂力，尚气。事后主为传诏承旨，忠于所奉。归补供奉官。以习知河渠利害，委以八作之务。太平兴国中，河大决，吉护之，与丁夫同甘苦。使者至，访吉不获，甚怒。乃着皂幞头、短布褐，独负二三囊土为先道，戒从者勿言。使者密访得之，白太宗，太宗厚赐之。内侍石金振者，领护河堤，性尤苛急，自谓石爆烈，言其性多暴怒也。居常侵侮吉，吉默然不校。一日，与吉乘艇偕行，至中流，吉语之曰：'君恃贵近，见凌已甚，我不畏之，当与君同见河伯耳。'遂欲舟覆之。金振号哭搏颡，求哀乞命，乃止。自是不复敢侵吉。其父本燕翼（当为蓟）人。自受李氏恩，常分禄以济其子孙，朔望必诣其第求拜后主。是李氏子姓，虽童稚必拜之，执臣仆之礼。后迁崇仪使。其刺字谒吴中故旧，题僧壁驿亭，但称江南人刘吉，示不忘本也。有诗三百首，目为《钓鳌集》，徐铉为之叙。其首篇《赠隐者》有'一箭不中鹄，五湖归钓鱼'之句，人多诵之。以其塞决河有方，路人目为刘跋江，名震河上。"②

《张乖崖集》卷二《赠刘吉》："天地有至私，刘生与英气。学必摘其真，文能取诸类。叫回尧舜天，聒破周孔耳。通塞不我知，要在欢生意。居危不苟

---

① 脱脱，等．宋史：第482卷［M］．北京：中华书局，1985：13942-13943.
② 江少虞．事实类苑：第57卷［M］//影印文渊阁四库全书：第874册．台北：台湾商务印书馆，1986：481-482.

167

全,凭艰立忠义(仕江南伪主,指斥奸佞曰:果信是人,国将亡也)。归国有贤名,天子闻之喜。倒海塞横流,掀天建高议(治黄河有功,议边将不才,廷辨大臣阿谀)。冒死雪忠臣(证杨业忠赤,为奸臣所陷),谠言警贵侍(重指中贵弄权)。四海多壮夫,望风毛骨起。如今竟陵城,榷司茶菽利。鹤情终是孤,仁性困亦至。劳劳忧众民,咄咄骂贪吏。方期与叫阍,此实不可弃。如何不自持,稍负纤人累。酣歌引酒徒,乱入垂杨市。狂来拔剑舞,踏破青苔地。群口咤若奇,我心忧尔碎。请料高阳徒,何如东山器。请料酒仙人,何如留侯志。去矣刘跋江,深心自为计。"① 此当为刘吉致仕归乡时所赠。

据以上可知,刘吉为人忠贞尚气节,富于学,能诗。《钓鳌集》收诗三百首,徐铉为作序。铉淳化二年(991)卒,则此集至迟编成于该时。

《续资治通鉴长编》卷二十三言及太平兴国七年(982)黄河溢水事时云:"殿前承旨刘吉,江南人,习水事,诏往固之。"② 北宋胡宿《文恭集》卷十三《刘吉可内殿承制制》:"敕具官某,少励敏资,服从烦使,积诸劳最,班于禁严。属观请老之章,求援考课之法,不令遗力,亦使宠归。进承中制之联,往服稍迁之渥。"③ 又卷二十《刘吉可右领军卫将军致仕制》:"敕某,少壮驱驰,晚暮疲曳。尚有最凡之目,未经甄陟之科。自陈齿衰,求谢官使。有嘉知止,为叙前勤。优升拱卫之名,宽赐燕申之适。悉从尔欲,尚服兹荣。往遂嘉贞,益颐眉睱。"④ 据此,刘吉南唐亡国入宋时(975)似已过中年,治河时恐有五十余岁。味张咏赠诗,其似乎因不为权贵所容,愤而致仕归隐。而杨业雍熙三年(986)阵亡,则刘吉必卒于其后。

---

① 张咏. 张乖崖集:第2卷[M]. 北京:中华书局,2000:12-13.
② 李焘. 续资治通鉴长编:第23卷[M]. 北京:中华书局,1979:523.
③ 胡宿. 文恭集:第13卷[M]. 北京:中华书局,1985:147.
④ 胡宿. 文恭集:第20卷[M]. 北京:中华书局,1985:257-258.

《南冠集》

《龙吟集》三卷

《长乐集》一卷

《信都集》一卷

《怀秦赋》一卷

冯涓撰。涓，字信之，婺州东阳人，一说信都人。生卒年不详。唐大中四年进士，后为王建节度判官。蜀立国，官至御史大夫。《十国春秋》卷四十有传。宋田况《儒林公议》："成都有唐剑南西川安抚副使冯涓撰《重起中兴草玄寺碑》。"①《宝刻类编》卷六："《中兴草元寺碑》。冯涓撰。天复二年立。同上。"②"同上"指碑所在地"成都"。据此，知王建曾表冯涓为剑南西川安抚副使。宋曾慥《类说》卷四十三引《北梦琐言》"五彩缠梯"云："冯涓失意蹭蹬，有诗云：取水郎中何日了，破柴员外几时休。年八十五，以五彩缠梯穿屋，具冠带，立梯一级而终。"③

《崇文总目》卷十一别集类："《龙吟集》三卷，阙。《长乐集》一卷，阙。"《秘书省续编到四库阙书目》卷一别集类："冯涓《信都集》一卷，阙。"《通志》卷七十别集类："冯涓《龙吟集》三卷，伪蜀；又《长乐集》十卷。"④《通志》卷七十赋："《怀秦赋》一卷，伪蜀冯涓撰。"⑤《宋史·艺文志》别集类："冯涓《怀秦赋》一卷，又《集》十三卷，《龙吟集》三卷，《长乐集》一卷。"⑥据《崇文总目》和《宋史·艺文志》所言，《通志》所谓《长乐集》十卷，当为传抄讹误。

北宋阮阅《诗话总龟》卷二十一："冯涓分符眉州，不得之任，局蹐于

---

① 田况. 儒林公议 [M] //影印文渊阁四库全书：第1036册. 台北：台湾商务印书馆，1986：311.
② 无名氏. 宝刻类编：第6卷 [M] //影印文渊阁四库全书：第682册. 台北：台湾商务印书馆，1986：684.
③ 曾慥. 类说：第43卷 [M] //北京图书馆古籍珍本丛刊：第62册. 北京：书目文献出版社，1988：735.
④ 郑樵. 通志：第70卷 [M]. 北京：中华书局，1987：823.
⑤ 郑樵. 通志：第70卷 [M]. 北京：中华书局，1987：826.
⑥ 脱脱，等. 宋史：第208卷 [M]. 北京：中华书局，1985：5334-5335.

陈田之间,羁愁六年,徒步湘湖,著《怀秦赋》,有《南冠》《梁州》歌诗集,皆伤蹭蹬也。"① 南宋计有功《唐诗纪事》卷六十六:"涓初除京兆府参军,恩地杜相审权有江西之拜,制未出,召涓密语延辟之命,戒勿泄。涓漏其言于友人郑宽,宽寻捧刺诣贺,杜遂鄙涓浅薄,不预初选。及廉车发日,涓候别于长乐,杜长揖曰:勉旃。后分符眉州,不得之任,在西川重围中,局蹐于陈田之间,羁愁六年,徒步糊口。著《怀秦赋》,有《南冠》《龙吟》等集,皆伤蹭蹬也。"②

冯涓诸集唯《南冠集》不见目录著录。《宋史·艺文志》所云十三卷之《集》,疑含《南冠集》《信都集》在内。

《玉堂集》

刘赞撰。赞,生卒年里不详。《资治通鉴》卷二百七十二:"(同光元年八月)嘉州司马刘赞献陈后主三阁图,并作歌以讽;贤良方正蒲禹卿对策语极切直;蜀主虽不罪,亦不能用也。"③ 南宋曾慥编《类说》卷五十二引《牧竖闲谈》"梦吞金龟"条云:"刘赞文思甚迟,乃恳祝乾象,乞文才。一夕,梦吞金龟如钱许,自后大有文思。孟氏朝为学士,有《玉堂集》。一日,吐金龟投水中,不久而卒。"④ 郭若虚《图画见闻志》卷四"花鸟门":"刘赞,蜀人。工画花竹翎毛,兼长龙水,迹意兼美,名播蜀川。"⑤ 《十国春秋》卷四十三有传,然不取其曾仕孟蜀,亦不云其善画。

《卢延让诗》一卷

卢延让撰。延让字子善,范阳人。唐亡仕王建,至刑部侍郎卒。宋人避讳又作"延逊"。《唐才子传》卷七、《十国春秋》卷四十四有传。王定保

---

① 阮阅.诗话总龟:第21卷[M].北京:人民文学出版社,1987:231-232.
② 计有功.唐诗纪事:第66卷[M].北京:中华书局,1965:989.
③ 司马光.资治通鉴:第272卷[M].北京:中华书局,1956:8892.
④ 曾慥.类说:第52卷[M]//北京图书馆古籍珍本丛刊:第62册.北京:书目文献出版社,1988:882.
⑤ 郭若虚.图画见闻志:第4卷[M].上海:上海人民美术出版社,1963:56.

《唐摭言》卷三《散序》有"同年卢十三延让"之语①，卷六记"卢延让，光化三年登第"②，《北梦琐言》卷七载"唐卢延让业诗，二十五举，方登一第"③，知延让昭宗光化三年（900）进士登第，此时已四五十岁。《郡斋读书志校证》云延让"唐光化元年进士"④，"元"乃"三"字之讹。延让诗师薛能，不尚奇巧，自成一体，而人多诮其浅俗。但为吴融、张浚、成汭所重，与可朋、贯休等相唱和。其诗明清以来亦不为世人所重。

《崇文总目》卷十二别集类、《郡斋读书志校证》卷十八别集类、《宋史》卷二百零八别集类著录。《全唐诗》存诗一卷十首。

《金行启运集》二十卷
《玉堂集》二十卷
《青宫载笔记》十五卷

庾传昌撰。传昌，又作"博昌"，生年不详，庾信后人。仕王蜀，累迁中书舍人、翰林学士。通正二年（917）卒。事迹见《北梦琐言》卷七、《蜀梼杌》卷上。

《崇文总目》卷十二别集类著录"《金行启运集》十卷"，注云"阙"。《通志》卷七十表章类："《金行启运集》十卷，伪蜀庾传昌集。"⑤《宋史·艺文志》别集类："庾傅昌《金行启运集》二十卷。"⑥《蜀梼杌》卷上："（通正二年）二月，翰林学士庾博昌卒。博昌，后周义成侯信之后，富文藻，著《金行启运录》二十卷、《青宫载笔记》十五卷、《玉堂集》二十卷。"⑦ 知《金行启运集》为传昌表章集，初二十卷，宋初馆阁亡十卷，后

---

① 王定保. 唐摭言：第3卷 [M]. 上海：上海古籍出版社，1978：24.
② 王定保. 唐摭言：第6卷 [M]. 上海：上海古籍出版社，1978：64.
③ 孙光宪. 北梦琐言：第7卷 [M]. 北京：中华书局，2002：154.
④ 晁公武，孙猛. 郡斋读书志校证：第18卷 [M]. 上海：上海古籍出版社，1990：942.
⑤ 郑樵. 通志：第70卷 [M]. 北京：中华书局，1987：827.
⑥ 脱脱，等. 宋史：第208卷 [M]. 北京：中华书局，1985：5349.
⑦ 张唐英. 蜀梼杌：卷上 [M] // 朱易安，傅璇琮，等. 全宋笔记：第1编第8册. 郑州：大象出版社，2003：40.

171

又搜得。《玉堂集》二十卷仅见《蜀梼杌》卷上，据名称亦应为表章集，或即《金行启运集》亦未可知。

《琼瑶集》

李珣撰。此书不见目录著录。南宋王灼《碧鸡漫志》："《花间集》和凝有《长命女》曲，伪蜀李珣、顾琼集亦有之，句读各异。"① 《蜀中广记》卷一百零二引《成都文类》："李珣，梓州人，事王宗衍，有词名《琼瑶集》。"② 明嘉靖间周复俊所编《全蜀艺文志》卷七云："鸳鸯瓦上一首，赵与时《宾退录》云不知名，李珣《琼瑶集》以为王衍宫人李玉箫作。"③ 康熙《御选历代诗余》卷一百一十三引《茅亭客话》云："梓州李珣，其先波斯人。珣有诗名，以秀才豫宾贡，事蜀主衍。国亡不仕，有《琼瑶集》，多感慨之音。其妹为衍昭仪，亦能词，有'鸳鸯瓦上忽然声'句，误入花蕊宫词中。"④

《花间集》卷十存李珣词三十七首，《尊前集》卷下存词十八首，《全唐诗》卷八百九十六收词五十一首。不计重复共五十四首。王国维辑《唐五代二十一家词》本《琼瑶集》一卷，五十四首。有《王忠悫全书》本。

《西岳集》十卷
《禅月集》三十卷

释贯休（832—912）撰。贯休，字德隐，婺州兰溪人，唐末五代著名诗僧，兼精书画。生平事迹见昙域《禅月集》后序、《蜀梼杌》卷上、《宋高

---

① 王灼. 碧鸡漫志 [M] //影印文渊阁四库全书：第1494册. 台北：台湾商务印书馆，1986：516.
② 曹学佺. 蜀中广记：第102卷 [M] //影印文渊阁四库全书：第592册. 台北：台湾商务印书馆，1986：646.
③ 周复俊. 全蜀艺文志：第7卷 [M] //影印文渊阁四库全书：第1381册. 台北：台湾商务印书馆，1986：72.
④ 沈辰垣. 康熙御选历代诗余：第113卷 [M] //影印文渊阁四库全书：第1493册. 台北：台湾商务印书馆，1986：317.

僧传》卷十、《唐诗纪事》卷七十五、《宣和画谱》卷十九、《十国春秋》卷四十七、《唐才子传校笺》卷十等。

吴融《禅月集序》云："沙门贯休，本江南人，幼得苦空理，落发于东阳金华山。机神颖秀，雅善歌诗，晚岁止于荆门龙兴寺。余谪官南行，因造其室，每谭论，未尝不了于理性。自旦而往，日入忘归，邈然浩然，使我不知放逐之戚。此外商榷二雅，酬唱循还，越三日不相往来，恨疏矣，如此者凡期有半。上人之作多以理胜，复能创新意，其语往往得景物于混茫自然之际，然其旨归必合于道。太白乐天既殁，可嗣其美者，非上人而谁。丙辰，余蒙恩诏归，与上人别，袖出歌诗草一本，曰《西岳集》，以为赆矣。窃虑将来作者或未深知，故题序于卷之首。时己未岁嘉平月之三日。"①《蜀梼杌》卷上："贯休，本兰溪人，善诗，与齐己齐名，有《西岳集》十卷。"②《唐诗纪事》卷七十五："休与齐己齐名，有《西岳集》十卷，吴融为之序。卒死于蜀。"③《直斋书录解题》卷十九别集类著录贯休《禅月集》十卷。④

昙域《禅月集后序》："葬事既周，哀制斯毕。暇日或勋贤见访，或朝客相寻，或有念先师所制一篇两篇，或记三句五句，或未闲深旨，或不晓根源，众请昙域编集前后所制歌诗文赞，曰'有见问，不暇枝梧'，遂寻检稿草及暗记忆者约一千首，乃雕刻版部，题号《禅月集》。昙域虽承师训，艺学无闻，曾奉告言，辄直序事。时大蜀乾德五年癸未岁十二月十五日序。"⑤《宋高僧传》卷三十："出弟子昙域癸酉年集师文集，首安吴内翰《序》，域为《后序》。"⑥《崇文总目》卷十二别集类："《禅月诗》三十卷。"《通志》

---

① 释贯休．禅月集：卷首［M］//四部丛刊初编本．上海：商务印书馆，1929．
② 张唐英．蜀梼杌：卷上［M］//朱易安，傅璇琮，等．全宋笔记：第1编第8册．郑州：大象出版社，2003：38．
③ 计有功．唐诗纪事：第75卷［M］．北京：中华书局，1965：1090．
④ 陈振孙．直斋书录解题：第19卷［M］．上海：上海古籍出版社，1987：584．
⑤ 释贯休．禅月集：卷首［M］//四部丛刊初编本．上海：商务印书馆，1929．
⑥ 释赞宁．宋高僧传：第30卷［M］．北京：中华书局，1987：750．

卷七十别集诗："《禅月诗》三十卷，贯休。"①《郡斋读书志校证》卷十八别集类："贯休《禅月集》三十卷。右唐僧贯休撰。字德隐，姓姜氏，婺州人。后入蜀，号禅月大师。初，吴融为之序，其弟子昙域削去，别为序引，伪蜀乾德中献之。"②《宋史·艺文志》别集类："《僧贯休集》三十卷。"③ 南宋张世南《游宦纪闻》卷六："予登罗汉阁，取禅月亲作本，谛观竟日，其间有极破碎糜烂者，笔法高妙，相貌古怪。至道丙申五月，太宗搜天下古书画，悉以进呈，至二年正月，复付本寺免进。间有题其傍云'西岳僧贯休作'，皆篆文。或古体，或玉箸，或柳叶。又一轴题云：'大蜀国龙楼待诏、明因辨果功德大师、翔鳞殿引驾内供奉、经律论道门选练教授、三教玄逸大师、守两川僧录大师、食邑三千户、赐紫、大沙门贯休字德隐。'今人知禅月之号，则以为高僧，闻贯休之名，则以为能画，殊不知当时所作神异如此。非特能画，且于诗文尤高，有《西岳集》三十卷，翰学吴融为之序，唐相张格、韦庄、王锴、周庠，皆有诗纪其事。"④ 释齐己《白莲集》卷八《荆门寄题禅月大师影堂》："泽国闻师泥日后，蜀王全礼葬余灰。白莲塔向清泉锁，禅月堂临锦水开。西岳千篇传古律（大师著《西岳集》三十卷，盛传于世），南宗一卷印灵台。不堪只履还西去，葱岭如今无使回。"⑤《鉴诫录》卷五"禅月吟"条："唐有十僧诗，选在诸集中，唯禅月大师贯休。所吟千首，吴融侍郎序之，号曰《西岳集》，多为古体，穷尽物情。议者称曰乐天为大教化主，禅月次焉。"⑥《五代史补》卷一："贯休有文集四十卷，吴融为之序，号《西岳集》，行于世。"⑦

---

① 郑樵．通志：第70卷［M］．北京：中华书局，1987：824.
② 晁公武，孙猛．郡斋读书志校证：第18卷［M］．上海：上海古籍出版社，1990：951.
③ 脱脱，等．宋史：第208卷［M］．北京：中华书局，1985：5386.
④ 张世南．游宦纪闻：第6卷［M］．北京：中华书局，1981：50.
⑤ 释齐己．白莲集：第8卷［M］//四部丛刊初编本．上海：商务印书馆，1929.
⑥ 何光远．鉴诫录：第5卷［M］//傅璇琮，徐海荣，徐吉军．五代史书汇编：第10册．杭州：杭州出版社，2004：5907.
⑦ 陶岳．五代史补：第1卷［M］//傅璇琮，徐海荣，徐吉军．五代史书汇编：第5册．杭州：杭州出版社，2004：2484.

由上可知，贯休曾自选诗歌，名《西岳集》，共十卷，吴融于唐昭宗光化二年（899）为之序，贯休时年六十八岁。此书于宋代颇为流行。王蜀乾德五年（923），昙域在《西岳集》基础上重新编辑贯休诗文，得近千首，为三十卷，号《禅月集》，首安吴融序，自为后序。故人又称此集为《西岳集》。自此，《禅月集》《西岳集》经常混称，同时出现十卷与三十卷之别，甚至有合而为四十卷之误。晁公武所见之本无吴融序，并指为昙域所削，更增加了混乱。

《西岳集》一名的由来，余嘉锡《四库提要辨证》卷二十一据卷首贯休题名"浙江东道婺州兰溪县和安寺西岳赐紫蜀国禅月大师"，考《旧唐书·昭宗纪》及《宋高僧传》，认为贯休赐紫为昭宗乾宁三年（896）驻跸华州时，此时诗集已成，名之"西岳"，所以"志君恩，伤国难"云云。[①] 可备一说。据《直斋书录解题》，知十卷本《西岳集》南宋晚期尚别行于世。

《禅月集》今存本两种，系出一源。一为影写南宋嘉熙四年（1240）兰溪兜率寺僧可灿刊本，共二十五卷，仅是诗歌，无文赞。《四部丛刊》据以影印。二为毛晋重刊可灿本二十五卷，另附晋所辑诗歌佚句补遗一卷，共二十六卷，收入《四库全书》。毛晋本无吴融序，缺嘉熙刊刻时宋人题跋五篇，贯休题名亦与可灿本不同。毛晋跋云："宋人相传凡三十卷，余从江左名家大索十年，仅得二十五卷，其文赞及献武肃王诗五章章八句俱不载，不无遗珠之憾，今略补一二于后。"[②] 知毛氏所刊亦并非可灿原本。

据《郡斋读书志》，知《禅月集》南宋初尚有三十卷。宋龚明之《中吴纪闻》卷三"禅月大师"条云："又善作诗文，有《西岳集》行于世。"[③] 张世南《游宦纪闻》卷六："非特能画，且于诗文尤高，有《西岳集》三十卷，翰学吴融为之序，唐相张格、韦庄、王锴、周庠，皆有诗纪其事。"《中

---

① 余嘉锡.四库提要辨证：第21卷［M］.北京：中华书局，1980：1325-1326.
② 贯休.禅月集：卷末［M］//影印文渊阁四库全书：第1084册.台北：台湾商务印书馆，1986：525-526.
③ 龚明之.中吴纪闻：第3卷［M］//影印文渊阁四库全书：第589册.台北：台湾商务印书馆，1986：326.

吴纪闻》成书于淳熙九年（1182）。张世南为宁宗、理宗时人，书中有"绍定癸巳"（1233）纪年，知其与可灿大致同时。龚、张二人赞贯休均以"诗文"并称，知南宋中晚期三十卷本应犹存。《唐才子传校笺》卷十，辛文房云贯休："有集三十卷，今传。"①《明一统志》卷四十二云贯休："工歌诗，著《西岳集》二十余卷。"② 辛文房书初成于元大德八年（1304）。余嘉锡认为辛氏只是因袭旧文，未必真见全集。③《明一统志》成于天顺五年（1461），此时《禅月集》已仅存二十五卷诗歌而已。

另，《文献通考》卷二百四十三有《宝月诗》一卷，下引晁公武说与《郡斋读书志》著录《禅月集》同，《宝月诗》不见其他宋元明人称引，当为马端临之讹。

又《秘书省续编到四库阙书目》卷一别集类："僧贯休《碑》一卷。"《墨池编》卷六碑刻"传模"条著录《唐泗州护国大师贯休碑》，不题书手。唐泗州，五代属吴与南唐。贯休善书，此碑当为其唐时驻跸泗州某寺时所写，文当在《禅月集》中。

今人陆永峰著有《禅月集校注》，巴蜀书社2006年版。

《徐仲雅诗集》

徐仲雅，生卒年不详。《明一统志》卷六十三："徐仲雅，其先秦中人，徙居长沙。马希范辟置幕府，年方十八。"④ 晋天福四年（939），以昭顺军观察判官辟为楚天策府学士。自马希广之废，杜门不出，终身不仕。有诗名。宋马永易《实宾录》卷二："五代楚徐仲雅，马希范命为学士。希范创会春园及嘉宴堂，仲雅作诗以纪之，词调清越，当世士流无不传诵。性简

---

① 傅璇琮，等．唐才子传校笺：第4册［M］．北京：中华书局，1990：441．
② 李贤，等．明一统志：第42卷［M］//影印文渊阁四库全书：第472册．台北：台湾商务印书馆，1986：1033．
③ 余嘉锡．四库提要辨证：第21卷［M］．北京：中华书局，1980：1325．
④ 李贤，等．明一统志：第63卷［M］//影印文渊阁四库全书：第473册．台北：台湾商务印书馆，1986：337．

傲，好嘲噱，遇事辄无所畏避。尝退处郊园，自号东野先生。"① 《十国春秋》卷七十三有传。

此书不见目录著录。《诗话总龟》卷三十八："湖南徐仲雅与李宏皋、刘昭禹齐名，所业百余卷并行于世。《畔夫谣》一首云：'张绪逞风流，王衍事轻薄。出门逢畔夫，颜色必不乐。肥肤如玉洁，力拗丝不折。半日无畔夫，此辈摁饿杀。'（《雅言杂载》）"②

《李弘皋集》二卷

李弘皋撰。《宋史·艺文志》别集类："《李洪皋集》二卷。"③ 弘皋，生卒年里不详。宋人避太祖父讳，又作"李皋""李宏皋""李洪皋"。《诗话总龟》卷十五："李宏皋，唐末八座善夷之子。善夷左迁武陵宰，卒于官。宏皋舁榇归故园，途中值兵革，为马氏拥入湖湘，文昭王，有功授学士，至刑部侍郎。每笺奏至京，辞臣降叹，李崧相国器之。后马氏兄弟结隙，与弟宏节俱弃市。宏皋少攻诗，题《桃源》云：'山翠参差水渺茫，秦人昔在楚封疆。当时避世乾坤窄，此地安家日月长。草色几经坛杏老，岩花犹带涧桃香。他年倘遂平生志，来着霞衣侍玉皇。'"④ 弘皋仕楚，历官营道令、江南诸道都统掌书记、天策府学士、刑部侍郎。能诗，与徐仲雅、刘昭禹齐名。后汉乾祐三年（950），为马希萼所杀。《十国春秋》卷七十四有传。

---

① 马永易. 实宾录：第2卷［M］//影印文渊阁四库全书：第920册. 台北：台湾商务印书馆，1986：314.
② 阮阅. 诗话总龟：第38卷［M］. 北京：人民文学出版社，1987：370-371.
③ 脱脱，等. 宋史：第208卷［M］. 北京：中华书局，1985：5335.
④ 阮阅. 诗话总龟：第15卷［M］. 北京：人民文学出版社，1987：180.

《探龙集》五卷
《徐寅赋》五卷
《书》二十卷
《温陵集》十卷

徐夤（849—921）撰。① 今存记载中多作"徐寅"。徐夤字昭梦，莆田人。乾宁元年（894）进士及第，授秘书省正字。后依王审知、王延彬幕府，归老莆田延寿溪。晚唐五代著名文学家，尤工赋。与司空图、罗隐、黄璞等为友。事迹见《五代史补》卷二、《十国春秋》卷九十五、《唐才子传校笺》卷十。

《崇文总目》别集类："《探龙集》一卷。《徐寅赋》一卷，阙。"《通志》卷七十赋："《徐寅赋》一卷，伪唐人；又《探龙集》一卷。"② 《宋史·艺文志》别集类："徐寅《别集》五卷……徐寅《探龙集》五卷。"③

现存《唐秘书省正字先辈徐公钓矶文集》载宋徐师仁序云："按，《崇文总目》正字《赋》五卷、《探龙集》一卷，题曰'伪唐徐某撰'。正字实未尝仕伪唐也。师仁家故有《赋》五卷、《探龙集》五卷，正字自序其后。又于蔡君谟家得《雅道机要》一卷。又访于族人及好事者，得五言诗并绝句合二百五十余首，以类相从，为八卷。并藏焉。……以此知正字之文不独行于当时，名于后世，亦播于异域也。然八体回文诗寻讨未获，小说载'红绫饼餤'绝句亦不见全，其余碑碣之属甚众，类皆亡失。岂其赋名特高，故他文遂不俱传欤？……建炎三年三月序。"④ 据此，知《徐寅赋》与《探龙集》当为徐寅在世时自选集，然今本《崇文总目》所载均为一卷，与徐师仁家藏不合，结合《宋史·艺文志》著录，疑因手抄而分卷不同，非内容有异也。至于其所引《崇文总目》"正字《赋》五卷"，盖由后人传抄讹误，非其所见《崇文总目》如此也。而所谓"伪唐"，因南唐灭闽后，

---

① 徐夤生卒年历来多有争议，此处年月据林毓莎. 徐寅名号及生卒年考辨 [J]. 莆田学院学报，2011，18（4）：97-100.
② 郑樵. 通志：第70卷 [M]. 北京：中华书局，1987：826.
③ 脱脱，等. 宋史：第208卷 [M]. 北京：中华书局，1985：5337，5359.
④ 徐夤. 徐公钓矶文集：卷首 [M] //四部丛刊三编本. 上海：商务印书馆，1936.

名义上于泉州置清源节度使，管辖包括莆田在内的若干地区，故《崇文总目》有此称，《通志》袭用不改。而《宋史·艺文志》所载之徐寅《别集》五卷，因其合四种《国史志》而成，不能确定是否为五卷之《徐寅赋》。

又可知，南宋初徐师仁所编之《钓矶文集》，乃合《徐寅赋》五卷、《探龙集》五卷、《雅道机要》一卷、诗八卷四者而成。

南宋刘克庄《跋徐先辈集》云："友人徐君端衡出其十一世祖唐正字公夤文集，又纂辑公遗事及年谱以示。余按刘山甫志墓，诗赋外有著书二十卷，《□陵集》十卷。南渡初，公族孙著作佐郎师仁作集序，有《雅道机要》一卷，得于蔡君谟家者，今皆不传。所传者律赋及《探龙集》各五卷、诗八卷而已。"① 周祖譔、贾晋华先生据此云："知至南宋末夤赋五卷及《探龙集》五卷、徐师仁所编诗集八卷并存。"② 良为当论。刘山甫与徐寅同时，为志墓文，顾櫰三亦据此于《补五代史艺文志》著录《书》二十卷，《温陵集》十卷。然二十卷书究竟为何，实不知也。温陵为泉州之别称，顾氏推论当不差。③

《唐秘书省正字先辈徐公钓矶文集》徐玩序云："予尝观旧谱所载十二代著作佐郎、赐紫金鱼袋师仁公所著文集序云……既有其序，时必有集。今皆亡失。……至延祐丁酉岁，族叔父司训公于洛如金桥林必载家得诗二百六十余首。复于己亥岁，族叔祖道真公遗赋四十篇，不胜欣慰，合而宝之。后则屡求，未能再得。……今则据其所得诗赋暂编成卷，装潢类诸谱牒。"④ 现存十卷本《钓矶文集》为徐玩所编，钱曾也是园藏旧抄本，赋五卷、诗五卷，第五卷有题无文。钱大昕跋谓延祐无丁酉，疑传写讹误。又云"壬子十月，从荛圃孝廉假读，因记于卷尾"，知此书后曾经黄丕烈

---

① 刘克庄. 后村先生大全集：第96卷[M]//四部丛刊初编本. 上海：商务印书馆，1929. 公夤，原作"光夤"，据《唐才子传校笺》改。
② 傅璇琮，等. 唐才子传校笺：第4册[M]. 北京：中华书局，1990：299.
③ 据《全宋文》（329册，137页），清抄本刘克庄集"温陵集"之"温"字不缺，顾櫰三或有见，亦未可知。
④ 徐夤. 徐公钓矶文集：卷首[M]//四部丛刊三编本. 上海：商务印书馆，1936.

收藏。张元济跋谓前四卷赋四十篇，后五卷诗二百六十五首，与徐玩序合。卷四阙一篇。"又卷四、五原阙是否为访得时即仅存赋题，均不可知。"①

又《唐才子传》卷十："有《探龙集》五卷，谓登科射策，如探睡龙之珠也。"校笺云："辛文房生活于元初，及见《探龙集》五卷，当可信。夤《赠黄校书先辈璞闲居》云'取得骊龙第四珠'（《钓矶文集》卷九），此亦以登科比探取龙珠。"② 据此，可略知集名"探龙"之原由及内容性质之大概。

又《四库全书》收录《徐正字诗赋》二卷，谓为福建巡抚采进本。《四库总目》云："所著有《探龙》《钓矶》二集，共五卷，自《唐书·艺文志》已不著录，诸家书目亦不载其名，意当时即散佚不传。此本仅存赋一卷，计八首，各体诗一卷，计三百六十八首。盖其后裔从《唐音统签》《文苑英华》诸书裒辑成编，附刻家乘之后者，已非五卷之旧矣。"③ 则四库所收与以上诸本非一系统。

另，《全唐诗》卷七○八至七一一编其诗为四卷，《全唐文》卷八三○编其赋为一卷，《唐文拾遗》录其赋为一卷。

现存善本：《徐公钓矶文集》十卷补一卷；元徐玩编，张元济补，民国二十五年（1936）上海商务印书馆《四部丛刊》三编影印清钱曾述古堂抄本。

《徐正字诗赋》二卷，文渊阁《四库全书》本。

---

① 徐夤．徐公钓矶文集：卷末 [M] //四部丛刊三编本．上海：商务印书馆，1936．
② 傅璇琮，等．唐才子传校笺：第4册 [M]．北京：中华书局，1990：298-299．
③ 永瑢，等．四库全书总目：第151卷 [M] //影印文渊阁四库全书：第4册．台北：台湾商务印书馆，1986：85．

（二）总集类

《续本事诗》二卷

处常子编。《崇文总目》总集类、《通志》诗总集类、《郡斋读书志》总集类、《宋史·艺文志》总集类并著录。惟《郡斋读书志》有题名。《郡斋读书志校证》曰："伪吴处常子撰。未详其人。自有序云：'比览孟初中《本事诗》，辄搜箧中所有，依前题七章，类而编之。'然皆唐人诗也。"[1] 故知此书体例一依孟棨《本事诗》，分情感、事感、高逸、怨愤、征异、征咎、嘲戏七门。

今人罗宁自《诗话总龟前集》《类说》《绀珠集》《山谷外集注》中辑得佚文十七则，并云"从佚文来源看，《续本事诗》和《本事诗》一样，除了记载作者得自传闻的故事外，有一些内容条文则直接取自更早的小说杂书……相对《本事诗》来说，《续本事诗》更加依赖于从较早书籍中选取诗话材料。"于其书价值曰："从《本事诗》到《续本事诗》，再到《续广本事诗》和《唐宋分门名贤诗话》《诗话总龟》，唐五代的诗话体小说完成了向宋代诗话丛编的转变。"[2] 其说较为允当。

《直斋书录解题》卷二十二文史类著录《续广本事诗》五卷，云："聂奉先撰。虽曰广孟启之旧，其实集诗话耳。"[3] 一百二十卷本《说郛》卷八十收录聂奉先《续本事诗》十五则，今人余才林认为实系明人伪作，与处常

---

[1] 晁公武，孙猛. 郡斋读书志校证：第20卷 [M]. 上海：上海古籍出版社，1990：1061.

[2] 罗宁. 处常子《续本事诗》辑考 [J]. 西南交通大学学报（社会科学版），2007，8（5）：57.

[3] 陈振孙. 直斋书录解题：第22卷 [M]. 上海：上海古籍出版社，1987：649.

子《续本事诗》、聂奉先《续广本事诗》均无关系。① 其说亦可信。

今唯一点可以讨论。即处常子何人？聂奉先何人？罗宁认为，"处常"二字出《列子·天瑞》"贫者士之常也，死者人之终也，处常得终，当何忧哉"。则此人与道家有些渊源。吴至南唐时期有道士聂绍元，字伯初，自号无名子，世多以"炼师"称之。绍元与奉先、处常子与无名子义相近，或为聂氏别字与别号，亦未可知。若然，则《续广本事诗》五卷与《续本事诗》二卷之关系，或可重新考虑。

《赋选》五卷

李鲁编。《崇文总目》总集类、《宋史·艺文志》总集类、《通志》赋类著录。《崇文总目》注云"阙"。《通志》注云："李鲁集唐人律赋。"② 李鲁，生平事迹不详。雍正《山西通志》卷六十五唐各科（年号失考，总列于后）明经甲科："李鲁。高平人。"③ 据三种目录著录顺序推断，此书当成于五代前期。李鲁为唐末五代初人。

北宋姚铉《唐文粹序》："今世传唐代之类集者，诗则有《唐诗类选》《英灵》《间气》《极玄》《又玄》等集，赋则有《甲赋》《赋选》《桂香》等集，率多声律，鲜及古道，盖资新进后生干名求试者之急用尔。"④ 可知此书选赋标准及性质。又，该书《崇文总目》注云"阙"，故知其流行于北宋，南宋初年馆阁已无存。

《才调集》十卷

韦縠编。韦縠，生卒年不详。今存本《才调集》序称"蜀监察御史韦縠

---

① 余才林. 重编《说郛》本《续本事诗》辨伪 [J]. 中国典籍与文化, 2006 (1)：63-65.
② 郑樵. 通志：第70卷 [M]. 北京：中华书局, 1987：826.
③ 觉罗石麟. 雍正重修山西通志：第65卷 [M] //影印文渊阁四库全书：第544册. 台北：台湾商务印书馆, 1986：295.
④ 姚铉. 唐文粹：卷首 [M]. 四部丛刊初编本. 上海：商务印书馆, 1929.

集"，《唐音癸签》卷三十一亦称縠为"蜀监察御史"①。《能改斋漫录》卷四"空梁落雁泥"条云"及观五代韦縠所编《唐贤才调集》诗"②，《唐诗纪事》卷六十一称"伪蜀韦縠"③，《直斋书录解题》卷十五总集类称"后蜀韦縠"④。故知韦縠仕后蜀，曾为监察御史。

《十国春秋》卷五十六有韦縠传，云韦縠"少有文藻，梦中得软罗缬巾，由是才思益进"，又云其"升□部尚书"⑤，实际上这里说的不是韦縠。今存明仿宋刊《松窗杂录》云"韦殻尚书梦中所得软罗缬巾"⑥，明顾起元《说略》卷二十三、明徐应秋《玉芝堂谈荟》卷二十六引《松窗杂录》均作"韦縠"。四库本《松窗杂录》作"韦慤"。韦慤大中初曾为中书舍人，《文苑英华》卷四百五十六有《授韦慤鄂岳节度使制》称其"驰声词苑，耀价儒林，雅范兰馨，词雄绮丽"⑦。知顾起元、徐应秋因"殻""縠"字形相近而误，吴任臣沿袭未改。

今有韦縠弟韦毅夫妇墓志⑧，据韦毅墓志，知韦縠乃京兆杜陵人，唐昭宗时宰相韦贻范子，排行第二，兄銮，弟煆、毅、宏、縠，官终侍御史。韦毅广政十九年（956）卒，年七十二。陈尚君先生据以推测，韦縠至迟出生于广明、中和间（880—884），应主要生活于王蜀，《才调集》有作于前蜀的可能性。⑨

《才调集》十卷，《崇文总目》总集类、《通志》诗总集类、《直斋书录解题》总集类、《宋史·艺文志》总集类并著录。唯《宋史·艺文志》称

---

① 胡震亨. 唐音癸签：第31卷［M］. 上海：上海古籍出版社，1981：321-322.
② 吴曾. 能改斋漫录：第4卷［M］. 北京：中华书局，1960：87.
③ 计有功. 唐诗纪事：第61卷［M］. 北京：中华书局，1965：927.
④ 陈振孙. 直斋书录解题：第15卷［M］. 上海：上海古籍出版社，1987：443.
⑤ 吴任臣. 十国春秋：第56卷［M］. 北京：中华书局，1983：811.
⑥ 李浚. 松窗杂录［M］//丛书集成新编：第83册. 台北：新文丰出版公司，1986：375.
⑦ 李昉. 文苑英华：第456卷［M］//影印文渊阁四库全书：第1337册. 台北：台湾商务印书馆，1986：276.
⑧ 四川省文物管理局. 四川文物志：上册［M］. 成都：巴蜀书社，2005：294-296.
⑨ 陈尚君. 才调集编选者韦縠家世考［M］//卢盛江，张毅，左东岭. 罗宗强先生八十寿辰纪念文集. 北京：中华书局，2009：389-394.

"《唐名贤才调诗集》"①，上引《能改斋漫录》称"《唐贤才调集》"，《文苑英华辨证》卷五称"《唐才调集》"②。今存本序云："暇日因阅李、杜集，元、白诗，其间天海混茫，风流挺特，遂采摭奥妙，并诸贤达章句。不可备录，各有编次。或闲窗展卷，或月榭行吟，韵高而桂魄争光，词丽而春色斗美。但贵自乐所好，岂敢垂诸后昆。今纂诸家歌诗，共一千首，每一百首成卷，分之为十目，曰《才调集》。"③ 故古人引称"唐才调集"者，乃省称，并非指唐代之《才调集》。

《才调集》是现存唐五代人选唐诗中选诗最多的一种。关于其编选标准、版本源流及文献价值可参傅璇琮、龚祖培《才调集考》及傅璇琮编撰的《新编唐人选唐诗》本《前记》，此本也是该书目前最好的整理本。

（三）文史类

《诗中旨格》一卷

王玄撰。王玄，生卒年不详，宋人避讳作"王元"。《吟窗杂录》收录《诗中旨格》，题"正字王玄编"，其第二部分为"拟皎然十九字体"。④《直斋书录解题》文史类著录《拟皎然十九字》一卷，题云："称正字王元撰，不知何人。"⑤《唐音癸签》卷三十二宋元人诗话："《诗中旨格》一卷，王玄撰，亦名《拟皎然十九字》。"⑥

---

① 脱脱，等．宋史：第209卷［M］．北京：中华书局，1985：5402.
② 彭叔夏．文苑英华辨证：第5卷［M］//影印文渊阁四库全书：第1342册．台北：台湾商务印书馆，1986：762.
③ 韦縠．才调集叙［M］//傅璇琮．唐人选唐诗新编．西安：陕西人民教育出版社，1996：691.
④ 陈应行．吟窗杂录：第14卷［M］．北京：中华书局，1997：451，472.
⑤ 陈振孙．直斋书录解题：第22卷［M］．上海：上海古籍出版社，1987：643.
⑥ 胡震亨．唐音癸签：第32卷［M］．上海：上海古籍出版社，1981：330.

据《诗话总龟》前集，王玄字文元，桂林人。隐居不仕，与廖融为友。"苦吟风月，终于贫病"，卒于长沙。① 王玄既称正字，又隐居，则任正字当在唐末，唐亡入楚而不仕。又书中引廖匡图诗句而不避"匡"字，故疑玄当不及宋，书成于五代末。事迹见《诗话总龟》卷十、卷十一，《十国春秋》卷七十五。

此书后半部分为"拟皎然十九字体"，实就皎然《诗式》提出之高、逸、贞、忠、节、志、气、情、思、德、诚、闲、达、悲、怨、意、力、静、远十九字加以阐释，并附以诗例。前半部分为"诗格"，举出诗句，说明含义。多讲美刺之法，不少牵强附会之处。其书所引诗例多为晚唐五代人作品。

今有张伯伟《全唐五代诗格汇考》整理本，江苏古籍出版社2002年版。

---

① 阮阅. 诗话总龟：第10, 11卷［M］. 北京：人民文学出版社，1987：112, 124.

附录一

五代著述总目

经　部
（六十三种，存六种①）

易类（九种）

《易题》　张道古撰

《周易甘棠正义》三十卷　任贞一撰

《易论》三十三卷　王昭素撰

《周易会释记》二十卷　释希觉撰

《易轨》一卷　蒲乾贯撰

《揲蓍法》一卷　青城山人撰

《河洛真数》三卷　陈抟撰

《易卦释义》五卷　陈抟撰

《易龙图》一卷　陈抟撰

书类（二种）

《尚书广疏》十八卷　冯继先撰

《尚书小疏》十三卷　冯继先撰

---

① 本简目所标"存"，为其书流传有绪，今日尚存全帙；所标"残存"，为其书篇卷不全，但流传情况尚可考知。

诗类（二种）

《毛诗疑义》一卷

《草木虫鱼图》　徐铉撰

礼类（一种，存一种）

《三礼图》二十卷（存）　聂崇义撰

乐类（十八种）

《大周正乐》一百二十卷　窦俨撰

《乐苑》五卷　陈游撰

《周优人曲辞》二卷　赵上交撰

《续乐记》　李煜撰

《蜀雅乐仪》三十卷

《邀醉舞破》　李煜妃周氏谱

《恨来迟破》　李煜妃周氏谱

《霓裳羽衣曲》　李煜妃周氏谱

《念家山破》　李煜谱

《振金铃曲破》　李煜谱

《万里朝天》

《荆南刻石曲谱》

《大唐正声新址琴谱》十卷　陈拙撰

《琴谱》一卷　王邈撰

《琴调》一卷　蔡翼撰

《小胡笳十九拍》一卷　蔡翼撰

《阮咸谱》一卷　蔡翼撰

《古乐府》　吴淑校定

春秋类（十种，存一种）

  《春秋王伯世纪》十卷　李琪撰

  《春秋音义赋》十卷　尹玉羽撰

  《春秋字源赋》二卷　尹玉羽撰

  《春秋名号归一图》二卷（存）　冯继先撰

  《春秋名字同异录》五卷　冯继先撰

  《春秋纂要》十卷　姜虔嗣撰

  《春秋极论》二篇　刘熙古撰

  《春秋演论》三篇　刘熙古撰

  《春秋杜注驳正》　王贞范撰

  《左氏传引帖断义》十卷　蹇遵品撰

论语类（一种）

  《论语陈说》一卷　释赞宁撰

小学类（二十种，存四种）

  《尔雅音略》三卷　毋昭裔撰

  《义训》十卷　窦俨撰

  《说文解字系传》四十卷（存）　徐锴撰

  《说文解字韵谱》十卷（存）　徐锴撰

  《补说文字解》三十卷　释昙域撰

  《说文五义》三卷　吴淑撰

  《字源偏旁小说》三卷　林罕撰

  《偏旁字源》一卷　释梦英撰

  《佩觿》三卷（存）　郭忠恕撰

  《汗简》七卷（存）　郭忠恕撰

  《通释五音》十卷　徐锴撰

  《古今韵会》五百卷　后蜀史馆集

《声韵谱》一卷　句中正撰

《篆韵》五卷　徐锴撰

《古钲铭碑》一卷　徐铉撰

《书林韵会》一百卷　孟昶撰

《临书关要》一卷　释应之撰

《书述》　李煜撰

《续笔阵图》　李煜撰

《法书苑》　郭忠恕撰

史　部
（二百零一种，存十种，残存七种）

正史类（三种，存一种，残存一种）

《旧唐书》二百卷（存）　刘昫等撰

《旧五代史》一百五十卷（残存）　薛居正等撰

《后汉书辨驳》　石文德撰

编年类（八种，残存一种）

《唐明宗朝时政记》

《唐年补录》六十五卷　贾纬撰

《五代通录》六十五卷　范质撰

《历代年谱》一卷　徐锴撰

《续通历》十卷　徐锴撰

《续通历》十卷（残存）　孙光宪撰

《古今类聚年号图》一卷　杜光庭撰

《年号历》一卷

伪史类（三十七种，存二种）

《吴杨氏本纪》六卷　王振、陈浚撰

《高皇帝过江事实》一卷
《吴录》二十卷　陈浚、高远、徐铉、乔匡舜、潘佑撰
《吴书实录》三卷
《吴将佐录》一卷　王振撰
《淝上英雄小录》二卷　信都镐撰
《邗沟要略》九卷　徐铉撰
《南唐烈祖实录》二十卷　高远撰
《南唐元宗实录》十卷　高远撰
《南唐烈祖开基志》十卷　王颜撰
《江南李氏事迹》一卷
《江南志》二十卷
《开国以来实录》　张格撰
《前蜀书》四十卷　李昊撰
《前蜀王氏纪事》二卷　毛文锡撰
《王氏开国记》　辛寅逊撰
《后蜀高祖实录》三十卷　李昊撰
《后蜀后主实录》八十卷　李昊撰
《乾宁会稽录》一卷
《吴越备史》十五卷（存）　钱俨撰
《吴越备史遗事》五卷　钱俨撰
《戊申英政录》一卷　钱俨撰
《忠懿王勋业志》三卷　钱俨撰
《湖湘事迹》一卷
《湖南故事》十三卷
《三楚新录》三卷（存）　周羽翀撰
《楚录》五卷　卢臧撰
《高氏世家》十卷
《闽中实录》十卷　蒋文怿撰

《王氏启运图》三卷　林仁志撰

《闽王审知传》一卷　陈致雍撰

《闽王事迹》一卷　余公绰撰

《南汉国史》十二卷　胡宾王撰

《刘氏兴亡录》一卷　胡宾王撰

《广王事迹》一卷　胡元兴撰

《南纪国图》一卷

《晋阳见闻要录》一卷　王保衡撰

杂史类（四十七种，存二种，残存三种）

《汴水滔天录》一卷　王振撰

《梁太祖编遗录》三十卷　敬翔撰

《梁列传》十五卷　张昭远撰

《后唐列传》三十卷　张昭远撰

《庄宗召祸记》一卷　黄彬撰

《幽懿录》　王淑撰

《开运陷虏事迹》一卷

《晋朝陷蕃记》四卷　范质撰

《陷虏记》三卷　胡峤撰

《备史》六卷　贾纬撰

《新野史》十卷　不名子撰

《英雄佐命录》一卷

《周世宗征淮录》一卷

《濠州干戈录》一卷

《三朝革命录》三卷　徐廙撰

《史系》二十卷

《后史补》三卷　高若拙撰

《唐补记》三卷　程匡柔撰

《唐录备阙》十五卷　欧阳炯撰

《补国史》六卷　林恩撰

《大唐新纂》三卷　石文德撰

《续皇王宝运录》十卷　韦昭度、杨涉撰

《帝王镜略》一卷　冯鉴续撰

《史稿杂著》百余卷　高远撰

《元类》一卷　沈汾撰

《帝王年代州郡长历》二卷　杜光庭撰

《帝王年代小解》一卷　杜光庭撰

《文行录》五十卷　韩保昇撰

《十三代史略》　夏鹏、夏鸿撰

《史书集类》三卷　曹化撰

《正史杂论》十卷　杨九龄撰

《晋武平吴记》二卷　张昭撰

《中朝故事》三卷（存）　尉迟偓撰

《开元天宝遗事》四卷（存）　王仁裕撰

《玉堂闲话》十卷　王仁裕撰

《续玉堂闲话》一卷　王仁裕撰

《见闻录》三卷　王仁裕撰

《三朝见闻录》八卷　王仁裕撰

《金华子杂编》四卷　刘崇远撰

《金銮密记》五卷　韩偓撰

《广陵妖乱志》三卷（残存）　郭廷诲撰

《汴州记》一卷　王权撰

《北梦琐言》三十卷（残存）　孙光宪撰

《入洛私书》十卷　江文秉撰

《桂堂编事》二十卷　杨九龄撰

《锦里耆旧传》　张彰撰

《锦里耆旧传》八卷（残存）　勾延庆撰

实录类（十八种）

　　《宣宗懿宗僖宗昭宗四朝实录》　后唐史馆修

　　《梁太祖实录》三十卷　张衮、郄殷象等撰

　　《梁末帝实录》十卷　张昭撰

　　《后唐懿祖纪年录》一卷　张昭远等撰

　　《后唐献祖纪年录》二卷　张昭远等撰

　　《后唐太祖纪年录》十七卷　张昭远等撰

　　《后唐庄宗实录》三十卷　张昭远撰

　　《后唐明宗实录》三十卷　姚颛、张昭远、李祥、程渥、吴承范、杨昭俭撰

　　《后唐愍帝实录》三卷　张昭等撰

　　《后唐废帝实录》十七卷　张昭等撰

　　《晋高祖实录》三十卷　窦贞固、贾纬、窦俨、王申等撰

　　《晋少帝实录》二十卷　窦贞固、贾纬、窦俨、王申等撰

　　《汉高祖实录》二十卷　苏逢吉等撰

　　《汉隐帝实录》十五卷　张昭、尹拙、刘温叟等撰

　　《周太祖实录》三十卷　张昭、尹拙、刘温叟等撰

　　《周世宗实录》四十卷　王溥等撰

　　《周显德日历》一卷　扈蒙等撰

　　《周恭帝日历》三卷　扈蒙撰

故事类（五种，存二种）

　　《史馆故事录》三卷　后周史官撰

　　《周显德二年小录》一卷

　　《古今国典》　徐锴撰

　　《唐会要》一百卷（存）　王溥撰

193

《五代会要》三十卷（存）　王溥撰

职官类（三种）

《梁循资格》一卷　郄殷象撰

《宰辅明鉴》十卷　张翼撰

《唐宰辅图》二卷

杂传记类（十种，残存一种）

《四明郡才名志》　孙郃撰

《古今孝悌集》　和凝撰

《登科记》五卷

《登科记》十五卷　徐锴

《五代登科记》一卷（残存）

《历代鸿名录》八卷　李远撰

《名臣事迹》五卷　张昭远撰

《桑维翰传》三卷　范质撰

《名贤姓字相同录》一卷　丘光庭

《北司治乱记》八卷　严遵美撰

仪注类（十三种，残存一种）

《朱梁南郊仪注》一卷

《吴南郊图记》一卷

《郊望论》　周彬撰

《州县祭祀仪》一卷　陈致雍撰

《寝祀仪》一卷　陈致雍撰

《州郡乡饮酒仪注》　后唐礼官草定

《坤仪令》一卷　王衍撰

《新定书仪》二卷　刘岳撰

《书仪》

《五礼仪镜》六卷　陈致雍撰

《曲台奏议集》二十卷（残存）　陈致雍撰

《大周通礼》二百卷　窦俨撰

《文场内举人仪则》一卷

刑法类（十九种，存一种）

《大中已后杂敕》三卷

《梁令》三十卷

《梁格》十卷

《梁式》二十卷

《刑律总要》十二卷　李保殷撰

《同光刑律统类》十三卷　卢质等撰

《天成长定格》一卷

《后唐格令》三十二卷

《天成杂敕》三卷

《新编制敕》三十卷　卢损等撰

《天福编敕》三十卷

《后唐以来至汉末编敕》三十二卷

《显德刑统》二十卷　张湜等撰

《大周续编敕》二卷　卢亿等撰

《江南刑律统类》十卷　姜虔嗣撰

《伪吴删定格令》五十卷

《江南删定条》三十卷

《蜀杂制敕》三卷

《疑狱集》三卷（存）　和凝撰

目录类（九种）

《经史目录》七卷　杨九龄撰

《伪蜀王建书目》一卷

《群书丽藻目录》五十卷　朱遵度撰

《赋苑目》一卷　徐锴撰

《朱梁格目录》一卷

《后唐统类目》一卷　滕起撰

《天福编敕目》一卷

《显德刑统目》一卷

《显德正乐目》一卷

谱牒类（一种）

《徐氏家传》　徐锴撰

地理类（二十八种，存二种）

《天下郡县目》一卷

《新定十道图》三十卷

《江东诸州图经》

《地理手镜》十卷　刘鹭撰

《方舆记》一百三十卷　徐锴撰

《金陵六朝记》三卷　尉迟偓撰

《大梁夷门记》一卷　王权撰

《蜀程记》一卷　韦庄撰

《峡程记》一卷　韦庄撰

《入洛记》一卷　王仁裕撰

《南行记》三卷　王仁裕撰

《王氏东南行记》一卷

《豫章记》三卷　徐廙撰

《武夷山记》一卷　杜光庭撰

《续成都记》一卷　杜光庭撰

《青城山记》一卷　杜光庭撰

《华阳记》　释仁显撰

《海潮论》一卷（存）　丘光庭撰

《海潮记》一卷　丘光庭撰

《太虚潮论》一卷　钱棲业撰

《晋安海物异名记》三卷　陈致雍撰

《敦煌新录》一卷

《寿昌县地境》（存）　翟奉达撰

《重修河堤图》二卷

《水利编》三卷　王章撰

《契丹疆宇图》一卷

《于阗国行程记》一卷　平居诲撰

《海外使程广记》三卷　章僚撰

子　部

（二百零三种，存二十五种，残存六种）

儒家类（十三种）

《君臣正论》二十五卷　赵莹撰

《兴政论》三卷

《康教论》一卷　丘光庭撰

《太玄注》　张易撰

《唐春秋》三十卷　郭昭庆撰

《治书》五十篇　郭昭庆撰

《治书》五十篇　高越撰

《皇纲论》　陈彭年撰

《理源》二卷　牛希济撰

《治书》十卷　牛希济撰

《皇王大政论》一卷　李琪撰

《家诫》一卷　黄讷撰

《太平书》十卷　王敏撰

道家类（三十八种，存十一种，残存三种）

《道德经广圣义疏》三十卷（存）　杜光庭撰

《广成义》八十卷　杜光庭撰

《道德经疏义节解》四卷（存）　乔讽撰

《道德经义疏》十卷　释文傥撰

《三家老子音义》一卷　徐铉撰

《补注庄子》十卷　张昭远撰

《阴符经注》一卷　杜光庭撰

《黄帝阴符经解》　崔希范撰

《阴符经注》三卷　彭晓撰

《黄帝阴符经》　郑山古撰

《周易参同契通真义》三卷（存）　彭晓撰

《参同契明鉴诀》一卷（存）　彭晓撰

《自然经》五卷　尹玉羽撰

《指玄篇》一卷　陈抟撰

《三要》　黄损撰

《化书》六卷（存）　谭峭撰

《袭古书》三卷　范朝撰

《崔公入药镜》三卷（存）　崔希范撰

《疑仙传》三卷（存）　隐夫玉简撰

《神仙感遇传》十卷（残存）　杜光庭撰

《墉城集仙录》十卷（残存）　杜光庭撰

《仙传拾遗》四十卷　杜光庭撰

《王氏神仙传》四卷　杜光庭撰

《续王氏神仙传》一卷　王毂撰

《续仙传》三卷（存）　沈汾撰

《仙苑编珠》一卷（存）　王松年撰

《神仙事迹》六卷　王松年撰

《仙隐传》十卷　孙夷中撰

《女仙传》

《历代帝王崇道记》一卷　杜光庭撰

《道教灵验记》二十卷（残存）　杜光庭撰

《灵验传》

《宾仙传》三卷　何光远撰

《问政先生聂君传》一卷　徐锴撰

《聂炼师传》一卷　吴淑撰

《神和子传》一卷

《洞天福地岳渎名山记》一卷（存）　杜光庭撰

《天坛王屋山圣迹记》（存）　杜光庭撰

杂家类（十二种，存二种）

《格言》五卷　韩熙载撰

《格言后述》三卷　韩熙载撰

《帝王旨要》三卷　徐融撰

《皇极要览》　韩熙载撰

《古今语要》十二卷　乔匡舜撰

《物类相感志》十卷　释赞宁撰

《通论》　释赞宁撰

《兼明书》五卷（存）　丘光庭撰

《规书》一卷　丘光庭撰

《理训》十卷　宋齐丘撰

《杂说》六卷　李煜撰

《中华古今注》三卷（存）　马缟撰

农家类（十一种，存一种）

《岁时广记》一百二十卷　徐锴撰

《蚕书》三卷　孙光宪撰

《茶谱》一卷　毛文锡撰

《森伯传》　汤悦撰

《竹谱》三卷　钱昱撰

《笋谱》一卷（存）　释赞宁撰

《漆经》三卷　朱遵度撰

《蜀食典》一百卷

《李氏墨经》一卷

《续酒谱》十卷　郑云叟撰

《动植疏》　王建封族子撰

小说类（四十四种，存六种，残存三种）

《报应录》三卷　王毂撰

《秦中岁时记》一卷　李绰撰

《笔述》二十卷　王朴撰

《桂苑丛谈》一卷（存）　冯翊子子休撰

《花经》　张翊撰

《唐摭言》十五卷（存）　王定保撰

《三水小牍》二卷　皇甫枚撰

《云仙散录》一卷（存）　冯贽撰

《灯下闲谈》二卷（存）

《李学士丛谈》

《益智书》一册　冯道撰

《忠烈图》一卷　徐温幕客撰

《稽神录》十卷（残存）　徐铉撰

《广摭言》十五卷　何晦撰

《耳目记》二卷　刘崇远撰

《贾氏谈录》一卷　张洎撰

《笑林》　杨名高撰

《感定命录》一卷

《广前定录》七卷　冯鉴撰

《续事始》五卷　冯鉴撰

《玉溪编事》三卷　金利用撰

《纪闻谭》三卷　潘远撰

《虬须客传》一卷　杜光庭改编

《录异记》十卷（残存）　杜光庭撰

《鉴诫录》三卷（存）　何光远撰

《广政杂录》三卷　何光远撰

《蜀广政杂记》十五卷　蒲仁裕撰

《儆戒录》五卷　周珽撰

《三感志》三卷　杨九龄撰

《野人闲话》五卷（残存）　耿焕撰

《南楚新闻》三卷　尉迟枢撰

《湖湘神仙显异》三卷　曹衍撰

《湖湘灵怪实录》二卷　曹衍撰

《纪遇录》二卷　孙光宪撰

《开颜集》三卷（存）　周文玘撰

《贻子录》一卷

《皮氏见闻录》十三卷　皮光业撰

《妖怪录》五卷　皮光业撰

《传载》八卷　释赞宁撰

《金溪闲谈》十二卷　刘山甫撰

《百悔经》　刘乙撰

《集说》一卷　南阳德长撰

《三余外志》三卷

《史话》三卷

天文类（一种）

《续聿斯歌》一卷　刘熙古撰

历算类（十六种）

《同光乙酉长历》一卷

《晋天福调元历》二十三卷　马重绩撰

《广顺明玄历》一卷　王处讷撰

《万分历》一卷

《显德钦天历》十五卷　王朴撰

《中正历经》一卷　陈承勋撰

《中正历立成》九卷　陈承勋撰

《齐政历》十九卷　陈承勋撰

《蜀武成永昌历》三卷　胡秀林撰

《正象历经》一卷　胡秀林撰

《大唐同光四年具注历日》　翟奉达撰

《天成三年具注历日》　翟奉达撰

《天福四年历》

《显德三年具注历日》　翟奉达撰

《显德六年具注历日》　翟奉达撰

《律准》　王朴撰

兵书类（七种）

《兵论》一卷　张道古撰

《人事军律》三卷　符彦卿撰

《五行阵图》一卷　符彦卿撰

《兵书论语》三卷　符彦卿撰

《制旨兵法》十卷　张昭撰

《契神经》一卷　刘可久撰

《六壬军鉴式》二卷　胡万顷撰

五行类（九种，存二种）

《六壬释卦序例》一卷　刘熙古撰

《六壬翠羽歌》一卷　释令岑撰

《地钤》　释德韶撰

《太一遁甲万胜时定主客立成诀》一卷　胡万顷撰

《太一时纪阴阳二遁立成历》二卷　胡万顷撰

《玉管照神局》三卷（存）　宋齐丘撰

《论气正诀》一卷（存）　何溥撰

《周易指迷照胆诀》二卷　蒲乾贯撰

《人伦风鉴》一卷　陈抟撰

杂艺术类（十九种，存二种）

《射法》一卷　黄损撰

《射书》十五卷　徐锴、欧阳陌撰

《五善射序》一卷　程正柔撰

《棋图义例》一卷　徐铉撰

《金谷园九局谱》一卷　徐铉撰

《系蒙小叶子格》一卷　李煜妃周氏撰

《梁朝画目》一卷

《广梁朝画目》三卷　胡峤撰

《阁中集》　李煜集

《江南画录》

《江南画录拾遗》　徐铉撰

《治蜀君臣像》三卷　张玫撰

《广画录》一卷　释仁显撰

《益州画录》　辛显撰

《贞明帖》　朱温子集

《升元帖》

《画山水赋》一卷（存）　荆浩撰

《笔法记》一卷（存）　荆浩撰

《笔诀》三卷　姜道隐撰

类书类（十一种）

《修文异名录》十一卷　裴说撰

《两汉史海》十卷　曹化编

《鸿渐学记》一千卷　朱遵度撰

《资谈》六十卷　范赞时撰

《十经韵对》二十卷　陈鄂撰

《四库韵对》四十卷　陈鄂撰

《备忘小抄》十卷　文谷撰

《名苑》五十卷　杨九龄撰

《新修唐朝事类》十卷　郭廷钧编

《属文宝海》一百卷　郭微撰

《禁垣备对》十卷　王昭远撰

医书类（二十二种，存一种）

《要术》一卷　陈玄撰

《续传信方》十卷　王颜撰

《今体治世集》三十卷　刘翰撰

《经用方书》三十卷　刘翰撰

《论候》十卷　刘翰撰

《升元广济方》三卷　华宗寿撰

《广政集灵宝方》一百卷　罗普宣撰

《经验方》　陈巽撰

《南唐食医方》　陈巽撰

《日华子诸家本草》　日华子撰

《食性本草》十卷　陈士良撰

《蜀重广英公本草》二十卷　韩保昇等撰

《海药本草》六卷　李珣撰

《本草括要》三卷　张文懿撰

《药谱》　侯宁极撰

《南海药谱》一卷

《意医纪历》一卷　吴群撰

《藏府通元赋》一卷　张文懿撰

《保生要录》一卷　蒲虔贯撰

《产宝》三卷（存）　周颋撰

《保童方》一卷　周颋撰

《杂修养书注》　徐锴撰

集　部

（四百种，存二十七种，残存五种）

别集类（三百四十一种，存十五种，残存五种）

《政余集》五卷　罗绍威撰

《裴说诗》一卷

《王毂诗集》三卷

《崔遘集》二卷

《杂笺诗》一卷

《白沙集》十卷　李愚撰

《五书》一卷　李愚撰

《词制歌诗》二十卷　张策撰

《东堂集》十卷　窦梦征撰

《紫府集》　李从荣撰

《演论集》五十卷　和凝撰

《游艺集》五十卷　和凝撰

《武库集》五十卷　尹玉羽撰

《拟峰集》二卷　郑云叟撰

《郑云叟集》二十卷

《薛廷珪集》一卷

《韦说诗》一卷

《程逊集》十卷

《三山集》　释可止撰

《草堂集》三十卷　贾纬撰

《续草堂集》十五卷　贾纬撰

《崔拙集》二卷

《丘光业诗》一卷

《斐然集》五卷　李为光撰

《杨凝式诗》

《真珠集》五卷　李崧撰

《锦囊集》三卷　李崧撰

《李崧别集》一卷

《丹台集》三卷　高辇撰

《高辇诗》一卷

《冯道诗》十卷

《冯道集》六卷

《河间集》五卷　冯道撰

《乘辂集》五卷　王仁裕撰

《紫阁集》十一卷　王仁裕撰

《紫泥集》十二卷　王仁裕撰

《紫泥后集》四十卷　王仁裕撰

《王仁裕诗集》十卷

《西江集》一百卷　王仁裕撰

《符蒙集》一卷

《卢士衡集》一卷

《应历小集》十卷　李瀚撰

《玉堂拾遗集》一卷　陶谷撰

《西掖集》三十卷　张正撰

《范质集》三十卷

《屠龙集》五卷　熊皦撰

《南金集》二卷　熊皦撰

《鼎国诗》三卷　李雄撰

《鳌山集》二十卷　扈蒙撰

《扈载文集》二十卷

《嘉善集》五十卷　张昭撰

《赵上交集》二十卷

《黄状元文集》五卷　黄仁颖撰

《仁颖诗集》　黄仁颖撰

《薛居正集》三十卷　薛居正撰

《端揆集》四十五卷　窦仪撰

《窦俨文集》五十卷

《翰苑集》十卷　王朴撰

《王溥集》二十卷

《李昉集》五十卷

《孙开物集》十六卷

《三峰寓言》　陈抟撰

《高阳集》　陈抟撰

《钓潭集》　陈抟撰

《陈抟诗》一卷　陈抟撰

《观光集》　赵弘撰

《宜阳外编》一卷　郑谷撰

《徐融集》一卷

《王振诗》一卷

《龚霖诗》一卷

《登龙集》十卷　殷文圭撰

《冥搜集》二十卷　殷文圭撰

《镂冰集》二十卷　殷文圭撰

《笔耕》二十卷　殷文圭撰

《殷文圭集》一卷（存）

《小东里集》三卷　游恭撰

《广东里集》四十卷　游恭撰

《游恭文集》一卷

《启霸集》三十卷　朱浔撰

《百一集》二十卷　周延禧撰

《杨夔集》五卷

《冗书》十卷　杨夔撰

《冗余集》一卷　杨夔撰

《聱书》十卷　沈颜撰

《解聱书》十五卷　沈颜撰

《陵阳集》五卷　沈颜撰

《阁中集》十卷　徐知谔撰

208

《百一诗》一卷　徐知谔撰

《碧云集》三卷（存）　李中撰

《灵溪集》七卷（残存）　王贞白撰

《宋齐丘集》六卷

《宋齐丘文传》十三卷　乐史编

《陈陶诗》（残存）

《凤苑集》三卷　孟拱辰撰

《梅岭集》五卷　成文干撰

《肥川集》十卷　章震撰

《磨盾集》十卷　章震撰

《李叔文诗》一卷

《郭鹏诗》一卷

《李明诗集》五卷

《体物集》一卷　郭贲撰

《拾遗集》十卷　余璀撰

《江简公集》十卷　江文蔚撰

《李煜集》十卷

《李煜集略》十卷

《李煜诗》一卷

《文献太子诗集》　李弘冀撰

《李弘茂集》十卷

《荥阳集》二十卷　潘佑撰

《续古阙文》一卷　孙晟撰

《孙晟文集》五卷

《沈文昌集》二十卷

《定居集》二卷　韩熙载撰

《韩熙载文集》五卷　韩熙载撰

《钟山集》一卷　左偃撰

《钟蒨诗》

《徐铉集》三十卷（存）

《质论》一卷　徐铉撰

《徐锴集》十五卷

《冯氏家集》　冯延鲁撰

《许洞歌行》十五卷

《钟山公集》二十卷　李建勋撰

《李建勋诗》二卷（存）

《芸阁集》十卷　郭昭庆撰

《庐岳集》　邵拙撰

《金陵览古诗》二卷　朱存撰

《金陵古迹诗》四卷　李存撰

《孙鲂诗》三卷

《汤悦集》三卷

《怨词》三十篇　胡元龟撰

《伍乔集》一卷（存）

《孟贯诗》一卷

《张乔诗》二卷

《刘洞诗集》

《夏宝松诗》

《沈彬诗》二卷

《闲居集》十卷　沈彬撰

《史虚白文集》

《庆云集》一卷　陈贶撰

《毛炳诗集》

《颜诩诗集》一卷

《拟谣》十卷　乔匡舜撰

《桂香诗》一卷　乔匡舜撰

《乔匡舜集》

《谈藏用诗》一卷

《萧庶子诗》

《丘旭诗》一卷

《钓鳌集》　刘吉撰

《鹿园集》一卷　刘吉撰

《张泊集》五十卷

《安居杂著》十卷　程匡柔撰

《黄台诗》一卷

《处士集》　梁藻撰

《蒲先生丛稿》

《朱邺诗》三卷

《僧修睦诗》一卷

《桂峰集》　释栖隐撰

《僧应之集》一卷

《王建宫词》

《宫词》一卷（存）　花蕊夫人撰

《南冠集》　冯涓撰

《龙吟集》三卷　冯涓撰

《长乐集》一卷　冯涓撰

《信都集》一卷　冯涓撰

《浣花集》二十卷（存）　韦庄撰

《幽居杂编》一卷　韦庄撰

《韦蔼诗》一卷

《王锴集》

《西阁集》十卷　毛文晏撰

《凤鸣集》三十卷　王超撰

《洋源集》二卷　王超撰

《玉堂集》 刘赞撰

《卢延让诗》一卷 卢延让撰

《玉堂集》二十卷 庾传昌撰

《青宫载笔记》十五卷 庾传昌撰

《乔讽集》十卷

《梓潼集》二十卷 李尧夫撰

《玄舟集》十二卷 句令言撰

《潼江集》二十卷 章九龄撰

《张玭诗》一卷（存）

《拟白居易讽谏诗》五十篇 欧阳炯撰

《拟讽谏集》五卷 杨士达撰

《皂江渔翁集》 张立撰

《要录》十卷 杨九龄撰

《枢机集》二十卷 李昊撰

《西岳集》十卷 释贯休撰

《禅月集》三十卷（残存） 释贯休撰

《龙华集》十卷 释昙域撰

《玉垒集》十卷 释可朋撰

《杜光庭集》三十卷（残存）

《壶中集》三卷 杜光庭撰

《三教论》一卷 杜光庭撰

《王定保集》三十卷

《桂香集》 黄损撰

《陈用拙诗集》八卷

《孟贯诗》一卷（存）

《廖匡图诗集》二卷

《廖凝诗集》七卷

《廖偃诗》一卷

《廖邈诗集》二卷

《廖融诗集》四卷

《王玄集》

《邓洵美集》

《拟渔父诗》一卷　戴偃撰

《刘昭禹诗》一卷

《徐仲雅诗集》

《李弘皋集》二卷

《李弘皋杂文》十卷

《孟水部诗集》　孟宾于撰

《蘖川集》　胡昉撰

《白莲集》十卷（存）　释齐己撰

《白莲外编》十卷　释齐己撰

《供奉集》一卷（存）　释尚颜撰

《荆门集》五卷　释尚颜撰

《碧云诗》一卷　释虚中撰

《锦楼集》　钱元瓘撰

《越中吟》二十卷　钱弘倧撰

《正本集》　钱俶撰

《钱俨前集》五十卷

《钱惟治集》十卷

《贰卿文稿》二十卷　钱昱撰

《罗衮集》二卷

《孙子文纂》四十卷　孙郃撰

《孙氏小集》三卷　孙郃撰

《孙郃文集》四十卷　孙郃撰

《章子》三卷　章鲁封撰

《丘光庭集》三卷

《丘光庭诗》一卷

《丘光业诗》一卷

《一字至七字诗》二卷　吴蜕撰

《谢鹗诗集》　裴说编

《沈崧集》二十卷

《沈崧诗集》二卷

《林无隐文集》三十卷

《陈郯歌诗》一卷

《拟白氏讽谏》　胡抱章撰

《僧汇征集》七卷

《杂诗赋》十五卷　释希觉撰

《注林鼎金陵怀古百韵诗杂体》四十章　释希觉撰

《拟谚书》五卷　释希觉撰

《处默诗》一卷

《黄滔集》十五卷

《入翰林后诗》一卷　韩偓撰

《探龙集》五卷　徐夤撰①

《书》二十卷　徐夤撰

《温陵集》十卷　徐夤撰

《雾居子》十卷　黄璞撰

《狎鸥集》一卷（存）　翁承赞撰

《昼锦集》　翁承赞撰

《博学宏词前后集》二十卷　翁承赞撰

《白岩集》十卷　郑良士撰

《中垒集》五卷　郑良士撰

《郑良士诗集》十卷

---

① 今存《徐公钓矶文集》十卷补一卷、《徐正字诗赋》二卷，均为后人编辑，所收当涵盖徐氏四种别集。

《刘山甫诗》一卷（存）

《刘昌言文集》三十卷

《颜仁郁诗》百篇

《刘乙集》一卷

《王倓后集》十卷

《郑希闵文集》三十卷

《获稿》三卷　倪曙撰

《皮光业诗》一卷

《鹿门家钞诗咏》　皮灿撰

《清隐堂集》　詹敦仁撰

《僧文彧诗》一卷

《梁震集》一卷

《巩湖编玩》四十卷　孙光宪撰

《橘斋集》二卷　孙光宪撰

《纪遇诗》一卷　孙光宪撰

《五书》二卷　孙光宪撰

《颜仁卿诗》百篇

《咏史》十卷　冀访撰

《六朝咏史诗》一卷　孙玄晏撰

《览北史》三卷　孙玄晏撰

《吊梁郊赋》一卷　张策撰

《禹别九州赋》三卷　赵邻几撰

《克家志》五卷　薛廷珪撰

《江都宫赋》一卷　侯圭撰　杨守业注

《乐赋》一卷　王朴撰

《桑维翰赋》二卷

《杨夔赋》一卷

《大纪赋》一卷　沈颜撰

《江翰林赋集》三卷　江文蔚撰

《高越赋》一卷

《丘旭赋》一卷

《倪曙赋》一卷

《朱邺赋集》三卷

《怀秦赋》一卷　冯涓撰

《徐寅赋》五卷（残存）　徐夤撰

《纂唐赋》一卷　孙光宪撰

《丘光庭四六》一卷

《宋齐邱四六》一卷

《殷文圭四六》三卷　殷文圭撰　赵文翼注

《田霖四六》一卷

《白岩四六》五卷　郑良士撰

《李袭吉表状》三卷

《表奏集》十卷　敬翔撰

《新集宝囊》五卷　严虔崧撰

《金门集》十卷　李琪撰

《应用集》三卷　李琪撰

《金台凤藻集》五十卷

《五危二乱表》一卷　张道古撰

《谏疏》一卷　张道古撰

《李巨川启状》二卷

《马郁表状》一卷

《典议》三卷　张策撰

《张策笺表》三十卷

《罗贯书启》二卷

《红药编》五卷　和凝撰

《凤阁书词》十卷　薛廷珪撰

216

《李慎仪集》二十卷

《杂表疏》一卷　杨昭俭撰

《晋开运出师制》

《大毁佛寺诏》一卷　柴荣撰

《江西表状》二卷　黄台撰

《彭霁杂状启》二卷　彭霁撰

《文场应用》三卷　吴蜕撰

《从军稿》二十卷　殷文圭撰

《江南揖让录》七卷　陈浚撰

《戎机集》五卷　汤筠撰

《拟议集》十五卷　韩熙载撰

《伪蜀与朱梁书》一卷

《韦庄笺表》一卷

《谏草》二卷　韦庄撰

《杂制诏集》二十一卷　毛文晏撰

《昌城后寓集》十五卷　毛文晏撰

《金行启运集》二十卷　庾传昌撰

《潜龙笔职集》二卷　赵仁撰

《蜀祖经纬略》一百卷　李昊撰

《吴越石壁记》二卷　钱镠撰

《吴越掌记集》三卷　罗隐撰

《吴江应用集》二十卷　林鼎撰

《李弘皋表状》一卷

《荆台集》四十卷　孙光宪撰

《笔佣》十卷　孙光宪撰

《梁震表状》一卷　梁震撰

《刘表军书》三卷　郑准撰

《李后主词》　李煜撰

《南唐二主词》一卷（存）
《阳春集》一卷（存）　冯延巳撰
《琼瑶集》　李珣撰
《顾琼集》　顾琼撰

总集类（四十三种，存三种）

《贞观新书》三十卷　唐禀编
《群书丽藻》一千卷　朱遵度编
《蜀国文英》八卷　刘赞编
《东汉文类》三十卷　窦俨编
《泉山秀句集》三十卷　黄滔编
《续本事诗》二卷　处常子编
《观光集》三卷　王毂编
《又玄集》（存）　韦庄编
《拟玄集》十卷　陈康图编
《江南续又玄集》十卷　刘吉编
《才调集》十卷（存）　韦縠编
《烟花集》五卷　王衍编
《备遗缀英》二十卷　王承范编
《国风总类》五十卷　王仁裕编
《续正声集》五卷　王贞范编
《洞天集》五卷　王贞范编
《宜阳集》六卷　刘松编
《廖氏家集》一卷
《唐吴英隽赋集》七十卷　江文蔚编
《赋苑》二百卷　徐锴编
《杂古文赋》一卷　许洞编
《赋选》五卷　李鲁编

218

《花间集》十卷（存）　赵崇祚编

《玉堂遗范》三十卷　李琪编

《东壁出言》三卷　毛文晏编

《大唐直臣谏奏》七卷　张易编

《历代忠谏书》五卷　杜光庭编

《唐谏诤集》十卷　赵元拱编

《军书》十卷　王绍颜编

《咸通后麻制》一卷　毛文晏纂

《开平麻制》一卷

《梁杂制》一卷

《朱梁宣底》八卷

《朱梁制诰》二卷

《后唐麻稿集》三卷

《长兴制集》四卷

《显德制集》一卷

《五代制诰》一卷

《五代制词》一卷

《制集》三卷

《乾祐杂文》一卷

《广顺杂文》一卷

《显德杂文》一卷

文史类（十六种，存九种）

《国风正诀》一卷　郑谷撰

《今体诗格》一卷（存）　郑谷、齐己、黄损撰

《玄机分明要览》一卷　释齐己撰

《风骚旨格》一卷（存）　释齐己撰

《雅道机要》二卷（存）　徐夤撰

《文格》二卷　孙邰撰

《缘情手鉴诗格》一卷（存）　李宏宣撰

《流类手鉴》一卷（存）　释虚中撰

《诗中旨格》一卷（存）　王玄撰

《风骚要式》一卷（存）　徐衍撰

《诗要格律》一卷（存）　王梦简撰

《诗格》一卷（存）　释文彧撰

《赋格》二卷　和凝撰

《修文要诀》二卷　冯鉴撰

《文章龟鉴》五卷　王贞范撰

《田远诗话》五卷　陈逖撰

四部总计八百六十七种，存六十八种，残存十八种。

附录二

新增五代著述简目

经　部（四种）

《草木虫鱼图》　徐铉撰
《续乐记》　李煜撰
《万里朝天》
《法书苑》　郭忠恕撰

史　部（十七种）

《唐明宗朝时政记》
《年号历》一卷
《开国以来实录》　张格撰
《南汉国史》十二卷　胡宾王撰
《南纪国图》一卷
《史书集类》三卷　曹化撰
《锦里耆旧传》　张彭撰
《唐宰辅图》二卷
《四明郡才名志》　孙郃撰
《古今孝悌集》　和凝撰

《书仪》

《大中已后杂敕》三卷

《后唐以来至汉末编敕》三十二卷

《徐氏家传》　徐锴撰

《江东诸州图经》

《华阳记》　释仁显撰

《寿昌县地境》（存）　翟奉达撰

子　部（三十七种）

《黄帝阴符经》　郑山古撰

《疑仙传》三卷（存）　隐夫玉简撰

《续王氏神仙传》一卷　王毂撰

《仙苑编珠》一卷（存）　王松年撰

《神仙事迹》六卷　王松年撰

《仙隐传》十卷　孙夷中撰

《女仙传》

《灵验传》

《天坛王屋山圣迹记》（存）　杜光庭撰

《动植疏》　王建封族子撰

《灯下闲谈》二卷（存）

《李学士丛谈》

《感定命录》一卷

《纪遇录》二卷　孙光宪撰

《大唐同光四年具注历日》　翟奉达撰

《天成三年具注历日》　翟奉达撰

《天福四年历》

《显德三年具注历日》　翟奉达撰

《显德六年具注历日》 翟奉达撰

《律准》 王朴撰

《地钤》 释德韶撰

《周易指迷照胆诀》二卷 蒲乾贯撰

《广画录》一卷 释仁显撰

《益州画录》 辛显撰

《笔法记》一卷（存） 荆浩撰

《经用方书》三十卷 刘翰撰

《论候》十卷 刘翰撰

《经验方》 陈巽撰

《南唐食医方》 陈巽撰

《日华子诸家本草》 日华子撰

《药谱》 侯宁极撰

《南海药谱》一卷

《藏府通元赋》一卷 张文懿撰

《保生要录》一卷 蒲虔贯撰

《产宝》三卷（存） 周颋撰

《保童方》一卷 周颋撰

《杂修养书注》 徐锴撰

集　部（二十七种）

《黄状元文集》五卷 黄仁颖撰

《仁颖诗集》 黄仁颖撰

《三峰寓言》 陈抟撰

《高阳集》 陈抟撰

《龚霖诗》一卷

《钟蒨诗》

《冯氏家集》　冯延鲁撰

《许洞歌行》十五卷

《幽居杂编》一卷　韦庄撰

《拟讽谏集》五卷　杨士达撰

《廖邈诗集》二卷

《王玄集》

《越中吟》二十卷　钱弘倧撰

《丘光业诗》一卷

《谢鹗诗集》　裴说编

《陈郯歌诗》一卷

《拟白氏讽谏》　胡抱章撰

《注林鼎金陵怀古百韵诗杂体》四十章　释希觉撰

《清隐堂集》　詹敦仁撰

《咏史》十卷　冀访撰

《六朝咏史诗》一卷　孙玄晏撰

《览北史》三卷　孙玄晏撰

《晋开运出师制》

《顾琼集》　顾琼撰

《玄机分明要览》一卷　释齐己撰

《文章龟鉴》五卷　王贞范撰

《田远诗话》五卷　陈逖撰

四部新增总计八十五种，其中存七种。

附录三

八补志误收五代著述简目

本简目所谓八补志"误收"著述，严格说来分为泛收、误收两种，具体有六种情况。一是八补志泛收了不少唐末著述；二是八补志泛收了不少宋代尤其是太宗太平兴国四年（979）以后的著述；三是部分补志兼载五代所刻石经，或时人刊印、上进的古书；四是八补志收录的部分单篇文章，既非成卷著述，又不见目录著录；五是少数著述作者生平材料不多，补志断代错误；六是少数著述根本就不存在，补志误解原始文献。

本书对于著述的定性和断代，相较八补志的标准更为严格。经细致检核，共删除八补志收录而实非五代所成的著述一百九十一种，其中经部三十三种、史部四十五种、子部四十五种、集部六十八种。为避免被人误解成本书漏收，特附列简目于兹。另外，张兴武《五代艺文考》重复二十六种，八补志佛道著述亦有误收，没有包括在内。

经　部

《石经周易》十卷
《石经尚书》十三卷
《石经毛诗》二十卷
《石经周礼》十二卷
《石经仪礼》十六卷
《石经礼记》二十卷

《石经春秋》三十卷

《石经春秋穀梁传范宁注》十二卷　范宁撰

《石经论语》十卷

《石经孝经》二卷

《石经孝经唐元宗注》一卷

《石刻三经书孝经》一卷　甸中正摹①

《石经尔雅》三卷

《周易略例邢璹注》一卷　邢璹撰（误，唐）②

《麻衣道者正易心法》一卷　许坚撰（误，宋）

《周易口诀义》六卷　史征撰（泛，唐）

《古今尚书释文》一卷（无）③

《礼经释》　黄载撰（泛，宋）

《春秋指掌》十五卷　李瑾撰（误，唐）

《春秋指掌图》二卷　□融撰（误，唐）

《春秋折衷论》三十卷　陈岳撰（泛，唐）

《孝经雌图》三卷（误，隋前）

《皇灵孝经》一卷（误，唐前）

《别序孝经》一卷（误，汉）

《越王孝经新义》一卷（误，唐）

《论语井田义图》（误，唐前）

《蜀尔雅》三卷　蜀无名氏撰（误，唐）

《说文解字》十五卷　徐铉等校定（泛，宋）

《切韵拾玉》二卷　刘熙古撰（泛，宋）

《经典释文》十卷　张昭远校勘

---

① 甸中正，应为句中正。
② 凡断代错误者，指此书著者与五代相距较远，以"误，某"形式标出，"某"为确切时代。凡泛收者，以"泛，唐"或"泛，宋"形式标出；五代单篇仅标"泛"字。凡本无此书者，以"无"字标出。
③ 见本书前言。

《九经字样》一卷　张昭远校勘

《九经》《五经文字》《九经字样》共一百三十卷　后周国子监校勘

《蒙求》二卷　李瀚撰（误，唐）

史　部

《汉书刊误》一卷　张佖撰（误，宋）

《两汉至唐年纪》一卷　李匡文撰（泛，唐）

《诸史提要》十五卷　钱端礼撰（误，宋）

《历代纪要》五十卷　刘熙古撰（泛，宋）

《五代史初要》十卷　欧阳颢撰（误，唐）

《唐统纪》一百卷　陈岳撰（泛，唐）

《大唐实录撰圣记》一百二十卷　陈岳撰（泛，唐）

《运历图》三卷　龚颖撰（泛，宋）

《帝唐书》十五卷　许载撰（泛，宋）

《吴唐拾遗录》十卷　许载撰（泛，宋）

《金陵遗事》三卷　钱惟演撰（泛，宋）

《钱俶供奉录》二卷　钱惟演撰（泛，宋）

《家王故事》一卷　钱惟演撰（泛，宋）

《钱太祖备史记》一卷　钱惟演撰（泛，宋）

《奉藩书》十卷　钱惟演撰（泛，宋）

《渤海行年纪》十卷　曾颜撰（误，宋）

《湖湘马氏故事》二十卷　曹衍撰（泛，宋）

《荆湘近事》十卷　陶宝撰（泛，宋）

《五国故事》二卷（泛，宋）

《十国载记》三卷（泛，宋）

《九国志》四十九卷　曾颜撰（误，宋）

《太原事迹杂记》十四卷　李璋撰（泛，唐）

《许国公勤王录》三卷（泛，唐）

《南部新书》十卷　钱易撰（泛，宋）

《江南登科记》一卷　乐史撰（泛，宋）

《孝悌录》十五卷　乐史撰（泛，宋）

《续孝悌录》二十卷　乐史撰（泛，宋）

《钱氏家话》一卷　钱易撰（泛，宋）

《钱氏庆系图》二十五卷　钱惟演撰（泛，宋）

《符彦卿家谱》一卷　符承宗撰（泛，宋）

《初举子》一卷　卢光启撰（泛，唐）

《齐职仪》　周载撰（误，南朝齐）

《旁通开元格》一卷（误，唐）

《大中统类》十二卷（误，唐）

《唐朝格式律令》二百八十六卷　王都等进（误，唐）

《重定法书》一百四十八卷　卢亿等重写（误，唐）

《重详定刑统》三十卷　窦仪撰（泛，宋）

《十九代史目》二卷　舒雅撰（泛，宋）

《玉玺记》一卷　郑文宝撰（泛，宋）

《辇下岁时记》一卷　李绰撰（泛，唐）

《岁华纪丽》四卷　韩谔撰（泛，唐）

《岭表录异》三卷　刘恂撰（泛，唐）

《均田图》一面（泛）

《南行记》一卷　李昉撰（泛，宋）

《山海经图》十卷　舒雅撰（泛，宋）

子　部

《致理书》十卷　朱朴撰（泛，唐）

《刘子法语》二十卷　刘鹗撰（泛，宋）

附录三 八补志误收五代著述简目

《刘子通论》五卷　刘鹗撰（泛，宋）

《正言》十卷　陈岳撰（泛，唐）

《鲰子》一卷　赵邻几撰（泛，宋）

雕版《道德经》二卷

《阴符经》一卷　郭忠恕石刻

《金楼子》（误，南朝梁）

《长短经》十卷　赵蕤撰（误，唐）

《两同书》二卷　罗隐撰（泛，唐）

《癖书》十卷　陈陶撰（泛，唐）

《岚斋集》二十五卷　李跃撰（泛，唐）

《启颜录》八卷（误，唐）

《国朝旧事》四十卷（误，唐）

《灵璧子》　罗隐撰（泛，唐）

《闽川名士传》　黄璞撰（泛，唐）

《夏清侯传》　李从谦撰（泛）

《江淮异人录》三卷　吴淑撰（泛，宋）

《清异录》二卷　陶谷撰（泛，宋）

《钓矶立谈》一卷　史虚白撰（泛，宋）

《葆光录》三卷　陈纂撰（泛，宋）

《灵怪实录》三卷　曹衍撰（泛，宋）

《陈金凤传》一卷（误，明）

《群居解颐》三卷　高择撰（误，宋）

《续野人闲话》（泛，宋）

《秘阁闲谈》五卷　吴淑撰（泛，宋）

《广卓异记》二十卷　乐史撰（泛，宋）

《广卓异记目录》一卷　乐史撰（泛，宋）

《续唐卓异记》三卷　乐史撰（泛，宋）

《金坡遗事》　钱惟演撰（泛，宋）

229

《玉堂逢辰录》 钱惟演撰（泛，宋）

《水族加恩簿》 毛胜撰（泛）

《青罗立成历》四卷 朱奉撰（泛，唐）

《长庆宣明历》三十四卷（误，唐）

《长庆宣明历要略》一卷（误，唐）

《宣明历超捷例要略》一卷 边岗撰（泛，唐）

《景福崇玄历》四十卷 边岗撰（泛，唐）

《景福历数》一卷（泛，唐）

《新修太一青虎甲寅经》一卷 王处讷撰（泛，宋）

《射书》五卷 徐铉撰（无）①

《绘禽图经》 黄居实撰（泛）

《近事会元》五卷 李上友撰（误，宋）

《脉诀》二册 高阳生撰、刘元宾和歌（误，宋）

《了证歌》一卷 杜光庭撰（误，宋）

《本草图经》 王颜撰（无）

集　部

《郾炎集》一卷 和凝撰（误，汉）

《杜工部诗文集》二十卷 开运中官书

《张司业诗集》 张籍撰、张洎辑（误，唐）

《唐风集》三卷 杜荀鹤撰（泛，唐）

《朱朴诗集》四卷（泛，唐）

《翰林稿》八卷 冯鳌撰（误，唐）②

《涪江集》一卷 张安石撰（泛，唐）

《李善夷集》一卷（泛，唐）

---

① 此处因徐锴《射书》十五卷而讹。
② 此书当为《翰稿》八卷，封鳌撰。

《江南集》十卷　李善夷撰（泛，唐）

《陈黯集》三卷（泛，唐）

《遗荣集》三卷　养素先生撰（泛，唐）

《张为诗》一卷（泛，唐）

《申唐诗》三卷　崔道融撰（泛，唐）

《东浮集》九卷　崔道融撰（泛，唐）

《罗浩源诗》一卷（泛，唐）

《符载集》二卷（误，唐）

《味江山人诗》一卷　唐求撰（泛，唐）

《咏史诗》三卷　褚载撰（泛，唐）

《行朝诗》一卷　杨复恭撰（泛，唐）

《渚宫集》一卷　郑准撰（泛，唐）

《郑准四六》一卷（泛，唐）

《云台编》三卷　郑谷撰（泛，唐）

《李洞集》一卷（泛，唐）

《罗邺集》一卷（泛，唐）

《李山甫诗集》一卷（泛，唐）

《李山甫赋》二卷（泛，唐）

《侯圭赋集》五卷（泛，唐）

《牛峤集》三十卷（泛，唐）

《牛峤歌诗》三卷（泛，唐）

《吴仁璧诗》一卷（泛，唐）

《邵拙文集》三百卷（无）①

《文丙集》一卷（泛，唐）

《四六集》三卷　李巨川撰（泛，唐）

《韩偓诗》一卷（泛，唐）

---

① 此处为误读马氏《南唐书》卷二十二邵拙传。

《香奁集》一卷　韩偓撰（泛，唐）

《韩偓别集》三卷（泛，唐）

《淮海寓言》七卷　罗隐撰（泛，唐）

《甲乙集》十卷　罗隐撰（泛，唐）

《外集诗》一卷　罗隐撰（泛，唐）

《江东后集》二十卷　罗隐撰（泛，唐）

《汝江集》三卷　罗隐撰（泛，唐）

《歌诗》十四卷　罗隐撰（泛，唐）

《谗本》三卷　罗隐撰（泛，唐）

《谗书》五卷　罗隐撰（泛，唐）

《罗隐赋》一卷（泛，唐）

《陈陶文录》十卷（泛，唐）

《钱宏偓诗》十卷（无）①

《钱俨后集》五十卷（泛，宋）

《桂溪叟自序述传》一卷　钱俨撰（泛，宋）

《钱昆文集》十卷（泛，宋）

《典懿集》三十卷　逢居余撰（泛，宋）②

《钱惟濬文集》二十卷（无）③

《王周集》一卷（泛，宋）

《张泌诗》一卷（误，宋）④

《前蜀十在》　林宰撰（泛）

《事类赋》三十卷　吴淑撰（泛，宋）

---

① 此处为误读《十国春秋》卷八十三钱弘偓传。
② 此书为钱惟演著。
③ 此处为误读《十国春秋》卷八十三钱惟濬传。
④ 汪之昌《南唐艺文志》著录，云出《五代诗话》。《五代诗话》卷三引《全唐诗录》有南唐张泌"入宋后归家毗陵，诗一卷"之文，乃误读杨亿《武夷新集》卷七《送张泌之毗陵诗序》。杨亿所送之张泌，为宋真宗、仁宗时人。南唐张泌能诗，但不见有诗集之记载。

《表记奏牍》三百篇　陈峤撰（泛，唐）
《金闺瀛洲西垣制集》一百五十卷　钱易撰（泛，宋）
《谏书》八十卷　张易纂（泛，宋）①
《表记奏记》百篇　陈峤撰（泛，宋）
《民间厉害书》　汪台符撰（泛）
《桂香赋选》三十卷（泛，宋）
《唐僧诗》三卷　释法钦编（误，宋）
《十僧诗选》（无）②
《史传文集》三百卷　毛炳钞（无）③
《唐诗主客图》一卷　张为撰（泛，唐）
《贾岛句图》一卷　李洞撰（泛，唐）
《宾朋宴语》三卷　丘旭撰（泛，宋）

---

① 此书非张易著。《崇文总目》卷十一置于谏奏类之首，《宋史》卷二百零九题为"《御集谏书》八十卷"，故当为宋初著作。
② 此处为误读《鉴诫录》卷五"禅月吟"条。
③ 此处为误读《十国春秋》卷二十九毛炳传。

参考文献

一、书目

王尧臣，等. 崇文总目 [M]. 影印文渊阁四库全书本. 台北：台湾商务印书馆, 1986.

钱东垣，等. 崇文总目辑释 [M]. 中国历代书目丛刊影印本. 北京：现代出版社, 1987.

陈汉章. 崇文总目辑释补正 [M]. 中国历代书目丛刊影印本. 北京：现代出版社, 1987.

缪荃孙. 新唐书艺文志注 [M]. 二十四史订补本. 北京：书目文献出版社, 1996.

宋秘书省. 秘书省续编到四库阙书目 [M]. 中国历代书目丛刊影印本. 北京：现代出版社, 1987.

陈骙, 赵士炜. 中兴馆阁书目辑考 [M]. 中国历代书目丛刊影印本. 北京：现代出版社, 1987.

晁公武, 赵希弁. 昭德先生郡斋读书志 [M]. 中国历代书目丛刊影印本. 北京：现代出版社, 1987.

晁公武, 姚应绩. 衢本郡斋读书志 [M]. 中国历代书目丛刊影印本. 北京：现代出版社, 1987.

晁公武, 孙猛. 郡斋读书志校证 [M]. 上海：上海古籍出版社, 1990.

尤袤. 遂初堂书目 [M]. 中国历代书目丛刊影印本. 北京：现代出版社, 1987.

陈振孙. 直斋书录解题［M］. 中国历代书目丛刊影印本. 北京: 现代出版社, 1987.

陈振孙. 直斋书录解题［M］. 上海: 上海古籍出版社, 1987.

赵士炜. 宋国史艺文志辑本［M］. 古逸书录丛辑本. 北京: 中华图书馆协会, 1933.

马端临. 文献通考经籍考［M］. 上海: 华东师范大学出版社, 1985.

杨士奇. 文渊阁书目［M］//丛书集成新编: 第1册. 台北: 新文丰出版公司, 1986.

永瑢, 等. 四库全书总目［M］. 北京: 中华书局, 1965.

徐炯. 五代史记补考·艺文考［M］. 隋唐五代正史订补文献汇编本. 北京: 北京图书馆出版社, 2004.

顾櫰三. 补五代史艺文志［M］. 隋唐五代正史订补文献汇编本. 北京: 北京图书馆出版社, 2004.

陈鳣. 续唐书·经籍志［M］. 隋唐五代正史订补文献汇编本. 北京: 北京图书馆出版社, 2004.

宋祖骏. 补五代史艺文志［M］. 隋唐五代正史订补文献汇编本. 北京: 北京图书馆出版社, 2004.

汪之昌. 补南唐艺文志［M］. 隋唐五代正史订补文献汇编本. 北京: 北京图书馆出版社, 2004.

张固也. 新唐书艺文志补［M］. 长春: 吉林大学出版社, 1996.

陈乐素. 宋史艺文志考证［M］. 广州: 广东人民出版社, 2002.

张兴武. 五代艺文考［M］. 成都: 巴蜀书社, 2003.

张兴武. 补五代史艺文志辑考［M］. 上海: 上海古籍出版社, 2016.

唐圭璋. 南唐艺文志［M］//朱东润, 李俊民, 罗竹风. 中华文史论丛（一九七九年第三辑）. 上海: 上海古籍出版社, 1979.

余嘉锡. 四库提要辨证［M］. 北京: 中华书局, 1980.

丹波元胤. 中国医籍考［M］. 北京: 人民卫生出版社, 1956.

冈西为人. 宋以前医籍考［M］. 北京: 人民卫生出版社, 1956.

郭霭春．中国分省医籍考［M］．天津：天津科技出版社，1984．

严世芸．中国医籍通考［M］．上海：上海中医学院出版社，1990．

张国淦．中国古方志考［M］．北京：中华书局，1962．

王毓瑚．中国农学书录［M］．北京：农业出版社，1964．

天野元之助．中国古农书考［M］．北京：农业出版社，1992．

方国瑜．云南史料目录概说［M］．北京：中华书局，1984．

许保林．中国兵书知见录［M］．北京：解放军出版社，1988．

许保林．中国兵书通览［M］．北京：解放军出版社，1990．

谢巍．中国画学著作考录［M］．上海：上海书画出版社，1998．

宋慈抱．两浙著述考［M］．杭州：浙江人民出版社，1985．

蒋元卿．皖人书录［M］．合肥：黄山书社，1989．

李剑国．唐五代志怪传奇叙录［M］．天津：南开大学出版社，1993．

李剑国．宋代志怪传奇叙录［M］．天津：南开大学出版社，1997．

石昌渝．中国古代小说总目［M］．太原：山西教育出版社，2004．

二、史地金石

刘昫．旧唐书［M］．北京：中华书局，1975．

欧阳修．新唐书［M］．北京：中华书局，1975．

薛居正．旧五代史［M］．北京：中华书局，1976．

欧阳修．新五代史［M］．北京：中华书局，2002．

脱脱，等．宋史［M］．北京：中华书局，1985．

司马光．资治通鉴［M］．北京：中华书局，1956．

司马光．资治通鉴考异［M］．影印文渊阁四库全书本．台北：台湾商务印书馆，1986．

李焘．续资治通鉴长编［M］．北京：中华书局，1979．

陶岳．五代史补［M］．影印文渊阁四库全书本．台北：台湾商务印书馆，1986．

王偁．东都事略［M］．影印文渊阁四库全书本．台北：台湾商务印书

馆，1986.

钱俨．吴越备史［M］．四部丛刊续编本．上海：商务印书馆，1934.

罗泌．路史［M］．影印文渊阁四库全书本．台北：台湾商务印书馆，1986.

洪遵，等．翰学三书［M］．沈阳：辽宁教育出版社，2003.

马令．南唐书［M］．四部丛刊续编本．上海：商务印书馆，1934.

陆游．南唐书［M］．四部丛刊续编本．上海：商务印书馆，1934.

路振．九国志［M］．南京：江苏古籍出版社，1988.

吴任臣．十国春秋［M］．北京：中华书局，1983.

郑樵．通志［M］．北京：中华书局，1987.

马端临．文献通考［M］．影印文渊阁四库全书本．台北：台湾商务印书馆，1986.

王溥．五代会要［M］．上海：上海古籍出版社，1978.

孙逢吉．职官分纪［M］．影印文渊阁四库全书本．台北：台湾商务印书馆，1986.

邓名世．古今姓氏书辩证［M］．南昌：江西人民出版社，2006.

王应麟．姓氏急就篇［M］．南京：江苏古籍出版社，1998.

无名氏．氏族大全［M］．影印文渊阁四库全书本．台北：台湾商务印书馆，1986.

凌迪知．万姓统谱［M］．影印文渊阁四库全书本．台北：台湾商务印书馆，1986.

乐史．太平寰宇记［M］．北京：中华书局，2007.

黄裳．新定九域志［M］．北京：中华书局，1984.

王存，等．元丰九域志［M］．北京：中华书局，1984.

王象之．舆地纪胜［M］．北京：中华书局，1992.

祝穆．方舆胜览［M］．北京：中华书局，2003.

曹学佺．蜀中广记［M］．影印文渊阁四库全书本．台北：台湾商务印书馆，1986.

中华书局编辑部.宋元方志丛刊［M］.北京：中华书局，1990.

李贤,等.明一统志［M］.影印文渊阁四库全书本.台北：台湾商务印书馆，1986.

顾祖禹.读史方舆纪要［M］.北京：中华书局，2005.

欧阳修.集古录［M］.影印文渊阁四库全书本.台北：台湾商务印书馆，1986.

赵明诚.金石录［M］.影印文渊阁四库全书本.台北：台湾商务印书馆，1986.

赵明诚,金文明.金石录校证［M］.桂林：广西师范大学出版社，2005.

曾宏父.石刻铺叙［M］//石刻史料新编：第3辑39册.台北：新文丰出版公司，1986.

陈思.宝刻丛编［M］.影印文渊阁四库全书本.台北：台湾商务印书馆，1986.

王象之.舆地碑记目［M］.影印文渊阁四库全书本.台北：台湾商务印书馆，1986.

无名氏.宝刻类编［M］.影印文渊阁四库全书本.台北：台湾商务印书馆，1986.

陶宗仪.古刻丛钞［M］.影印文渊阁四库全书本.台北：台湾商务印书馆，1986.

赵崡.石墨镌华［M］.影印文渊阁四库全书本.台北：台湾商务印书馆，1986.

陈缉熙.碑薮［M］.丛书集成续编本.台北：新文丰出版公司，1989.

林侗.来斋金石刻考略［M］.影印文渊阁四库全书本.台北：台湾商务印书馆，1986.

王昶.金石萃编［M］.续修四库全书影印本.上海：上海古籍出版社，1995.

陆耀遹.金石续编［M］.续修四库全书影印本.上海：上海古籍出版

社，1995.

陆增祥．八琼室金石补正［M］．续修四库全书影印本．上海：上海古籍出版社，1995.

三、笔记杂考

朱易安，傅璇琮．全宋笔记（第1—5编）［M］．郑州：大象出版社，2003—2012.

历代史料笔记丛刊·唐宋史料笔记（47种）［M］．北京：中华书局，1979—2012.

黄震．黄氏日抄［M］．影印文渊阁四库全书本．台北：台湾商务印书馆，1986.

陆友．研北杂志［M］．影印文渊阁四库全书本．台北：台湾商务印书馆，1986.

陆深．俨山外集［M］．影印文渊阁四库全书本．台北：台湾商务印书馆，1986.

杨慎．丹铅总录［M］．影印文渊阁四库全书本．台北：台湾商务印书馆，1986.

胡应麟．少室山房笔丛［M］．上海：上海书店出版社，2009.

王士禛．古夫于亭杂录［M］．影印文渊阁四库全书本．台北：台湾商务印书馆，1986.

徐应秋．玉芝堂谈荟［M］．影印文渊阁四库全书本．台北：台湾商务印书馆，1986.

钱大昕．十驾斋养新录［M］．上海：上海书店，1983.

钱大昕．廿二史考异［M］．上海：上海古籍出版社，2004.

赵翼．陔余丛考［M］．上海：上海古籍出版社，2011.

赵翼，王树民．廿二史札记校证［M］．北京：中华书局，1984.

王鸣盛．十七史商榷［M］．上海：上海书店出版社，2005.

俞正燮．癸巳类稿［M］．北京：商务印书馆，1957.

俞正燮. 癸巳存稿 [M]. 北京：商务印书馆，1957.

沈涛. 铜熨斗斋随笔 [M] //丛书集成新编：第1册. 台北：新文丰出版公司，1986.

四、类书

李昉. 太平御览 [M]. 北京：中华书局，1985.

李昉. 太平广记 [M]. 北京：人民文学出版社，1959.

王钦若. 册府元龟 [M]. 北京：中华书局，1960.

晏殊. 类要 [M]. 四库全书存目丛书本. 济南：齐鲁书社，1997.

高承. 事物纪原 [M]. 影印文渊阁四库全书本. 台北：台湾商务印书馆，1986.

叶庭珪. 海录碎事 [M]. 影印文渊阁四库全书本. 台北：台湾商务印书馆，1986.

陈元靓. 事林广记 [M]. 北京：中华书局，1999.

陈元靓. 岁时广记 [M]. 影印文渊阁四库全书本. 台北：台湾商务印书馆，1986.

无名氏. 锦绣万花谷 [M]. 影印文渊阁四库全书本. 台北：台湾商务印书馆，1986.

祝穆. 古今事文类聚 [M]. 影印文渊阁四库全书本. 台北：台湾商务印书馆，1986.

潘自牧. 记纂渊海 [M]. 影印文渊阁四库全书本. 台北：台湾商务印书馆，1986.

陈景沂. 全芳备祖 [M]. 北京：农业出版社，1982.

章如愚. 群书考索 [M]. 北京：书目文献出版社，1992.

宋氏. 分门古今类事 [M]. 影印文渊阁四库全书本. 台北：台湾商务印书馆，1986.

谢维新. 古今合璧事类备要 [M]. 影印文渊阁四库全书本. 台北：台湾商务印书馆，1986.

白居易，孔传.白孔六帖［M］.影印文渊阁四库全书本.台北：台湾商务印书馆，1986.

杨伯嵒.六帖补［M］.影印文渊阁四库全书本.台北：台湾商务印书馆，1986.

王应麟.玉海［M］.南京：江苏古籍出版社，1987.

王应麟.辞学指南［M］.南京：江苏古籍出版社，1987.

王应麟.小学绀珠［M］.南京：江苏古籍出版社，1987.

曾慥.类说［M］//北京图书馆古籍珍本丛刊：第62册.北京：书目文献出版社，1988.

江少虞.宋朝事实类苑［M］.影印文渊阁四库全书本.台北：台湾商务印书馆，1986.

阴劲弦，阴复春.韵府群玉［M］.影印文渊阁四库全书本.台北：台湾商务印书馆，1986.

陶宗仪.说郛［M］.上海：上海古籍出版社，1988.

陈耀文.天中记［M］.影印文渊阁四库全书本.台北：台湾商务印书馆，1986.

解缙，等.永乐大典（11册）［M］.北京：中华书局，2012.

五、艺术方技

桑世昌.兰亭考［M］.影印文渊阁四库全书本.台北：台湾商务印书馆，1986.

朱长文.墨池编［M］.影印文渊阁四库全书本.台北：台湾商务印书馆，1986.

无名氏.宣和书谱［M］.影印文渊阁四库全书本.台北：台湾商务印书馆，1986.

董逌.广川书跋［M］.影印文渊阁四库全书本.台北：台湾商务印书馆，1986.

陈思.书苑菁华［M］.影印文渊阁四库全书本.台北：台湾商务印书

馆，1986.

陈思．书小史［M］．影印文渊阁四库全书本．台北：台湾商务印书馆，1986.

岳珂．宝真斋法书赞［M］．影印文渊阁四库全书本．台北：台湾商务印书馆，1986.

郑枃，刘有定．衍极［M］．影印文渊阁四库全书本．台北：台湾商务印书馆，1986.

盛熙明．法书考［M］．影印文渊阁四库全书本．台北：台湾商务印书馆，1986.

陶宗仪．书史会要［M］．影印文渊阁四库全书本．台北：台湾商务印书馆，1986.

丰坊．书诀［M］．影印文渊阁四库全书本．台北：台湾商务印书馆，1986.

潘之淙．书法离钩［M］．影印文渊阁四库全书本．台北：台湾商务印书馆，1986.

倪涛．六艺之一录［M］．影印文渊阁四库全书本．台北：台湾商务印书馆，1986.

朱景玄．唐朝名画录［M］．影印文渊阁四库全书本．台北：台湾商务印书馆，1986.

张彦远．历代名画记［M］．上海：上海人民美术出版社，1963.

刘道醇．五代名画补遗［M］．影印文渊阁四库全书本．台北：台湾商务印书馆，1986.

黄休复．益州名画录［M］．影印文渊阁四库全书本．台北：台湾商务印书馆，1986.

郭若虚．图画见闻志［M］．上海：上海人民美术出版社，1963.

无名氏．宣和画谱［M］．影印文渊阁四库全书本．台北：台湾商务印书馆，1986.

董逌．广川画跋［M］．影印文渊阁四库全书本．台北：台湾商务印书

馆，1986.

邓椿．画继［M］．上海：上海人民美术出版社，1963.

唐志契．绘事微言［M］．影印文渊阁四库全书本．台北：台湾商务印书馆，1986.

张应文．清秘藏［M］．影印文渊阁四库全书本．台北：台湾商务印书馆，1986.

张丑．清河书画舫［M］．影印文渊阁四库全书本．台北：台湾商务印书馆，1986.

孙岳颁．佩文斋书画谱［M］．影印文渊阁四库全书本．台北：台湾商务印书馆，1986.

孙承泽．庚子销夏记［M］．影印文渊阁四库全书本．台北：台湾商务印书馆，1986.

陈旸．乐书［M］．影印文渊阁四库全书本．台北：台湾商务印书馆，1986.

朱长文．琴史［M］．影印文渊阁四库全书本．台北：台湾商务印书馆，1986.

蒋克谦．琴书大全［M］．续修四库全书影印本．上海：上海古籍出版社，1995.

唐慎微．证类本草［M］．影印文渊阁四库全书本．台北：台湾商务印书馆，1986.

朱端章．卫生家宝方［M］．北京：中国科学技术出版社，1994.

陈自明．妇人大全良方［M］．影印文渊阁四库全书本．台北：台湾商务印书馆，1986.

刘昉．幼幼新书［M］．北京：中医古籍出版社，1981.

无名氏．急救仙方［M］．道藏要籍选刊本．上海：上海古籍出版社，1989.

张子和．儒门事亲［M］．上海：上海卫生出版社，1958.

曾公亮．武经总要［M］．影印文渊阁四库全书本．台北：台湾商务印书馆，1986.

郑克．折狱龟鉴［M］．影印文渊阁四库全书本．台北：台湾商务印书馆，1986.

苏易简．文房四谱［M］．影印文渊阁四库全书本．台北：台湾商务印书馆，1986.

李孝美．墨谱法式［M］//丛书集成续编：第80册．上海：上海书店，1994.

晁贯之．墨经［M］．影印文渊阁四库全书本．台北：台湾商务印书馆，1986.

陆友．墨史［M］//丛书集成新编：第48册．台北：新文丰出版公司，1986.

洪遵．泉志［M］．续修四库全书影印本．上海：上海古籍出版社，1995.

胡我琨．钱通［M］．影印文渊阁四库全书本．台北：台湾商务印书馆，1986.

梁诗正．钱录［M］．影印文渊阁四库全书本．台北：台湾商务印书馆，1986.

韩鄂，缪启愉．四时纂要校释［M］．北京：农业出版社，1981.

熊蕃．宣和北苑贡茶录［M］．影印文渊阁四库全书本．台北：台湾商务印书馆，1986.

陆廷灿．续茶经［M］．影印文渊阁四库全书本．台北：台湾商务印书馆，1986.

赞宁．笋谱［M］．影印文渊阁四库全书本．台北：台湾商务印书馆，1986.

陈思．海棠谱［M］．影印文渊阁四库全书本．台北：台湾商务印书馆，1986.

无名氏．香谱［M］．影印文渊阁四库全书本．台北：台湾商务印书馆，1986.

元司农司,石声汉.农桑辑要校注[M].北京:农业出版社,1982.

六、别集总集诗话

韩偓.韩内翰别集[M].影印文渊阁四库全书本.台北:台湾商务印书馆,1986.

杜荀鹤.唐风集[M].影印文渊阁四库全书本.台北:台湾商务印书馆,1986.

吴融.唐英歌诗[M].影印文渊阁四库全书本.台北:台湾商务印书馆,1986.

方干.玄英集[M].影印文渊阁四库全书本.台北:台湾商务印书馆,1986.

黄滔.黄御史集[M].影印文渊阁四库全书本.台北:台湾商务印书馆,1986.

罗隐.罗昭谏集[M].影印文渊阁四库全书本.台北:台湾商务印书馆,1986.

罗隐,潘慧惠.罗隐集校注[M].杭州:浙江古籍出版社,1995.

韦庄.韦庄集[M].北京:人民文学出版社,1958.

释贯休.禅月集[M].影印文渊阁四库全书本.台北:台湾商务印书馆,1986.

释贯休.禅月集[M].四部丛刊初编本.上海:商务印书馆,1929.

释齐己.白莲集[M].四部丛刊初编本.上海:商务印书馆,1929.

徐寅.徐正字诗赋[M].影印文渊阁四库全书本.台北:台湾商务印书馆,1986.

徐铉.骑省集[M].影印文渊阁四库全书本.台北:台湾商务印书馆,1986.

徐铉.徐公文集[M].四部丛刊初编本.上海:商务印书馆,1929.

柳开.河东集[M].影印文渊阁四库全书本.台北:台湾商务印书馆,1986.

张咏. 张乖崖集［M］. 北京：中华书局，2000.

王禹偁. 小畜集［M］. 影印文渊阁四库全书本. 台北：台湾商务印书馆，1986.

余靖. 武溪集［M］. 影印文渊阁四库全书本. 台北：台湾商务印书馆，1986.

韩琦. 安阳集［M］. 影印文渊阁四库全书本. 台北：台湾商务印书馆，1986.

范仲淹. 范仲淹全集［M］. 成都：四川大学出版社，2007.

蔡襄. 宋端明殿学士蔡忠惠公文集［M］//宋集珍本丛刊：第8册. 北京：线装书局，2004.

释契嵩. 镡津集［M］. 影印文渊阁四库全书本. 台北：台湾商务印书馆，1986.

苏舜钦. 苏学士集［M］. 影印文渊阁四库全书本. 台北：台湾商务印书馆，1986.

苏颂. 苏魏公文集［M］. 北京：中华书局，1988.

曾巩. 曾巩集［M］. 北京：中华书局，1984.

祖无择. 龙学文集［M］. 影印文渊阁四库全书本. 台北：台湾商务印书馆，1986.

文彦博. 潞公文集［M］. 影印文渊阁四库全书本. 台北：台湾商务印书馆，1986.

欧阳修. 文忠集［M］. 影印文渊阁四库全书本. 台北：台湾商务印书馆，1986.

胡宿. 文恭集［M］. 影印文渊阁四库全书本. 台北：台湾商务印书馆，1986.

李荐. 济南集［M］. 影印文渊阁四库全书本. 台北：台湾商务印书馆，1986.

陈师道. 后山集［M］. 影印文渊阁四库全书本. 台北：台湾商务印书馆，1986.

释觉范．石门文字禅［M］．影印文渊阁四库全书本．台北：台湾商务印书馆，1986．

陆佃．陶山集［M］．影印文渊阁四库全书本．台北：台湾商务印书馆，1986．

晁说之．景迂生集［M］．影印文渊阁四库全书本．台北：台湾商务印书馆，1986．

晁补之．鸡肋集［M］．影印文渊阁四库全书本．台北：台湾商务印书馆，1986．

李复．潏水集［M］．影印文渊阁四库全书本．台北：台湾商务印书馆，1986．

邹浩．道乡集［M］．影印文渊阁四库全书本．台北：台湾商务印书馆，1986．

李纲．梁溪集［M］．影印文渊阁四库全书本．台北：台湾商务印书馆，1986．

李石．方舟集［M］．影印文渊阁四库全书本．台北：台湾商务印书馆，1986．

李昭玘．乐静集［M］．影印文渊阁四库全书本．台北：台湾商务印书馆，1986．

吕南公．灌园集［M］．影印文渊阁四库全书本．台北：台湾商务印书馆，1986．

洪皓．鄱阳集［M］．影印文渊阁四库全书本．台北：台湾商务印书馆，1986．

罗愿．罗鄂州小集［M］．影印文渊阁四库全书本．台北：台湾商务印书馆，1986．

汪应辰．汪文定公集［M］．四库全书存目丛书本．济南：齐鲁书社，1997．

周紫芝．太仓稊米集［M］．影印文渊阁四库全书本．台北：台湾商务印书馆，1986．

朱熹. 晦庵先生朱文公文集 [M]. 朱子全书本. 上海：上海古籍出版社, 2010.

周必大. 文忠集 [M]. 影印文渊阁四库全书本. 台北：台湾商务印书馆, 1986.

王十朋. 梅溪集 [M]. 影印文渊阁四库全书本. 台北：台湾商务印书馆, 1986.

王十朋. 东坡诗集注 [M]. 影印文渊阁四库全书本. 台北：台湾商务印书馆, 1986.

崔敦礼. 宫教集 [M]. 影印文渊阁四库全书本. 台北：台湾商务印书馆, 1986.

楼钥. 攻媿集 [M]. 影印文渊阁四库全书本. 台北：台湾商务印书馆, 1986.

员兴宗. 九华集 [M]. 影印文渊阁四库全书本. 台北：台湾商务印书馆, 1986.

洪适. 盘洲文集 [M]. 影印文渊阁四库全书本. 台北：台湾商务印书馆, 1986.

薛季宣. 浪语集 [M]. 影印文渊阁四库全书本. 台北：台湾商务印书馆, 1986.

杨万里. 诚斋集 [M]. 影印文渊阁四库全书本. 台北：台湾商务印书馆, 1986.

陆游. 渭南文集 [M]. 影印文渊阁四库全书本. 台北：台湾商务印书馆, 1986.

陈造. 江湖长翁集 [M]. 影印文渊阁四库全书本. 台北：台湾商务印书馆, 1986.

曹彦约. 昌谷集 [M]. 影印文渊阁四库全书本. 台北：台湾商务印书馆, 1986.

张栻. 南轩集 [M]. 影印文渊阁四库全书本. 台北：台湾商务印书馆, 1986.

周南．山房集［M］．影印文渊阁四库全书本．台北：台湾商务印书馆，1986.

陈亮．龙川集［M］．影印文渊阁四库全书本．台北：台湾商务印书馆，1986.

刘克庄．后村集［M］．影印文渊阁四库全书本．台北：台湾商务印书馆，1986.

姜夔．白石道人歌曲［M］．影印文渊阁四库全书本．台北：台湾商务印书馆，1986.

李俊民．庄靖集［M］．影印文渊阁四库全书本．台北：台湾商务印书馆，1986.

元好问．遗山集［M］．影印文渊阁四库全书本．台北：台湾商务印书馆，1986.

牟巘．陵阳集［M］．影印文渊阁四库全书本．台北：台湾商务印书馆，1986.

谢翱．晞发集［M］．影印文渊阁四库全书本．台北：台湾商务印书馆，1986.

戴表元．剡源文集［M］．影印文渊阁四库全书本．台北：台湾商务印书馆，1986.

吴澄．吴文正集［M］．影印文渊阁四库全书本．台北：台湾商务印书馆，1986.

王恽．秋涧集［M］．影印文渊阁四库全书本．台北：台湾商务印书馆，1986.

程文海．雪楼集［M］．影印文渊阁四库全书本．台北：台湾商务印书馆，1986.

吴莱．渊颖集［M］．影印文渊阁四库全书本．台北：台湾商务印书馆，1986.

柳贯．柳待制集［M］．影印文渊阁四库全书本．台北：台湾商务印书馆，1986.

许有壬. 至正集 [M]. 影印文渊阁四库全书本. 台北：台湾商务印书馆, 1986.

柯九思. 丹邱生集 [M]. 仙居丛书本. 仙居：李镜渠, 1935.

吴师道. 吴礼部集 [M]. 续金华丛书本. 永康：胡宗楙, 1924.

宋濂. 文宪集 [M]. 影印文渊阁四库全书本. 台北：台湾商务印书馆, 1986.

陆深. 俨山集 [M]. 影印文渊阁四库全书本. 台北：台湾商务印书馆, 1986.

危素. 说学斋稿 [M]. 影印文渊阁四库全书本. 台北：台湾商务印书馆, 1986.

朱彝尊. 曝书亭集 [M]. 影印文渊阁四库全书本. 台北：台湾商务印书馆, 1986.

李昉. 文苑英华 [M]. 北京：中华书局, 1966.

孔延之. 会稽掇英总集 [M]. 影印文渊阁四库全书本. 台北：台湾商务印书馆, 1986.

郭茂倩. 乐府诗集 [M]. 北京：中华书局, 1979.

蒲积中. 岁时杂咏 [M]. 影印文渊阁四库全书本. 台北：台湾商务印书馆, 1986.

扈仲荣, 等. 成都文类 [M]. 影印文渊阁四库全书本. 台北：台湾商务印书馆, 1986.

彭定求, 等. 全唐诗 [M]. 上海：上海古籍出版社, 1986.

董诰, 等. 全唐文 [M]. 上海：上海古籍出版社, 1990.

欧阳修. 六一诗话 [M]. 影印文渊阁四库全书本. 台北：台湾商务印书馆, 1986.

葛立方. 韵语阳秋 [M]. 北京：中华书局, 1981.

阮阅. 诗话总龟 [M]. 北京：人民文学出版社, 1987.

胡仔. 苕溪渔隐丛话 [M]. 北京：人民文学出版社, 1962.

魏庆之. 诗人玉屑 [M]. 北京：中华书局, 2007.

刘克庄. 后村诗话 [M]. 北京：中华书局，1983.

何溪汶. 竹庄诗话 [M]. 影印文渊阁四库全书本. 台北：台湾商务印书馆，1986.

方回，李庆甲. 瀛奎律髓汇评 [M]. 上海：上海古籍出版社，2005.

胡震亨. 唐音癸签 [M]. 上海：上海古籍出版社，1981.

杨慎. 升庵诗话 [M]. 北京：中华书局，1983.

杨慎. 诗话补遗 [M]. 影印文渊阁四库全书本. 台北：台湾商务印书馆，1986.

郑方坤. 全闽诗话 [M]. 影印文渊阁四库全书本. 台北：台湾商务印书馆，1986.

郑方坤. 五代诗话 [M]. 北京：人民文学出版社，1989.

厉鹗. 宋诗纪事 [M]. 上海：上海古籍出版社，1983.

七、敦煌文献及其研究

王重民. 敦煌遗书总目索引 [M]. 北京：商务印书馆，1962.

王重民. 敦煌古籍叙录 [M]. 北京：中华书局，1979.

黄永武. 敦煌宝藏 [M]. 台北：新文丰出版公司，1988.

郑炳林. 敦煌地理文书汇辑校注 [M]. 兰州：甘肃教育出版社，1989.

王仲荦. 敦煌石室地志残卷考释 [M]. 上海：上海古籍出版社，1993.

王三庆. 敦煌类书 [M]. 高雄：丽文文化事业股份有限公司，1993.

周一良，赵和平. 唐五代书仪研究 [M]. 北京：中国社会科学出版社，1995.

敦煌研究院. 敦煌遗书总目索引新编 [M]. 北京：中华书局，2000.

向达. 唐代长安与西域文明 [M]. 石家庄：河北教育出版社，2001.

郝春文. 英藏敦煌社会历史文献释录（1—5）[M]. 北京：科学出版社，2001—2005.

郑阿财，朱凤玉. 敦煌蒙书研究 [M]. 兰州：甘肃教育出版社，2002.

郭锋. 唐史与敦煌文献论稿 [M]. 北京：中国社会科学出版社. 2002.

许建平．敦煌文献丛考［M］．北京：中华书局，2005．

许建平．敦煌经籍叙录［M］．北京：中华书局，2006．

八、近现代学术著作

陈尚君．全唐文补编［M］．北京：中华书局，2005．

曾枣庄，刘琳．全宋文［M］．上海：上海辞书出版社，2006．

周绍良，赵超．唐代墓志汇编［M］．上海：上海古籍出版社，1992．

周绍良，赵超．唐代墓志汇编续集［M］．上海：上海古籍出版社，2001．

陈长安．隋唐五代墓志汇编［M］．天津：天津古籍出版社，2000—2009．

吴钢．全唐文补遗［M］．西安：三秦出版社，1994—2007．

吴钢．全唐文补遗（千唐志斋新藏专辑）［M］．西安：三秦出版社，2006．

国家图书馆善本金石组．隋唐五代石刻文献全编［M］．北京：北京图书馆出版，2000．

周阿根．五代墓志汇考［M］．合肥：黄山书社，2012．

河北省文物研究所，保定市文物管理处．五代王处直墓［M］．北京：文物出版社，1998．

宝鸡市考古研究所．五代李茂贞夫妇墓［M］．北京：科学出版社，2008．

傅璇琮，徐海荣，徐吉军．五代史书汇编［M］．杭州：杭州出版社，2004．

沈玉成，印继梁．中国历代诗僧全集（晋唐五代卷）［M］．北京：当代中国出版社，1997．

赵超．新唐书宰相世系表集校［M］．北京：中华书局，1998．

陈尚君．全唐诗补编［M］．北京：中华书局，1992．

张伯伟．全唐五代诗格汇考［M］．南京：江苏古籍出版社，2002．

王河，真理．宋代佚著辑考［M］．南昌：江西人民出版社，2003．

钱锺书．宋诗纪事补订［M］．北京：生活·读书·新知三联书店，2005．

傅璇琮．唐五代文学编年史［M］．沈阳：辽海出版社，1998．

陶敏，李一飞．隋唐五代文学史料学［M］．北京：中华书局，2001．

傅璇琮．唐代科举与文学［M］．西安：陕西人民出版社，1986．

王勋成．唐代铨选与文学［M］．北京：中华书局，2001．

陈尚君．唐代文学丛考［M］．北京：中国社会科学出版社，1997．

黄永年．唐史史料学［M］．上海：上海书店出版社，2002．

武秀成．旧唐书辨证［M］．上海：上海古籍出版社，2003．

夏承焘．唐宋词人年谱［M］．上海：古典文学出版社，1955．

岑仲勉．唐人行第录［M］．北京：中华书局，1962．

岑仲勉．金石论丛［M］．上海：上海古籍出版社，1981．

岑仲勉．郎官石柱题名新考订［M］．北京：中华书局，2004．

周祖譔．中国文学家大辞典（唐五代卷）［M］．北京：中华书局，1992．

郁贤皓．唐刺史考全编［M］．合肥：安徽大学出版社，2000．

郁贤皓，胡可先．唐九卿考［M］．北京：中国社会科学出版社，2003．

戴伟华．唐方镇文职僚佐考［M］．桂林：广西师范大学出版社，2007．

戴伟华．唐代使府与文学研究［M］．桂林：广西师范大学出版社，2007．

吴在庆．增补唐五代文史丛考［M］．合肥：黄山书社，2006．

赖瑞和．唐代基层文官［M］．北京：中华书局，2008．

赖瑞和．唐代中层文官［M］．台北：联经出版事业股份有限公司，2008．

岑仲勉．隋唐史［M］．石家庄：河北教育出版社，2000．

朱玉龙．五代十国方镇年表［M］．北京：中华书局，1997．

郭武雄．五代史料探源［M］．台北：商务印书馆，1987．

陶懋炳. 五代史略 [M]. 北京: 人民出版社, 1985.

郑学檬. 五代十国史研究 [M]. 上海: 上海人民出版社, 1996.

张明华. 新五代史研究 [M]. 北京: 中国社会科学出版社, 2001.

向燕南, 等. 新旧唐书与新旧五代史研究 [M]. 北京: 中国大百科全书出版社, 2009.

杨伟立. 前蜀后蜀史 [M]. 成都: 四川社会科学院出版社, 1986.

佐竹靖彦. 王蜀政权小史 [M]//刘俊文. 日本中青年学者论中国史(宋元明清卷). 上海: 上海古籍出版社, 1995.

徐晓望. 闽国史 [M]. 台北: 五南图书出版公司, 1997.

王文泰, 等. 闽国史汇 [M]. 广州: 暨南大学出版社, 2000.

罗庆康. 马楚史研究 [M]. 长沙: 湖南人民出版社, 2004.

任爽. 南唐史 [M]. 长春: 东北师范大学出版社, 1993.

邹劲风. 南唐国史 [M]. 南京: 南京大学出版社, 2000.

杜文玉. 南唐史略 [M]. 西安: 陕西人民教育出版社, 2001.

任爽, 等. 十国典制考 [M]. 北京: 中华书局, 2004.

任爽, 等. 五代典制考 [M]. 北京: 中华书局, 2007.

杜文玉. 五代十国制度研究 [M]. 北京: 人民出版社, 2006.

罗争鸣. 杜光庭道教小说研究 [M]. 成都: 巴蜀书社, 2005.

房锐. 孙光宪与北梦琐言研究 [M]. 北京: 中华书局, 2006.

池田滋子. 吴越钱氏文人群体研究 [M]. 上海: 上海人民出版社, 2006.

李最欣. 钱氏吴越国文献和文学考论 [M]//北京: 中国社会科学出版社, 2007.

杨果霖. 新旧唐书艺文志研究 [M]//古典文献研究辑刊初编: 第14册. 台北: 花木兰文化出版社, 2005.

张围东. 宋代崇文总目之研究 [M]. 古典文献研究辑刊初编: 第15册 [M]. 台北: 花木兰文化出版社, 2005.

刘宁. 唐宋之际诗歌演变研究 [M]. 北京: 北京师范大学出版社,

2002.

卢美松. 福建历代状元 [M]. 福州：福建人民出版社，2006.

陈笃彬，苏黎明. 泉州古代著述 [M]. 济南：齐鲁书社，2008.

蒋振喜. 乐清谱牒文献选编 [M]. 北京：线装书局，2009.

李更. 宋代馆阁校勘研究 [M]. 南京：凤凰出版社，2006.

尚志钧. 中国本草要籍考 [M]. 合肥：安徽科学技术出版社，2009.

包弼德，刘宁. 斯文：唐宋思想的转型 [M]. 南京：江苏人民出版社，2000.

傅乐成. 汉唐史论集 [M]. 台北：联经出版事业公司，1981.

郑学檬. 中国古代经济重心南移和唐宋江南经济研究 [M]. 长沙：岳麓书社，2003.

斯波义信，庄景辉. 宋代商业史研究 [M]. 台北：稻禾出版社，1997.

斯波义信，方健，何忠礼. 宋代江南经济史研究 [M]. 南京：江苏人民出版社，2000.

刘俊文. 日本学者中国史研究论著选译（第五卷）[M]. 北京：中华书局，1993.

谭其骧. 中国历史地图集（第五册）[M]. 北京：中国地图出版社，1996.

王云海. 会要体史书的源流 [M]//王云海文集. 开封：河南大学出版社，2006.

九、期刊论文及学位论文

李绍平. 路振与《九国志》[J]. 史学史研究，1984（3）.

郭武雄. 《九国志》纂辑探讨与清辑本补遗 [J]. 辅仁历史学报，1989（1）.

彭小平. 路振史学著作述略 [J]. 湘潭大学学报，1992（4）.

岳毅平. 《九国志》丛考 [J]. 文献，1999（2）.

陈光崇. 第一部《南唐书》的作者胡恢其人 [J]. 史学史研究，1986（3）.

朱仲玉. 五代十国的史学 [J]. 史学史研究, 1986 (2).

谢保成. 谈五代十国的史学发展 [J]. 河南大学学报 (哲学社会科学版), 1990 (4).

吴枫, 任爽. 五代分和与南唐的历史地位 [J]. 东北师大学报 (哲学社会科学版), 1994 (5).

汝企和. 南汉史料史籍述评 [J]. 安徽大学学报, 2003 (5).

赵荣蔚. 南唐登科记考 [J]. 盐城师范学院学报 (人文社会科学版), 2003 (2).

孟永林. 王仁裕杂史小说著述考 [J]. 古籍整理研究学刊, 2007 (6).

王勋成. 关于中华书局影印本五代会要的错版问题 [J]. 学术月刊, 2002 (7).

李树亮. 唐五代民间典籍初探——以敦煌文献为考察物件 [J]. 河北学刊, 2011, 31 (1).

陈鹏. 罗隐年谱及作品系年 [J]. 古籍整理研究学刊, 2011 (2).

王秀林. 晚唐五代诗僧著述考 [J]. 文献, 2003 (2).

徐立新. 丘光庭年代著作考 [J]. 台州师专学报, 2002, 24 (1).

刘国宾. 任圜生平编年考 [J]. 烟台大学学报 (哲学社会科学版), 1996 (1).

卞孝萱. 论《虬髯客传》的作者、作年及政治背景 [J]. 东南大学学报 (哲学社会科学版), 2005, 7 (3).

张安祖. 虬髯客传作者考辨 [J]. 人文论丛, 2004 (1).

董恩林.《道藏》四卷本《唐玄宗御制道德真经疏》辨误 [J]. 宗教学研究, 2005 (1).

董恩林. 简论杜光庭《道德真经广圣义》的诠释宗旨 [J]. 历史文献研究, 2003 (22).

罗宁. 潘远《纪闻谭》辑考 [J]. 西南交通大学学报 (社会科学版), 2008, 9 (2).

罗宁. 处常子《续本事诗》辑考 [J]. 西南交通大学学报 (社会科学

版），2007，8（5）．

余才林．重编《说郛》本《续本事诗》辨伪［J］．中国典籍与文化，2006（1）．

程遂营．五代幕府文职僚佐［J］．南都学刊，2001，21（5）．

邓洪波．五代十国时期书院述略［J］．湖南大学学报（社会科学版），2002，16（2）．

张先贵．五代十国秘书论［J］．北京市总工会职工大学学报，1999（4）．

樊文礼．五代的枢密直学士［J］．烟台师范学院学报（哲学社会科学版），2003，20（4）．

方建新．宋代私家藏书补录（上）［J］．文献，1988（2）．

蒲向明．王仁裕年谱稿［J］．甘肃高师学报，2005，10（4）．

黄亮文．《新定书仪镜》相关问题的探讨——附论其他书仪写卷的缀补［J］．敦煌学，2008（27）．

罗宗涛，任允松．敦煌蒙书的时代性［J］．敦煌学，2008（27）．

王凤翔．新见唐秦王李茂贞墓志浅释［J］．文物春秋，2006（6）．

周阿根．五代墓志校点举误［J］．古籍整理研究学刊，2007（2）．

周阿根．《李茂贞墓志》录文校补［J］．文物春秋，2009（3）．

王凤翔．跋五代李从曘妻朱氏墓志［J］．文物世界，2009（1）．

都兴智，田立坤．后晋石重贵石延煦墓志铭考［J］．文物，2004（11）．

周伟洲．陕北出土三方唐五代党项拓跋氏墓志考释——兼论党项拓跋氏之族源问题［J］．民族研究，2004（6）．

萧婷．王处直墓志铭的再考察——关于五代节度使阶级里的一些道德及意识形态趋势［J］．中华文史论丛，2006（4）．

邵磊．五代马楚史料的一则重要发现——马光赞墓志考释［J］．南方文物，2007（3）．

马文彬．五代前蜀李氏墓志铭考释［J］．四川文物，2003（3）．

罗火金. 五代时期卢价墓志考 [J]. 中国历史文物, 2009 (2).

罗火金, 张长杰. 唐代至后梁时期卢真启墓志考 [J]. 中原文物, 2010 (1).

田玉英. 五代十国翰林学士初探 [D]. 济南: 山东大学, 2006.

吴德明. 吴、南唐文职幕府研究 [D]. 合肥: 安徽大学, 2011.

刘晓燕. 唐末五代宫廷音乐与辽承唐乐的研究 [D]. 温州: 温州大学, 2011.

曾育荣. 高氏荆南史稿 [D]. 广州: 暨南大学, 2008.

周加胜. 南汉国研究 [D]. 西安: 陕西师范大学, 2008.

梁祥凤. 王溥与《五代会要》研究 [D]. 合肥: 安徽大学, 2010.

陈晓莹. 两宋时期关于五代十国史的研究 [D]. 济南: 山东大学, 2010.

后　记

　　试笔少作，以博虚衔，本不宜示人，奈何为时所迫，以此陋劣不堪之面目呈于读者诸君驾前，惶恐之至，诚望谅其不欺也，并盼不吝赐正。愚本朽木，蒙恩师淳安张固也先生耳提面命，似可雕然终不可雕也，而先生不以为朽，今又赐书名，期以将来，师者之范，甚感愧焉。

杨超记于长沙咸嘉湖畔寓所

2021 年 3 月

补　记

　　光阴似箭，老调重弹。但对于"弹"来说，曲调是新是老似乎并不重要，重要的在于弹的人和听的人。弹者注入新精神，听者领会新意境，那就是天籁。自 2001 年进入大学读书，至今整整 20 年，"流光容易把人抛，红了樱桃，绿了芭蕉"，这个调子够老，而此时却正合心境。作为本书的"弹者"，虽时时感到"日月掷人去"，但因本无功力，又无志向，自然注入不了什么新意，所以只有寄希望于"听众"，期盼不会被引入歧途。

　　五代武人掌权，文化凋敝，向称衰世。但"崇文"之风却一直暗流涌动。在得位的将领看来，"文"是治国的必需；在居下的平民眼里，"文"是安定的征兆。长治久安非"文"莫属，似乎已成为一种时代思潮。这不能不波及宋人。其实，纵观历史，无论治世乱世，"武"不过是权宜之计，"黩武"更是不得人心，如何处理"文"与"武"之间的关系是每个时代的统治者均须面对的重大事项。策略不同，结果各异。但无论怎样，"文"不能仅成为一种工具。

　　与短暂的时期相比，五代著述绝对数量并不算少，但绝大多数已随烟云而飘散，留下来的"吉光片羽"，也未必都弥足珍贵，可导人理性。因此，如何看待这些"文"的遗产，并因其探讨些有趣的事，今天看来，尤需思考。从最基本的文献考察入手，而又不囿于此，所谓"风物长宜放眼量"，应该是一条可行的途径。遗憾的是，本书没有论及这些。

　　本书源于 2013 年写就的博士学位论文《五代著述考略》。此次出版，除改用简体字外，仅做了少许改动。主要是对《大周正乐》《法书苑》《曲台奏议》《海外使程广记》《升元帖》5则考证做了修订；改正了《李氏墨经》在正文中的次序；订正了五代著述总目的统计数字，减为867种；前言部分增加了1条注释；对发现的文字讹误进行了更正；为与书名相应，调整了一些形式上的表述。疏漏之处，敬请指正。

感谢湖南师范大学历史文化学院中国史学科对出版工作的资助！感谢光明日报出版社诸君的辛劳付出！感谢亲友们的长期支持！

杨超补记于岳麓山下
2021年6月